KB025220

작명정론

작명정론

1판 1쇄 인쇄일 | 2007년 5월 26일
1판 1쇄 발행일 | 2007년 6월 6일

발행처 | 삼한출판사
발행인 | 김충호
지은이 | 박상의

신고 연월일 | 1975년 10월 18일
신고 번호 | 제305-1975-000001호

411-776 경기도 고양시 일산서구 일산동 1654번지
산들마을 304동 2001호

대표전화 (031) 921-0441
팩시밀리 (031) 925-2647

값 19,000원
ISBN 978-89-7460-121-8 03180

판권은 저자와의 협약에 의해 생략합니다.
잘못된 책은 바꿔드립니다.

신비한 동양철학 · 77

작명정론

청월 박상의 편저

삼한

■ 머리말

성명학에는 여러 가지 학설이 있지만 크게 두 가지로 요약할 수 있다. 바로 성명절대설과 성명상대설이다. 전자는 성명이 인간운명의 주된 요소로 작용하며 말 그대로 운명을 좌우한다는 것이고, 후자는 성명이 인간운명에 보조적인 작용만 하며 후천적인 길운을 돕는다는 것이다.

필자의 견지에서는 사주와 연관성 있는 이름은 운명적으로 분명하게 작용하고, 사주와 관련이 없는 이름은 주어진 팔자대로 산다고 본다. 어쨌든 성명이 운명에 미치는 영향이 크다는 사실은 의심할 여지가 없다.

사주팔자가 네 기둥으로 세워진 집이라면 이름은 그 집을 대표하는 문패라고 할 수 있다. 사람은 태어나면서 사주를 통해 운을 타고나고 이름이 주어진 순간부터 명(命)이 작용한다. 사주와 이름이 곧 운명을 결정한다는 것이다.

따라서 이름을 지을 때는 사주의 격에 맞추어야 한다. 사주 그릇이 작은 사람이 원대한 뜻의 이름을 쓰면 감당하지 못할 시련을 자초하게 되고 오히려 이름값을 못할 수 있다. 즉 분수에 맞는 이름으로 작명해야 하기 때문에 사주의 올바른 분석이 필요하다.

이 『작명정론』은 30년 역사를 자랑하는 한국추명학회에서 보급하는 성명학 이론서이다. 한국 역학계의 거목인 성공도 회장님께 사사받은 이론을 필자가 엮어 출간하게 되었다.

성공도 회장은 근간에 성명학의 다양한 이론서들이 제시되지만 성명학은 기존의 관법에서 크게 벗어나지 않는다고 했고, 성명학의 불필요한 이론들이 많이 쏟아져 나와 오히려 혼란만 가중시킨다고 지적했다. 더불어 사주를 무시하고 이름만으로 길흉을 논하기 때문에 적중도가 없다고 지적했다. 그러니 성명학을 다루기 전에 먼저 사주학의 완성을 기하는 것이 중요하다고 당부했다. 필자 또한 이 부분을 공감하며, 이 책을 사주에 따른 작명법에 비중을 두었다.

그리고 마지막 10장에 '이름으로 보는 대권운'을 수록했는데, 역리와 성명에 근거하여 역대 대통령이 출현하는 이치와 다음 대권을 전망했다. 이름에 따라 대통령이 출현한다는 사실만으로도 이름의 중요성을 실감할 수 있을 것이다.

青月 朴相義

차례 ①

1장. 성명학의 원리

1. 성명학의 기원

성명학은 중국의 당(唐)·송(宋)대에 유행하던 점술[파자점]에서 기원하여 그 사람의 길흉을 점치던 것이다. 성명이 사람의 운명에 어떤 영향을 주는지에 관하여 오랜 세월 연구되면서 오늘날 음양(陰陽)·오행(五行)·수리(數理) 등 여러 가지 해석방법이 체계화되기에 이른 것이다.

성명학은 사람의 성명을 조사 분석하여 이름에 존재하는 일정한 법칙을 발견하여 집적된 이론으로 성명에 대한 기(氣)의 흐름, 즉 그 길흉의 해석론을 정립한 것이라 할 수 있다. 성명학은 이러한 길흉분석을 통하여 사람에게 해로운 이름은 피하고, 이로운 이름을 제시하는데 목적이 있는 분야라고 할 수 있다. 따라서 성명학은 우주만물의 생성 변화의 원리를 파악하여 후천적인 기를 받는 올바른 형태를 정립하는 역학(易學)의 한 분야이다.

2. 작명의 기본원리

이름을 지을 때는 아래의 9가지 원칙을 지켜야 한다.

① 사주(四柱)에 적합한 글자, 즉 용신(用神)을 기준으로 한다.

② 읽기 쉬워야 한다.

③ 부르기 쉬워야 한다.

④ 듣기 좋아야 한다.

⑤ 쓰기 쉬워야 한다.

⑥ 외우기 쉬워야 한다.

⑦ 친근감을 주어야 한다.

⑧ 새로운 느낌을 주어야 한다.

⑨ 부모의 사주와 조화를 이루어야 한다.

이름은 그 사람의 사회적인 칭호이며 표시이기 때문에 부르기 쉽고 듣기 좋고 외우기 좋고 쓰기 쉽고 친근감을 준다면 천금의 이름이라고 할 수 있다. 그리고 사주의 용신(用神)을 기준으로 하여 작명해야 한다는 것을 절대 잊어서는 안된다.

사주에 맞지 않는 이름은 허명(虛名)이다. 왜냐하면 양복점이나 양장점에서 옷을 맞추어 입을 때 그 사람의 몸 특징을 고려하지 않고 만들었다면 기성복과 같을 것이다. 사랑하는 자녀들에게 기성복을 입히겠는가? 맞춤복을 입히겠는가?

또 한 가지 예를 들면 사주는 자동차요, 이름은 운전수이다. 자동

차가 신품이라도 면허 없는 운전수가 운전한다면 그 자동차의 수명은 어느 정도 되겠는가. 상상해보라. 독자의 판단에 맡기겠다. 사람도 역시 좋은 이름을 써야 부귀공명한다. 나쁜 이름은 불구・조난・단명한 경우가 허다함을 통계적으로 많이 보았다.

음오행표

木	가, 카	ㄱ, ㅋ	아음
火	나, 다, 라, 타	ㄴ, ㄷ, ㄹ, ㅌ	설음
土	아, 하	ㅇ, ㅎ	후음
金	사, 자, 차	ㅅ, ㅈ, ㅊ	치음
水	마, 바, 파	ㅁ, ㅂ, ㅍ	순음

예를 들어 '홍수환'의 '홍'은 'ㅎ'이 첫음이니 토(土)에 해당하고, '수'는 'ㅅ'이 첫음이니 금(金)에 해당하고, '환'은 'ㅎ'이 첫음이니 토(土)에 해당한다. 따라서 토금토(土金土)가 되니 서로 상생(相生)을 이루어 음오행(音五行)이 대길하다고 본다.

또 예를 들면 '성명환'은 금수토(金水土), '정일용'은 금토토(金土土), '이범석'은 토수금(土水金), '박팽년'은 수수화(水水火)가 된다.

오행의 성질

구분 \ 오행	木	火	土	金	水
자연	나무, 풀	불, 태양	산, 들	쇠, 보석	강, 바다
십간	甲乙	丙丁	戊己	庚申	壬癸
십이지	寅卯	巳午	辰戌丑未	申酉	亥子
상생	木生火	火生土	土生金	金生水	水生木
상극	木剋土	火剋金	土剋水	金剋木	水剋火
오색	청	적	황	백	흑
오상	仁	禮	信	義	智
계절	춘	하	환절기	추	동
방위	동	서	중앙	남	북
계통	신경계	순환계	소화계	호흡계	생식계
오장	간장	심장	위장	폐	신장
오지	성냄	기쁨	생각	근심	놀램
오미	신맛	쓴맛	단맛	매운맛	짜맛
직업	언론인	예능인	중개인	공무원	교육자
성장	소년기	청년기	중년기	장년기	노년기
지역	전라도	서울·경기	충청도	경상도	강원도
세계	한국	일본	중국	유럽, 미국	러시아
오음	ㄱ, ㅋ	ㄴ,ㄷ,ㄹ,ㅌ	ㅇ, ㅎ	ㅅ, ㅈ, ㅊ	ㅁ, ㅂ, ㅍ
수리	1, 6	2, 7	3, 8	4, 9	5, 10

오행의 상생 · 상극 · 상비

相生	水生木	木生火	火生土	土生金	金生水
相剋	水剋火	火剋金	金剋木	木剋土	土剋水
相比	水比水	木比木	火比火	土比土	金比金

3. 역리(易理)로 구분하는 자획법

획수는 옥편에 있는대로 보고, 역상(易象)은 글자 생김새로 본다.

1) 역리법(易理法)

삼수변(氵)은 수(水) 자로 계산하여 4획으로 본다.
심방변(忄)은 심(心) 자로 계산하여 4획으로 본다.
재방변(扌)은 수(手) 자로 계산하여 4획으로 본다.
구슬옥변(王)은 옥(玉) 자로 계산하여 5획으로 본다.
우부방변(阝)은 부(阜) 자로 계산하여 8획으로 본다.
좌부방변(阝)은 읍(邑) 자로 계산하여 7획으로 본다.
그물망변(四)은 망(网) 자로 계산하여 6획으로 본다.
옷의변(衤)은 의(衣) 자로 계산하여 6획으로 본다.
보일시변(礻)은 시(示) 자로 계산하여 5획으로 본다.
초두변(艹)은 초(艸) 자로 계산하여 6획으로 본다.
책받침변(辶)은 착(辵) 자로 계산하여 7획으로 본다.
연화변(灬)은 화(火) 자로 계산하여 4획으로 본다.
달월변(月)은 육(肉)로 계산하여 6획으로 본다.

2) 역상법(易象法)

삼수변(氵), 심방변(忄), 재방변(扌), 우부방변(阝)은 3획으로 본다.
구슬옥변(王), 초두변(艹), 책받침변(辶), 달월변(月)은 4획으로 본다.
그물망변(罒), 옷의변(衤)은 5획으로 본다.

이와 같이 역리파와 역상파가 서로 옳다고 주장하나 각자의 주관에 맡기고, 필자는 역리법으로 설명할 것이다. 한자의 획수는 옥편에 있는대로 사용하는 것이 타당하다고 보기 때문이다.

3) 한글이름 획수 계산법

	자음	모음
1획	ㄱ·ㄴ·ㅇ	ㅡ·ㅣ
2획	ㄷ·ㅅ·ㅋ	ㅏ·ㅓ·ㅗ·ㅜ
3획	ㄹ·ㅁ·ㅌ·ㅈ·ㅎ	ㅑ·ㅕ·ㅛ·ㅠ
4획	ㅂ·ㅊ·ㅍ	-

예를 들면 박세리는 박(7획) 세(5획) 리(4획)가 된다.

4. 음양오행에 따른 한자 선택법

작명할 때는 한자가 상징하는 오행이 중요하고, 오행을 선택한 후에는 획수의 음양을 구분해야 한다. 오행을 선택할 때는 사주의 결함을 보완한다는 측면에서 먼저 사주를 정확하게 분석해야 한다. 대개 완벽한 사주는 없기 때문에 부족한 부분이 있다. 그리고 사주의 결함은 어느 한 글자로 비롯되는 경우가 많기 때문에 성명의 중간자를 잘 쓰면 나쁜 사주를 보완할 수 있다.

癸 癸 戊 甲
丑 卯 辰 午

정관격(正官格)인데 갑목(甲木) 상관(傷官)이 투간(透干)하여 격을 깨트리니 병(病)이 된다. 갑목(甲木)을 제거하는 경금(庚金)이 없으니 경금(庚金)에 해당하는 한자를 골라 성명의 중간자로 쓴다. 금(金)에 해당하는 한자는 이룰성(成 : 7획), 담을성(盛 : 12획)을 들 수 있는데, 경금(庚金)은 양금(陽金)이니 양수(陽數)에 해당하는 이룰성(成) 자를 쓴다. 담을성(盛) 자는 12획 음수(陰數)이니 신금(辛金)인데, 신금(辛金)은 사주의 병(病)인 갑목(甲木)을 제거할 수 없다. 이처럼 음양을 고려해 정확한 오행을 골라야 한다.

한자이름은 음양과 오행을 고려하여 짓는데, 오행을 선택하는 방법은 다양하다. 한자가 상징하는 오행을 표출하는 방법은 5가지가 있는데, 음령오행(音靈五行 : 발음오행)·수리오행(數理五行)·부수오행(剖數五行)·자원오행(字源五行 : 자의오행)·삼원오행(三元五行)이다.

한글이름은 발음오행을 위주로 짓고, 한자이름은 자원오행(字源五行)을 위주로 짓는 것이 일반적이다. 그런데 최근에는 소리의 중요성을 강조하며 한자도 발음오행을 고집하는 경향이 있다. 그러나 발음오행은 한글창제의 원리에서 기인된 것이니 순한글 이름을 지을 때만 고려하는 것이 타당하다고 생각한다.

예를 들어 쇠금(金) 자는 자원오행(字源五行)으로는 금(金)으로 보나 발음오행으로는 목(木)이다. 이는 금(金)을 나무(木)라고 억지를 쓰는 것과 같다고 생각한다. 역학이 신묘한 학문이기는 하나 보이는 것은 그대로 인정해야 한다. 산은 산이요 물은 물일 뿐이다.

역학의 원리에서 목화토금수(木火土金水)는 성질이 나뉘는 것일 뿐 본질은 같다. 4계절은 일월(日月)에 의하여 변하는 것이지 계절 자체가 다른 것은 아니다. 또한 물(水)에서 씨앗이 자라 목(木)이 되고, 목(木)이 꽃을 피우는 것이 화(火)요, 화(火)가 열매를 맺는 것이 금(金)이다. 금(金)은 다시 씨앗이 된다. 문제는 모든 한자를 자원오행(字源五行)으로 분석하는 작업이 만만치 않다는데 있다.

그리고 자원오행(字源五行)과 부수오행(部數五行)이 중복될 때는 우선 순위에 대한 개념이 모호하여 무작정 선택하는 경우가 많다. 그러나 모든 이치는 반드시 경중과 위아래와 선후가 있기 마련이다. 이 부분에 대한 확실한 정의를 내릴 필요가 있다. 현재 필자가 활용하는 방법은 한자로 작명할 때는 자원오행(字源五行) 〉 부수오행(部數五行) 〉 수리오행(數理五行) 〉 발음오행 순으로 하고, 한글로 작명할 때는 무조건 발음오행만을 고려한다.

5. 음양배치법

성명학에서는 천지인(天地人) 삼재(三才)의 변화가 있어 음양이 조화를 이룬다. 즉 음양이 배합되지 않으면 만사가 파패된다. 음양 배합은 글자 획수가 10 이상이면 10을 제하고 나머지와 계산한다.

음격 획수 ● 2・4・6・8・10(짝수)
양격 획수 ○ 1・3・5・7・9(홀수)

1) 음양상교(陰陽相交)

3자 성명	○○●	●○○	○●○	●●○	○●●	●○●
2자 성명	●○	○●	-	-	-	-

이상과 같이 음양(陰陽)이 상교(相交)되면 성공이 순조로워 모든 일이 잘 풀린다. 부모와 형제간에 화목하고 부부가 융화하며 자손의 덕을 보고 부귀공명하여 평생을 안락하게 장수할 것이다.

2) 음양불교(陰陽不交)

3자 성명	●●● 3자순음(음통수:짝수)	○○○ 3자순양(양통수:홀수)
2자 성명	●● 2자순음(음통수:짝수)	○○ 2자순양(양통수:홀수)

이상과 같이 음양(陰陽)이 불교(不交)하면 부부이별・무자・불구・고질・자살・형액・발광・피살・단명・비참・살상 등의 암시

가 있다. 음양불교(陰陽不交)의 예를 들어보면 다음과 같다.

이중욱(李重郁) : 7・9・13, 살인범

조규근(曺圭根) : 10・6・10, 익사

문진식(文眞植) : 4・10・12, 피살

조원규(趙元奎) : 14・4・6, 단명

이범석(李範石) : 7・15・5, 살인범

6. 이름 구성에 따른 운명

홍	길	동
성씨	상명	하명
조상덕・부모덕	본인의 운명	배우자와 자녀의 운명

본인의 운명은 상명으로 작용하기 때문에 사주의 희신(喜神)은 중간자에 넣는다. 성씨는 조상에게 물려받았기 때문에 조상덕과 부모덕의 유무를 본다. 가령 성씨의 오행이 본인의 사주에서 기신(忌神)이면 부모덕과 조상덕이 없는 것으로 보고, 하명이 기신(忌神)이면 배우자덕과 자식덕이 없는 것으로 본다. 성씨를 제외한 이름은 가능한 오행의 상생으로 작명해야 하나, 기신(忌神)일 때는 넣지 않는다.

가령 사주의 용신(用神)이 수(水)일 때 성명의 중간자에 수(水)

오행을 넣어야 하는 경우 끝자는 수생목(水生木)·금생수(金生水) 등 상생으로 작명하는 것이 원칙이다. 그러나 목(木)과 금(金)이 기신(忌神)이면 상생을 고려할 필요가 없다.

또 성명의 중간자가 수(水) 용신(用神)이면 끝자에 토(土) 오행을 넣는다. 만일 토극수(土克水)로 용신(用神)을 파극(破剋)하는 오행을 넣으면 배우자덕과 자식덕이 좋지 않아 결혼생활이 순조롭지 못하거나 자식덕이 없는 경우가 많다. 결국 개인의 운명은 중간자에서 작용하기 때문에 출세나 성공을 하더라도 배우자덕이나 자식덕이 없을 수 있다.

성명 : 박 세 리

오행 : 水 金 火

					55	45	35	25	15	5
壬	戊	己	丁		乙	甲	癸	壬	辛	庚
戌	子	酉	巳		卯	寅	丑	子	亥	戌

골프선수 박세리는 순한글이름이기 때문에 발음오행을 따른다. 사주의 희용신(喜用神)이 금수(金水)인데 중간자에 금(金) 희신(喜神)을 넣어 사회적으로 출세하여도 끝자가 화극금(火克金)하여 용신(用神)을 파극(破剋)하니 결혼이 늦거나 순탄하지 않다.

6. 수리오행(數理五行)에 따른 운명

수리	1·2	3·4	5·6	7·8	9·10
오행	木	火	土	金	水

한자의 총획이 10을 초과하면 끝자리 수를 쓴다. 예를 들어 12획이면 오행은 2수인 목(木)이 되는 것이다. 원형이정(元亨利貞)의 나이 기준은 다음과 같다.

元(초년)	亨(중년)	利(장년)	貞(말년)
1~19세	20~39세	40~59세	60세 이후

예〉 朴 民 主
(6획) (5획) (5획)

원격(元格) : 10, 수리오행 수(水)
형격(亨格) : 11, 수리오행 목(木)
이격(利格) : 11, 수리오행 목(木)
정격(貞格) : 16, 수리오행 토(土)

이 이름의 운명 희기(喜忌)를 보려면 먼저 사주를 분석한다. 수목(水木)이 길신이면 초·중·장년이 길하고, 흉신이면 흉하다. 이는 수리 길흉의 암시를 위주로 보되, 사주와 수리오행(數理五行)을 참조하여 살펴보는 방법이다. 거듭 말하지만 성명과 사주의 연관성이 있다는 견지에서 보면 수리보다 오행의 비중이 더 크다. 그리고 단순히 사주는 선천운(先天運), 성명은 후천운(後天運)으로 나누지 말고 성명은 사주팔자와 상호작용을 하는 것으로 본다. 만약 사주상 초년 대운이 좋아도 성명의 초년 오행이 흉하면 사주의 길함이 감소한다. 성명도 길하면 더 발전하는 운이 된다.

사주상 초년 대운이 흉한데 성명 오행이 길하다면 흉 중에 길함이 있다. 예를 들어 사주상 운이 대흉하여 교통사고를 당했다고 했을 때 성명 오행이 길하면 죽을 위기에서 구사일생할 수 있는 것이다. 이렇게 성명은 타고난 사주의 흉운을 피해가지는 못해도 사건에 따른 경중 차이는 반드시 있다.

그리고 81수리에 따른 길흉은 오행상 흉할 때는 흉한 수리의 작용을 하고, 길할 때는 흉한 수리의 작용을 하지 않는 것으로 본다. 이는 마치 사주에 신살(神殺)이 흉살이라도 길신이면 작용하지 않는 이치와 같다.

사주가 체(體)이면 성명은 용(用)이다. 체(體) 없이 용(用)이 작용할 수 없듯이 수(數)는 상(象)을 이루어야 동(動)한다. 음(陰)이 없으면 양(陽)이 없고, 하늘이 없으면 땅이 없고, 부모가 없으면 자식이 없는 것과 같은 이치이다. 성명학은 사주학의 부분집합체로 사주학을 떠나 따로 존재할 수 없다는 것을 명심하기 바란다.

8. 원형이정(元亨利貞) 수리배합법

수리(數理)는 성명학에서 성 자의 획수와 이름 자의 획수를 계산하여 원형이정(元亨利貞)으로 구분하여 풀이한다. 성명과 같이 수리는 다음과 같이 본다. 원격(元格)은 초년운으로 봄에 해당하고, 형격(亨格)은 중년운으로 여름에 해당하며, 이격(利格)은 중외년으로 가을에 해당하고, 정격(貞格)은 말년운으로 겨울에 해당한다.

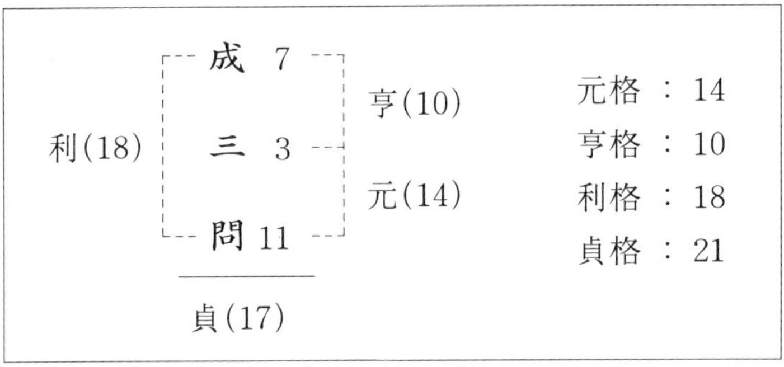

■ 1자 성 1자 이름의 경우

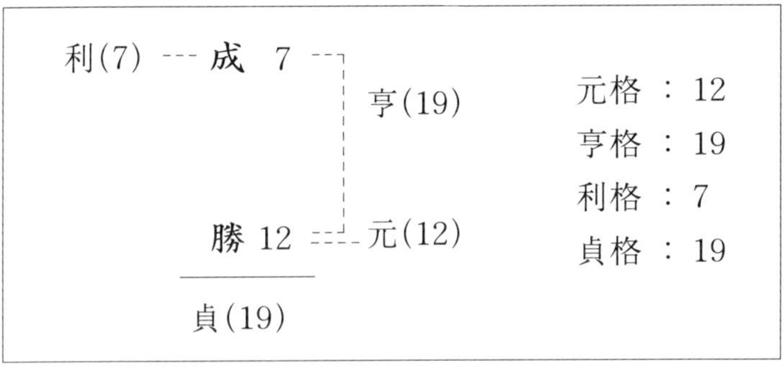

■ 2자 성에 2자 이름의 경우

	司	5	亨(29)	元格 : 33
利(30)	空	8		亨格 : 29
	龍	16	元(33)	利格 : 30
	澤	17		貞格 : 46
	貞(46)			

■ 1자 성에 3자 이름의 경우

	朴	6	亨(24)	元格 : 31
利(19)	爀	18		亨格 : 24
	居	8	元(31)	利格 : 19
	世	5		貞格 : 37
	貞(37)			

■ 한글이름의 경우

	高	10	亨(15)	元格 : 12
利(17)	마	5		亨格 : 15
	리	4	元(12)	利格 : 17
	아	3		貞格 : 22
	貞(22)			

■ 1자 성에 2자 이름 : 姜(9획) 玫(9획) 朱(6획)

원격(元格) : 玫(9획) + 朱(6획) → 15획 吉 통솔격(만물통합지상)

형격(亨格) : 姜(9획) + 玫(9획) → 18획 吉 발전격(진취발전지상)

이격(利格) : 姜(9획) + 朱(6획) → 15획 吉 통솔격(만물통합지상)

정격(貞格) : 姜(9획) · 玫(9획) · 朱(6획) → 24획 吉 입신격(등천축재지상)

■ 1자 성에 1자 이름 : 金(8획) □ 正(5획)

원격(元格) : □ + 正(5획) → 5획 吉 복덕격(성공순리지상)

형격(亨格) : 金(8획) + □ → 8획 吉 개척격(자력발전지상)

이격(利格) : 金(8획) + 正(5획) → 13획 吉 총명격(입신양명지상)

정격(貞格) : 金(8획) + □ + 正(5획) → 13획 吉 총명격(입신양명지상)

■ 2자 성에 2자 이름 : 南(9획) 宮(10획) 玉(5획) 分(4획)

원격(元格) : 玉(5획) + 分(4획) → 9획 凶 궁박격(대재무용지상)

형격(亨格) : 성씨 총획(19획) + 玉(5획) → 24획 吉 입신격

이격(利格) - 성씨총획(19획) + 分(4획) → 23획 吉 융창격

정격(貞格) - 성씨총(19획)+옥(5획)+분(4획) →28획 凶 파란격

■ 2자 성에 외자 이름 : 皇(9획)甫(7획) 官(8획)

원격(元格) - □ + 官(8획) → 8획 길 개척격

형격(亨格) -황보(16획) + 관(8획) → 24획 길 입신격

이격(利格) -황보(16획) → 16획 길 덕망격

정격(貞格) - 황보(16획)+ 관(8획) → 24획 길 입신격

2장. 수리론(數理論)

1. 수리의 길흉과 특성

글자의 획수에 의하여 음과 양이 구분되는데 음수(陰數)는 2・4・6・8・10이고, 양수는 1・3 ・5・7・9이다.

■ 1의 특성 : 양의 성질이 있고, 시작・조화・출발・독립・남성적인 특성이 있다. 1・11・21・31・41・61… 등의 수이다.

■ 2의 특성 : 음의 성질이 있고, 분리・변동・유약・수동적・여성적 특성이 있다. 2・12・22・42・62… 등의 수이다.

■ 3의 특성 : 음과 양이 조화를 이루어 형성한 수이다. 안정・완성・풍족 등의 특성이 있다. 3・13・23・33・53・63… 등의 수이다.

■ 4의 특성 : 생명을 형성하기 위해 분파작용을 하는 음수(陰數)이다. 분립 · 파괴 · 불화 · 분산 등을 암시한다. 4 · 14 · 34 · 44 · 54… 등의 수이다.

■ 5의 특성 : 음의 속성과 생명운동의 주체가 되며, 안정 · 성취 등의 의미를 가진다. 5 · 15 · 25 · 35 · 45… 등의 수이다.

■ 6의 특성 : 소극적이며 정적인 기운이 있다. 불안 · 대칭 · 겨루기 등의 기운이 있다. 6 · 16을 제외한 나머지는 불안과 대립을 의미한다. 26 · 36 · 46 · 56 · 66… 등의 수이다.

■ 7의 특성 : 독립심과 정신력이 강하다. 27을 제외한 나머지는 번성과 출세의 기운이 있다. 7 · 17 · 37 47 · 57 · 67… 등의 수이다.

■ 8의 특성 : 8을 발달격이라고 하는데 음기가 극에 달하여 양기로 변하면서 태동과 변혁의 움직임을 보인다. 28을 제외한 나머지 수는 자수성가를 암시한다. 8 · 18 · 38 · 48 · 58 · 68… 등의 수이다.

■ 9의 특성 : 3의 배수로 양의 특성이 있다. 끝이라는 뜻으로 완성 · 성취 · 은퇴 · 휴식 등을 나타낸다. 9는 궁박, 19는 고난, 29는 성공, 39는 안락, 49는 은퇴, 59는 실망, 69는 정지, 79는 종극을 암시한다.

■ 10수 특성 : 음의 속성이 있고, 기본수의 마지막으로 극(極)의 수가 된다. 우주의 만물이 태어나 자라고 꽉차게 되어 다시 무(無)로 돌아간다는 기운을 담고 있어 공허・허무를 의미한다. 10・20・30・40・50・60… 등의 수이다.

길수(吉數)는 1・3・5・6・7・8・11・15・16・17・18・21・23・24・25・29・31・32・33・35・37・38・39・41・45・47・48・52・57・58・61・63・65・67・68・71・73・81 등을 말한다.

흉수(凶數)는 2・4・9・10・12・14・19・20・22・26・27・28・30・34・36・40・42・43・44・46・49・50・51・53・54・55・58・59・60・62・64・66・69・70・72・74・75・76・77・78・79・80 등을 말한다.

2. 81수리의 기원과 성명학적 의미

81수리는 우리 민족의 고유 경전인 천부경(天符經)의 81자와 같다는 점에서 큰 의미가 있다. 천부경(天符經)에 나오는 '일적십거(一積十鉅)'는 하나가 쌓여 십(十)을 이룬다는 뜻이다. 수에 대한 개념은 한민족이 시초라는 것을 확인할 수 있는 대목이다. 수를 처음 만든 나라가 곧 문명의 시발점이라는 점에서 민족적 자긍심을 가져도 좋다고 생각한다.

성명학적으로 81수리의 고전적 문헌은 송나라의 채구봉(蔡九峰)이 81수원도(數元圖)를 만들어 한자의 획수에 대한 길흉을 해설했다고 한다. 오늘날 81수리에 대한 성명학적 길흉법은 가장 많이 통용되고 있다. 성명자 중 획수를 합하여 표출한 수리의 길흉을 설명하는 것이다. 기존 성명학의 핵심은 음양과 오행의 상생과 81수리 중 길한 수리를 조합하여 작명하는 것이다.

81수리에 따른 길수와 흉수에 대한 암시는 성명학을 사주학과 분리시킬 수 있다는 생각을 하게 한다. 사주학은 오행을 중시하고 수리는 적용하지 않기 때문이다. 그러나 같은 이름이라도 운명이 다르다는 한계가 있다. 이는 사주팔자가 같아도 운명이 다르다는 점에서 상호간의 약점을 극복하는 절묘한 대안으로 작용한 듯하다. 즉 사주가 같아도 이름이 다르기 때문에 운명이 다르고, 이름이 같아도 사주가 다르면 운명이 다르다는 것이 설득력을 얻은 것이다.

성명은 마음대로 지을 수 있고 사주팔자는 바꿀 수 없으니 사주팔자는 체(體)가 되고 성명은 용(用)으로 인식되게 되었다. 그래서 사주는 선천운이고 성명은 후천운을 돕는다는 말을 하는 것이다. 어쨌든 성명학과 사주학의 결합은 81수리에 대한 의미가 약화된 것이 사실이나 수리가 가지는 의미는 활용가치가 충분하다.

사주와 연관하여 성명학적으로 흉수라도 수리오행(數理五行)이 길하면 흉작용은 드러나지 않고, 수리오행(數理五行)이 흉이고 흉수라면 흉수에 대한 의미를 풀면 된다. 이 부분은 뒤에서 다시 설명할 것이니 참조하기 바란다.

3. 성씨 길격수 조견표

작명할 때 가장 중요한 것은 사주와 맞는 오행을 선별하는 것이다. 오행은 다시 음양을 고려하여 간지를 정확하게 보충해야 효력이 있다. 그리고 수리를 선택할 때는 일단 수리오행(數理五行)이 사주에 길한지의 여부를 고려해야 한다.

그런데 원형이정(元亨利貞) 4격을 모두 길수로 정하는 것이 쉬운 일이 아니고 상당한 시간이 필요하다. 4격을 정하는 기준이 획수의 합에 의해 정해지기 때문이다. 본 장에서는 획수의 조합을 모두 길격으로 배치했는데 성씨별로 참작하면 작명할 때 보다 편리하게 활용할 수 있을 것이다.

2획 성 : 내(乃), 정(丁), 복(卜).

성	2	2	2	2	2	2	2	2	2	2	2	2	2	2
이	1	1	1	3	4	4	4	5	5	5	5	6	6	6
름	5	14	22	13	9	11	19	1	6	11	16	5	9	15

성	2	2	2	2	2	2	2	2	2	2	2	2	2	2
이	6	9	9	9	11	11	11	13	14	14	14	15	15	15
름	23	6	14	22	4	5	22	16	1	15	19	1	6	14

성	2	2	2	2	2	2	2	2
이	16	16	19	19	21	22	22	23
름	15	19	14	16	14	9	11	6

3획 성 : 간(干), 궁(弓), 대(大), 범(凡), 산(山), 우(于), 천(千), 야(也).

성	3	3	3	3	3	3	3	3	3	3	3	3	3	3
이	2	3	3	3	4	4	5	5	8	8	8	8	10	10
름	13	10	12	18	4	14	8	10	5	10	13	21	3	5

성	3	3	3	3	3	3	3	3	3	3	3	3	3	3
이	10	10	12	12	13	14	14	14	14	15	15	18	18	18
름	8	22	3	20	22	4	15	18	21	14	20	3	14	20

성	3	3	3	3	3	3
이	20	20	20	21	21	22
름	12	15	18	8	14	13

4획 성 : 공(孔), 공(公), 금(今), 문(文), 모(毛), 목(木), 방(方), 부(夫), 왕(王), 원(元), 윤(尹), 오(午), 인(仁), 재(才), 천(天), 태(太), 파(巴), 편(片), 변(卞), 개(介).

성	4	4	4	4	4	4	4	4	4	4	4	4	4	4
이	3	3	4	4	4	4	4	4	7	7	9	9	9	11
름	4	14	3	7	9	13	17	21	4	14	4	12	20	14

성	4	4	4	4	4	4	4	4	4	4	4	4	4	4
이	11	12	12	12	12	12	13	13	13	14	14	14	14	14
름	20	9	13	17	19	21	4	12	20	3	7	11	17	19

성	4	4	4	4	4	4	4	4	4	4	4	4	4	4
이	14	17	17	17	17	19	19	20	20	20	20	21	21	21
름	21	4	12	14	20	12	14	9	11	13	17	4	12	14

5획 성 : 공(功), 구(丘), 감(甘), 백(白), 사(史), 신(申), 석(石), 소(召), 옥(玉), 전(全), 점(占), 태(台), 평(平), 피(皮), 홍(弘), 현(玄), 을지(乙支), 왕(王), 좌(左), 포(包), 빙(氷).

성	5	5	5	5	5	5	5	5	5	5	5	5	5	5
이	1	1	2	2	2	3	3	6	6	6	6	8	8	8
름	10	2	6	11	16	8	10	2	10	12	18	3	8	10

성	5	5	5	5	5	5	5	5	5	5	5	5	5	5
이	8	8	10	10	10	10	11	12	12	12	12	16	16	18
름	16	24	1	3	6	8	2	1	6	12	20	8	16	6

성	5	5	5
이	20	20	24
름	12	13	8

6획 성 : 광(光), 규(圭), 길(吉), 노(老), 모(牟), 미(米), 백(百), 박(朴), 선(先), 서(西), 안(安), 이(伊), 인(印), 임(任), 재(在), 주(朱), 전(全), 곡(曲).

성	6	6	6	6	6	6	6	6	6	6	6	6	6	6
이	1	1	2	2	2	5	5	5	5	7	7	7	7	9
름	10	7	5	9	15	10	12	18	26	10	11	18	25	9

성	6	6	6	6	6	6	6	6	6	6	6	6	6	6
이	9	10	10	10	10	10	10	11	11	11	12	12	12	12
름	23	1	5	7	15	19	23	7	12	18	5	11	17	19

성	6	6	6	6	6	6	6	6	6	6	6	6	6	6
이	12	15	15	15	17	17	17	18	18	18	18	18	19	19
름	23	10	17	18	12	15	18	5	7	11	15	17	10	12

성	6	6	6
이	23	23	23
름	9	10	12

7획 성 : 강(江), 군(君), 보(甫), 성(成), 송(宋), 신(辛), 여(呂), 이(李), 오(吳), 여(余), 여(汝), 연(延), 위(位), 지(沚), 정(廷), 차(車) 하(何), 효(孝), 판(判), 두(杜), 초(初).

성	7	7	7	7	7	7	7	7	7	7	7	7	7	7
이	1	1	1	4	4	6	6	6	8	8	8	8	8	8
름	10	16	24	4	14	10	11	18	8	9	10	16	17	24

성	7	7	7	7	7	7	7	7	7	7	7	7	7	7
이	9	9	9	10	10	10	10	10	11	11	14	14	14	14
름	8	16	22	1	6	8	14	22	6	14	4	10	11	17

성	7	7	7	7	7	7	7	7	7	7	7	7	7	7
이	14	16	16	16	16	16	17	17	18	22	22	22	24	24
름	18	1	8	9	16	22	14	24	6	9	10	16	1	8

8획 성 : 공(空), 계(季), 경(庚), 경(庚), 구(具), 김(金), 기(奇), 맹(孟), 명(明), 문(門), 방(房), 봉(奉), 사(舍), 석(昔), 송(松), 승(承), 승(昇), 심(沈), 악(岳), 임(林), 장(長), 종(宗), 주(周), 창(昌), 탁(卓), 표(表), 화(和), 채(采), 상(尚), 내(奈), 야(夜).

성	8	8	8	8	8	8	8	8	8	8	8	8	8	8
이	3	3	3	3	5	5	5	5	5	5	7	7	7	7
름	5	10	13	21	3	8	10	16	24	8	9	10	16	17

성	8	8	8	8	8	8	8	8	8	8	8	8	8	8
이	7	7	8	8	8	8	8	8	8	9	9	9	9	10
름	24	5	7	9	13	15	17	21	7	8	15	16	3	5

성	8	8	8	8	8	8	8	8	8	8	8	8	8	8
이	10	10	10	10	10	13	13	13	13	15	15	15	15	16
름	7	13	15	21	3	8	10	16	8	9	10	16	5	7

성	8	8	8	8	8	8	8	8	8	8	8	8
이	16	16	16	16	16	16	17	17	17	21	21	21
름	5	9	13	15	17	21	7	8	16	3	8	16

9획 성 : 강(姜), 남(南), 단(段), 류(柳), 유(兪), 사(思), 선(宣), 성(星), 신(信), 언(彦), 위(韋), 우(禹), 정(貞), 준(俊), 추(秋), 태(泰), 편(扁), 하(河), 함(咸), 시(施), 초(肖), 후(後).

성	9	9	9	9	9	9	9	9	9	9	9	9	9	9
이	2	2	2	4	4	4	6	6	6	7	7	7	8	8
름	4	6	14	4	12	20	2	9	23	8	16	22	7	8

성	9	9	9	9	9	9	9	9	9	9	9	9	9	9
이	8	8	9	9	9	9	12	12	12	14	14	14	15	15
름	15	16	6	14	20	23	4	12	20	2	9	15	8	14

성	9	9	9	9	9	9	9	9	9	9	9	9	9	9
이	15	16	16	16	16	20	20	20	22	22	23	23	23	24
름	23	7	8	16	22	4	9	12	7	16	6	9	15	15

10획 성 : 강(剛), 고(高), 골(骨), 궁(宮), 구(俱), 계(桂), 기(起), 당(唐), 마(馬), 방(芳), 서(徐), 석(席), 소(素), 손(孫), 원(袁), 예(芮), 은(殷), 수(洙), 진(眞), 진(晋), 창(倉), 하(夏), 홍(洪), 화(花), 환(桓), 후(候), 승(乘).

성	10	10	10	10	10	10	10	10	10	10	10	10	10	10
이	1	1	1	1	1	3	3	3	3	3	5	5	5	5
름	5	6	7	14	22	3	5	8	22	1	3	6	8	1

성	10	10	10	10	10	10	10	10	10	10	10	10	10	10
이	6	6	6	6	6	6	7	7	7	7	7	8	8	8
름	5	7	15	19	23	1	6	8	14	22	3	5	7	13

성	10	10	10	10	10	10	10	10	10	10	10	10	10	10
이	8	8	8	8	11	13	13	14	14	14	14	14	15	15
름	15	21	3	23	14	8	22	1	7	11	15	21	6	8

성	10	10	10	10	10	10	10	10	10	10	10	10	10	10
이	15	15	15	19	19	21	21	22	22	22	22	22	23	23
름	14	22	23	6	19	8	14	1	3	7	13	15	6	8

11획 성 : 강(康), 강(强), 국(國), 마(麻), 매(梅), 반(班), 방(邦), 빈(彬), 상(常), 설(卨), 양(梁), 어(魚), 조(曺), 장(張), 어(御), 위(尉), 이(異), 장(將), 주(珠), 최(崔), 표(票), 해(海), 허(許).

성	11	11	11	11	11	11	11	11	11	11	11	11	11	11
이	2	2	2	4	4	4	5	6	6	6	7	7	10	12
름	4	5	22	2	14	20	2	7	12	18	6	14	14	6

성	11	11	11	11	11	11	11	11	11	11	11
이	12	13	14	14	14	18	20	20	22	24	27
름	12	24	4	7	10	6	4	27	2	13	20

12획 성 : 경(景), 구(邱), 동(童), 민(閔), 빙(馮), 선(善), 소(昭), 순(筍), 순(舜), 순(順), 순(淳), 승(勝), 삼(森), 안(雁), 요(堯), 운(雲), 유(庾), 일(壹), 정(程), 증(曾), 지(智), 팽(彭), 필(弼), 하(賀), 황(黃), 동방(東方), 대실(大室), 소실(小室), 이선(以先).

성	12	12	12	12	12	12	12	12	12	12	12	12	12	12
이	1	1	1	1	3	3	4	4	4	4	4	4	5	5
름	4	5	12	20	3	20	1	9	13	17	19	21	1	6
성	12	12	12	12	12	12	12	12	12	12	12	12	12	12
이	5	5	6	6	6	6	6	9	9	9	9	11	11	12
름	12	20	5	11	17	19	23	4	12	20	26	6	12	1
성	12	12	12	12	12	12	12	12	12	12	12	12	12	12
이	12	12	12	12	12	12	12	13	13	13	17	17	17	19
름	5	9	11	13	17	21	23	4	12	20	4	6	12	4

성	12	12	12	12	12	12	12	12	12	12	12	12	12
이	19	19	20	20	20	20	20	20	21	21	23	23	26
름	6	20	1	3	5	9	13	19	4	12	6	12	9

13획 성 : 가(賈), 금(琴), 염(廉), 로(路), 목(睦), 신(新), 아(阿), 양(楊), 뢰(雷), 욱(郁), 자(慈), 장(莊), 초(楚), 옹(雍), 춘(椿), 사공(司空), 령고(令孤), 망전(罔田)

성	13	13	13	13	13	13	13	13	13	13	13	13	13	13
이	2	2	2	3	3	3	4	4	4	5	8	8	8	8
름	3	16	22	2	8	22	4	12	20	20	3	8	10	16

성	13	13	13	13	13	13	13	13	13	13	13	13	13	13
이	8	10	10	12	12	12	16	16	16	16	16	18	19	19
름	24	8	22	4	12	20	2	8	16	19	22	20	16	20

성	13	13	13	13	13	13	13
이	20	20	20	22	22	22	22
름	4	12	18	2	3	10	16

14획 성 : 국(菊), 기(箕), 단(端), 배(裵), 봉(鳳), 신(愼), 실(實), 련(蓮), 영(榮), 온(溫), 조(趙), 채(采), 화(華), 견(甄), 제(齊), 공손(公孫), 서문(西門).

성	14	14	14	14	14	14	14	14	14	14	14	14	14	14
이	1	1	1	2	2	2	2	2	3	3	3	3	4	4
름	10	17	23	9	15	19	21	23	4	18	18	21	3	7

성	14	14	14	14	14	14	14	14	14	14	14	14	14	14
이	4	4	4	4	7	7	7	7	7	7	9	9	9	10
름	11	17	19	21	4	10	11	17	18	24	2	9	15	1

성	14	14	14	14	14	14	14	14	14	14	14	14	14	14
이	10	10	10	10	10	11	11	11	15	15	15	15	15	17
름	7	11	15	21	23	4	7	10	2	3	9	10	18	1

성	14	14	14	14	14	14	14	14	14	14	14	14	14	14
이	17	17	18	18	18	18	19	19	19	21	21	21	23	24
름	4	7	3	7	15	19	2	4	18	2	3	10	10	7

15획 성 : 가(價), 갈(葛), 경(慶), 곽(郭), 광(廣), 구(歐), 노(魯), 덕(德), 동(董), 류(劉), 만(萬), 묵(墨), 엽(葉), 한(漢), 사마(司馬).

성	15	15	15	15	15	15	15	15	15	15	15	15	15	15
이	1	1	1	2	2	2	2	2	3	3	6	6	6	6
름	2	16	22	16	22	14	20	2	10	17	18	8	9	10

성	15	15	15	15	15	15	15	15	15	15	15	15	15	15
이	8	8	8	8	9	9	9	10	10	10	10	10	14	14
름	16	8	14	23	6	8	14	22	23	2	3	10	18	23

성	15	15	15	15	15	15	15	15	15	15	15	15	15	15
이	14	14	14	16	16	16	16	16	17	17	17	18	18	20
름	1	2	8	1	2	8	16	27	6	16	20	6	14	3

성	15	15	15	15	15	15	15
이	20	22	22	22	23	23	23
름	17	1	2	10	9	10	14

16획 성 : 노(盧), 담(潭), 도(都), 도(陶), 도(道), 반(潘), 용(龍), 육(陸), 전(錢), 제(諸), 진(陳), 음(陰), 연(燕), 교(嬌), 황보(皇甫).

성	16	16	16	16	16	16	16	16	16	16	16	16	16	16
이	1	1	1	1	2	2	2	2	2	2	5	5	5	7
름	7	15	16	22	5	13	15	19	21	23	2	8	16	1

성	16	16	16	16	16	16	16	16	16	16	16	16	16	16
이	7	7	7	7	8	8	8	8	8	8	8	9	9	9
름	8	9	16	22	5	7	9	13	15	17	21	7	8	16

성	16	16	16	16	16	16	16	16	16	16	16	16	16	16
이	9	9	13	13	13	13	13	15	15	15	15	15	16	16
름	22	23	2	8	16	19	22	1	2	8	16	17	1	5

성	16	16	16	16	16	16	16	16	16	16	16	16	16	16
이	16	16	16	16	16	17	17	19	19	19	21	21	22	22
름	7	9	13	15	19	8	15	13	16	22	2	8	1	7

성	16	16	16	16	16
이	22	22	22	23	23
름	9	13	19	2	9

17획 성 : 국(鞠), 독(獨), 사(謝), 상(嘗), 손(遜), 선(鮮), 양(陽), 연(蓮), 위(蔚), 장(蔣), 종(鍾), 채(蔡), 촉(燭), 추(鄒), 택(澤), 한(韓), 양(襄).

성	17	17	17	17	17	17	17	17	17	17	17	17	17	17
이	1	1	1	1	4	4	4	4	6	6	6	6	7	7
름	4	6	15	20	4	12	14	20	1	12	15	18	8	14

성	17	17	17	17	17	17	17	17	17	17	17	17	17	17
이	7	8	8	8	12	12	12	14	14	14	14	15	15	15
름	24	7	8	16	4	6	12	1	4	7	21	1	6	16

성	17	17	17	17	17	17	17	17	17	17
이	15	16	16	16	18	20	20	20	21	24
름	20	1	8	15	6	1	4	15	14	7

18획 성 : 간(簡), 구(瞿), 안(顏), 위(魏), 추(鞦), 호(鎬).

성	18	18	18	18	18	18	18	18	18	18	18	18	18	18
이	3	3	3	5	6	6	6	6	6	7	7	11	13	14
름	3	14	20	6	5	7	11	15	17	6	14	6	20	3

성	18	18	18	18	18	18	18	18	18
이	14	14	14	15	15	17	19	20	20
름	7	15	19	6	14	6	14	3	13

19획 성 : 감(鑑), 관(關), 나(羅), 방(龐), 설(薛), 온(薀), 정(鄭), 담(譚), 남궁(南宮), 재회(再會).

성	19	19	19	19	19	19	19	19	19	19	19	19	19	19
이	2	2	2	4	4	4	6	6	10	10	12	12	12	13
름	4	14	16	2	12	14	10	12	6	19	4	6	20	16

성	19	19	19	19	19	19	19	19	19	19	19	19	19	19
이	13	14	14	14	14	16	16	16	16	18	19	19	20	22
름	20	2	4	18	19	2	13	16	12	14	10	20	13	16

20획 성 : 석(釋), 엄(嚴), 선우(鮮于).

성	20	20	20	20	20	20	20	20	20	20	20	20	20	20
이	1	1	1	3	3	3	4	4	4	4	4	4	5	5
름	4	12	17	12	15	18	1	9	11	13	17	21	12	13

성	20	20	20	20	20	20	20	20	20	20	20	20	20	20
이	9	9	9	11	12	12	12	12	12	12	13	13	13	13
름	4	9	12	4	1	3	5	9	13	19	4	5	12	18

성	20	20	20	20	20	20	20	20	20	20	20	20
이	13	15	15	17	17	17	17	18	18	19	19	19
름	19	3	17	1	4	15	21	3	13	12	13	19

21획 성 : 고(顧), 등(藤), 학((鶴), 부정(負鼎).

성	21	21	21	21	21	21	21	21	21	21	21	21	21	21
이	2	2	2	2	2	3	3	3	4	4	4	4	4	6
름	4	6	9	14	16	8	14	24	2	4	12	14	20	2

성	21	21	21	21	21	21	21	21	21	21	21	21	21	21
이	6	6	6	6	8	8	8	8	9	9	9	10	10	10
름	10	11	12	18	3	8	9	10	2	8	18	6	8	14

성	21	21	21	21	21	21	21	21	21	21	21	21	21	21
이	10	11	11	11	12	12	12	14	14	14	14	14	16	16
름	17	6	16	20	4	6	12	2	3	4	10	17	2	8

성	21	21	21	21	21	21	21	21	21
이	17	17	17	18	18	20	20	20	24
름	10	14	20	6	9	4	11	17	3

22획 성 : 권(權), 변(邊), 소(蘇), 습(襲), 은(隱).

성	22	22	22	22	22	22	22	22	22	22	22	22	22	22
이	1	1	1	2	2	2	2	3	3	7	7	7	9	9
름	10	15	16	9	11	15	21	10	13	9	10	16	2	7
성	22	22	22	22	22	22	22	22	22	22	22	22	22	22
이	9	10	10	10	10	10	13	13	15	15	15	16	16	16
름	16	1	3	7	13	15	10	16	1	2	10	1	7	9
성	22	22	22	22										
이	16	16	19	21										
름	13	19	16	2										

25획 성 : 독고(獨孤).

성	25	25	25	25	25	25	25	25	25	25	25	25	25	25
이	4	4	6	6	7	7	8	10	10	10	12	12	13	13
름	4	12	7	10	6	16	8	6	13	22	4	20	10	20
성	25	25	25	25	25									
이	16	16	20	20	22									
름	7	16	12	13	10									

31획 성 : 제갈(諸葛).

성	31	31	31	31	31	31	31	31	31	31	31	31	31	31
이	1	1	1	2	2	2	4	4	4	4	6	6	7	7
름	6	16	20	4	6	14	2	4	17	20	2	10	10	14
성	31	31	31	31	31	31	31	31	31	31	31	31		
이	8	10	14	14	16	16	17	17	20	20	20	16		
름	8	7	2	7	1	16	4	20	1	4	17	21		

81수리 길흉 요약표			
1	吉	태초격(太初格)	군왕옥좌지상(君王玉座之象)
2	凶	분리격(分離格)	제사분리지상(諸事分離之象)
3	吉	발전격(發展格)	만물시왕지상(萬物始旺之象)
4	凶	부정격(不貞格)	동서각비지상(東西各飛之象)
5	吉	성공격(成功格)	능성만물지상(能成萬物之象)
6	吉	계승격(繼承格)	음덕시태지상(蔭德始胎之象)
7	吉	독립격(獨立格)	강건전진지상(剛健前進之象)
8	吉	개척격(開拓格)	자력발전지상(自力發展之象)
9	凶	궁박격(窮迫格)	대재무용지상(大材無用之象)
10	凶	공허격(空虛格)	만사허무지상(萬事虛無之象)
11	吉	신성격(新成格)	자력갱생지상(自力更生之象)
12	凶	박약격(薄弱格)	연약고독지상(軟弱孤獨之象)
13	吉	총명격(總明格)	입신양명지상(立身揚名之象)
14	凶	이산격(離散格)	혼돈사산지상(混沌四散之象)
15	吉	통솔격(統率格)	만물통합지상(萬物統合之象)
16	吉	덕망격(德望格)	온후유덕지상(溫厚有德之象)
17	吉	건창격(健暢格)	자치창달지상(自治暢達之象)
18	吉	발전격(發展格)	진취발전지상(進取發展之象)
19	凶	고난격(苦難格)	봉학상익지상(鳳鶴傷翼之象)
20	凶	허망격(虛妄格)	만사공허지상(萬事空虛之象)

21	吉	두령격(頭領格)	만인앙시지상(萬人仰視之象)
22	凶	중절격(中折格	추초봉상지상(秋草逢霜之象)
23	吉	공명격(功名格)	혁신융창지상(革新隆昌之象)
24	吉	입신격(立身格)	우후개화지상(雨後開花之象)
25	吉	안강격(安康格)	안강무난지상(安康無難之象)
26	凶	시비격(是非格)	평지풍파지상(平地風波之象)
27	凶	중단격(中斷格)	중도좌절지상(中途挫折之象)
28	凶	파란격(破亂格)	일엽편주지상(一葉片舟之象)
29	吉	성공격(成功格)	신록유실지상(新綠有實之象)
30	凶	부몽격(不夢格)	무정세월지상(無情勢月之象)
31	吉	흥성격(興盛格)	자립흥가지상(自立興家之象)
32	吉	강령격(康寧格)	의외형복지상(意外亨福之象)
33	吉	왕성격(旺盛格)	욱일승천지상(旭日昇天之象)
34	凶	파멸격(破滅格)	재해풍파지상(災害風波之象)
35	吉	태평격(泰平格)	만물태평지상(萬物太平之象)
36	凶	실패격(失敗格)	영웅파란지상(英雄波瀾之象)
37	吉	태공격(泰功格)	주공천하지상(奏功天下之象)
38	吉	복록격(福綠格)	입신양명지상(立身揚名之象)
39	吉	안락격(安樂格)	개화앙춘지상(開花仰春之象
40	凶	무상격(無常格)	도로무공지상(徒勞無攻之象)
41	吉	대공격(大功格)	명진사해지상(名振四海之象)

42	凶	고행격(苦行格)	행자봉난지상(行者逢難之象)
43	凶	성쇠격(盛衰格)	화개화락지상(花開花落之象)
44	凶	마장격(魔障格)	모사불성지상(謨事不成之象)
45	吉	대지격(大智格)	원만구비지상(圓滿具備之象)
46	凶	부지격(不知格)	암행심야지상(暗行深夜之象)
47	吉	출세격(出世格)	장부득시지상(丈夫得時之象)
48	吉	유덕격(有德格)	식록유덕지상(食祿有德之象)
49	凶	은퇴격(隱退格)	수시은현지상(隨時隱現之象)
50	凶	부행격(不幸格)	용변어성지상(龍變魚成之象)
51	凶	성패격(成敗格)	길흉상반지상(吉凶相半之象)
52	吉	능통격(能通格)	만사통달지상(萬事通達之象)
53	凶	불화격(不和格)	불화쟁론지상(不和爭論之象)
54	凶	무공격(無功格)	구주심해지상(求珠深海之象)
55	凶	미달격(未達格)	용동수중지상(龍動水中之象)
56	凶	부족격(不足格)	조난둔난지상(阻難屯難之象)
57	吉	노력격(努力格)	한앵춘명지상(寒鶯春鳴之象)
58	吉	후영격(後榮格)	교상왕래지상(橋上往來之象)
59	凶	재화격(災禍格)	밀운불우지상(密雲不雨之象)
60	凶	동요격(動搖格)	상하동요지상(上下動搖之象)
61	吉	영화격(榮華格)	단계가절지상(丹桂可折之象)

62	凶	고독격(孤獨格)	계화개락지상(桂花開落之象)
63	吉	순성격(順成格)	효광부해지상(曉光浮海之象)
64	凶	침체격(沈滯格)	천리만운지상(千里滿雲之象)
65	吉	휘양격(輝陽格)	순풍거범지상(順風擧帆之象)
66	凶	우매격(愚昧格)	양인익수지상(兩人溺水之象)
67	吉	천복격(天福格)	해천일벽지상(海天一碧之象)
68	吉	명지격(明智格)	정관자득지상(靜觀自得之象)
69	凶	종말격(終末格)	봉별오동지상(鳳別梧桐之象)
70	凶	공허격(空虛格)	흑해암야지상(黑海暗夜之象)
71	吉	만달격(晩達格)	귀인은산지상(貴人隱山之象)
72	凶	상반격(相半格)	은운복월지상(隱雲覆月之象)
73	吉	평길격(平吉格)	등산평안지상(登山平安之象)
74	凶	우매격(愚昧格)	화중화촉지상(畵中華燭之象)
75	吉	정수격(靜守格)	산중식목지상(山中植木之象)
76	凶	선곤격(先困格)	평지난행지상(平地難行之象)
77	吉	전후격(前後格)	수연과보지상(隨緣果報之象)
78	吉	선길격(先吉格)	일경서산지상(日傾西山之象)
79	凶	종극격(終極格)	임종유길지상(臨終有吉之象)
80	凶	종결격(終結格)	천지종말지상(天地終末之象)
81	吉	환원격(還元格)	뇌문일개지상(雷門一開之象)

4. 81수리의 길흉 해설

1수. 삼양회춘지상(三陽回春之象) : 기본격(基本格)

천장지구(天長地久)라 할 수 있는 길수로 만상의 기본이기 때문에 일생 평안하며 행복하게 부귀를 누리며 명예 장수할 수이다.

2수. 파패분열지상(破敗分裂之象) : 분리격(分離格)

불구자가 되지 않으면 재물운이 박하여 불행하다. 가정운이 불행하여 처자와 생이사별하고 타향생활을 면하기 어렵다. 음극수(陰極數)이기 때문에 탐욕·완고·독선으로 흘러 몰인정하다는 평을 듣기 쉽다. 분리·동요·불안의 뜻이 있어 좋은 환경의 혜택을 받기 어려운 수이다.

3수. 시생만물지상(始生萬物之象) : 성형격(亨格)(成形格)

천지자연의 행복을 형수하니 성공하여 입신양명한다. 만인이 우러러보는 인물이 될 수 있는 대길수이다.

4수. 매사불성지상(每事不成之象) : 부정격(貞格)(不定格)

성질이 온유하나 과단성이 부족하고 혼미하여 종무성사라 하겠다. 근근하게 노력하여 성공하나 오래 가지 못하고 실패의 고배를 맛본다. 불구자가 되거나 정력이 약하여 불행해진다. 가재탕패하고 우중행인의 불길한 수이다.

5수. 고목봉춘지상(枯木逢春之象) : 정성격(定成格)

초목의 종자가 춘양을 봉함과 같이 자연 행복을 형수하여 부귀번영・조달용문・양명부귀할 대길수이다.

6수. 만사순성지상(萬事順成之象) : 계성격(繼成格)

외유내강하여 매사에 성취하니 가기영달이다. 견고하며 천덕을 형수할 수로 만복이 가정에 들어오니 자연 행복할 대길수이다.

7수. 용성두각지상(龍成頭角之象) : 독립격(獨立格)

대장부의 지조가 철석과 같고, 일도에 모든 일이 순성되어 그 세력이 맹호가 숲에서 뛰어나오는 격이다. 능히 자수성가하여 가문을 일으키며 성공하는 대길수이다. 부부운은 다소 충돌은 있으나 자손에게 영화가 있어 공명이 진진할 것이다.

8수. 개발건강지상(開發健康之象) : 개물격(開物格)

사교술이 뛰어나고 다소 외고집인 면이 있으나 의지가 굳어 곤란을 무릅쓰고 목적을 달성하여 부귀장수한다. 자손의 영화가 있어 공명할 대길수이다.

9수. 속성속패지상(速成速敗之象) : 궁박격(窮迫格)

일시적으로 성공하고 일시적으로 패망하여 부부 생사이별・병약・비참・단명할 수이다. 명예도 인덕도 희망도 없는 최흉수이다. 특히 여자는 부부간에 불합하며 남편이 첩을 두고 이중생활을 하거나 이별을 면치 못하고, 자손의 근심과 풍파가 많다.

10수. 허망단명지상(虛妄短命之象) : 공허격(空虛格)

계획은 잘 세우나 끝맺음이 약하고, 결단력이 부족하여 항상 좋은 기회를 잃는다. 평생 돈복이 없고, 형액·불구·부부 생사이별·살상·질병·육친무덕·단명까지 따르는 불길수이다. 특히 여자는 남편덕이 없고 과부가 될 불길한 수이다.

11수. 신왕재왕지상(身旺財旺之象) : 신성격(新成格)

자성이 온순하며 순조롭게 발전하여 차츰 부귀영달하고, 사회적으로 상당한 지위를 독점하며 타인의 신망을 얻는 대길수이다. 여자는 양녀로 가는 경우가 많고 부부가 다정하며 자손이 창성한다.

12수. 연약고독지상(軟弱孤獨之象) : 박약격(薄弱格)

비록 재지와 기량은 있으나 선계가 불능이요, 박약하고 무력한 운이니 대성하기 어렵다. 조업이 있으면 한때는 태평하나 연이나 심신이 허약하고 부부 생사이별·병약·형액·불구·육친무덕·단명의 흉수이다. 특히 여자는 남편덕이 없고 하천하게 살아간다.

13수. 입신양명지상(立身揚名之象) : 지모격(智謀格)

풍부한 상식과 종횡무진한 재치로 어떠한 곤란도 곧잘 개척해 성공의 길을 걷는다. 또 예능에 소질이 풍부하여 윗사람의 사랑을 받으며 적수공권으로 능성대업한다. 특징으로는 지도적인 선견지명이 있어 삼군의 참모도 당할 수 없을 교묘한 재모력이 있는 대길수이다. 특히 여자는 남편덕이 많다.

14수. 파괴이산지상(破壞離散之象) : 이산격(離散格)

천성이 온유한 자성과 같은 지혜는 모든 일을 잘 성취하고, 상당한 지위와 계획을 잘 수립하지만 일시적 성공에 불과하다. 가정에 파란과 부부 생사이별 · 고독 · 번민 · 병약 · 고질 · 불구 · 자살 · 단명 등이 따르는 대흉수이다. 특히 여자는 남편덕이 없고 일생 고독하게 살아가는 흉수이다.

15수. 통솔수복지상(統率壽福之象) : 통솔격(統率格)

고위한 자성과 지혜와 덕망을 겸비하여 자립대성하며 상하의 후원으로 만사가 순조롭다. 입신양명 · 부귀장수할 대길수이다.

16수. 덕망현달지상(德望顯達之象) : 덕망격(德望格)

현량한 성품은 상하의 신망을 얻어 입신하고, 재지가 심원하니 부귀공명하는 대길수이다. 특히 여자는 현숙하며 가정에 충실하고 남편을 내조하여 오복을 누리는 대길수이다.

17수. 만사창달지상(萬事暢達之象) : 건창격(健暢格)

성품은 강직하고 자립으로 독립하여 사업을 크게 완수하여 권위가 있다. 사상과 신념이 확고부동하여 자기의 지망을 관철하여 목적을 달성하고 성공하는 대길수이다.

18수. 발전진취지상(發展進就之象) : 발전격(發展格)

유능유재한 장부라 사회적으로 비상한 발전이 있으며 목적을 완수하여 공명창달하고 고귀한 지위에 오르는 대길수이다.

19수. 고난병악지상(苦難病惡之象) : 고난격(苦難格)

노력해도 만가지 일이 소원대로 이루어지지 않는다. 육친무덕 · 부부 생사이별 · 불구 · 병고 · 형액 · 객사 · 조난 · 무자녀 · 자살 · 광증 등이 따르는 대흉수이다.

20수. 만사허망지상(萬事虛望之象) : 허망격(虛望格)

지혜는 있으나 심신이 허약하고 육친무덕하다. 중병 · 곤고 · 객사 · 형액 · 교통사고 · 자녀상실 · 남편의 축첩 · 부부 생사이별 · 단명 · 조난의 대흉수이다.

21수. 만인두령지상(萬人頭領之象) : 두령격(頭領格)

지혜와 슬기로운 꾀가 남보다 뛰어나고 독립심이 강하여 권위가 있고, 매일 항상 발전하여 자립대성하고 대지대업을 성취하여 부귀영달한다. 강건한 심신과 덕망이 있어 지도적인 인물로 우두머리가 되는 일대 영상의 대길수이다. 단 여자는 독신생활을 해야 부귀할 수 있다. 가정생활을 하면 남편을 극하고 과부운을 면치 못할 대흉수이나 이격(利格)에 있으면 무방하다.

22수. 만사중도지상(萬事中途之象) : 중절격(中折格)

활동력이 왕성하고 모든 계획을 잘 세워 초년에는 상당한 지위와 복록이 있어도 가을에 서리가 내리는 격으로 무기력하여 일을 성취시키기 어렵다. 매사가 중도에서 좌절되며 실패와 정신착란을 일으키거나 가정에 파란이 많다. 병고 · 불구 · 살상 · 형액 · 부부 생사이별 · 단명 · 객사 · 비참 등이 따르는 대흉수이다. 특히 여자는 남편덕이 없고 피살되는 대흉수이다.

23수. 공명행복지상(功名幸福之象) : 공명격(功名格)

자성이 영특하고 지덕과 문무를 겸비하며 천성적인 영도의 기질이 구유하여 대지대업을 완수하며 부귀영달의 대길수이다. 여자는 남편운을 극하는 수로 독신출세하는 수이다. 단 이격(利格)에 있으면 무방하다.

24수. 입신축재지상(立身蓄財之象) : 입신격(立身格)

재주가 뛰어나고 금전운과 물질운이 좋다. 빈 주먹으로 재산을 모아 말년에는 크게 번영하며 부귀행복할 대길수이다. 특히 여자는 부부가 다정하고 자손이 번창하는 대길수이다.

25수. 안전건창지상(安全健暢之象) : 안전격(安全格)

성품이 은중하고 지모가 심원하니 매사를 성취하여 자수성가한다. 권위와 위풍이 크며 재물의 혜택이 크고 항상 발전이 지대하여 식록이 크니 안락태평하는 대길수이다. 특히 여자는 부부가 다정하고 인덕이 있으며 특히 자손복이 많다.

26수. 영웅시비지상(英雄是非之象) : 영웅시비지격(英雄是非之格)

대발명가 · 대철학가 · 대문호가 · 지사 · 괴걸의 명칭이 붙는 운수이다. 그러나 대체로 실력 재능을 과신하여 자기도취에 빠지며 말년은 별로 행복하지 못하다. 부부운과 자식운도 좋지 못하며 한 때의 성공을 회상하면서 말년을 쓸쓸히 보낸다. 또 시각장애인이 되거나 도벽이나 황음에 빠질 우려도 있다. 특히 여자는 과부가 될 고독한 흉수이다. 특히 남녀 모두 부부 생사이별 · 형액 · 피살 · 가정운이 불길하고 자연사를 못하는 대흉수이다.

27수. 매사중단지상(每事中斷之象) : 중단격(中斷格)

영명투철하고 재지와 용모가 비상하여 계획은 잘 수립하나 장애물이 나타나 중도 혹은 성공시에 좌절한다. 도로무공이며 실패 · 곤고 · 고독 · 조난 · 형액 · 불구 · 단명 · 부부 생사이별 등이 따르는 대흉수이다. 특히 여자는 팔자가 세어 남편한테 잘 하고도 배신을 당하여 구설과 눈물로 세월을 보내는 흉수이다.

28수. 대해편주지상(大海片舟之象) : 파란격(波瀾格)

일신에 영귀한 즉 가정에 풍파가 생기고 가정이 무고한 즉 일신에 재화가 속출하니 행운 불봉이라 부부 생사이별 · 조난 · 불구 · 형액 등의 재난으로 중년을 넘기지 못하고 승천하는 대흉수이다.

29수. 성공수복지상(成功壽福之象) : 성공격(成功格)

자성이 현출하고 영지가 고상하여 입지출세한다. 항상 발전 조달관문에 지하고 요대금방하니 도처유권이라 부귀장수하는 대길수이다. 여자는 남편을 잘 내조하여 행복한 가정을 꾸리리라.

30수. 부몽침몰지상(浮夢沈沒之象) : 부몽격(浮夢格)

계획은 잘 세우나 수포로 돌아간다. 타향살이를 하며 도로무공이고 용두사미격이다. 특히 일확천금을 꿈꾸고 투기에 몰두하니 성공은 일시적이요, 실패가 중중하니 허무한 세월만 탄식한다. 만일 이와 같은 망동만 없으면 소유평안이나 불연이면 조난·인덕전무·객사·형액·피살·부부 생사이별 등이 따르는 대흉수이다. 특히 여자는 공망수로 과부가 되며 재복과 자손복이 없어 항상 외롭게 살아가는 대흉수이다.

31수. 융창행복지상(隆昌幸福之象) : 융창격(隆昌格)

자성이 원만하고 재지가 영수하며 큰 일을 진흥시키고 부귀공명장수한다. 특히 자손이 창성하여 오복을 구비하는 대길수이다. 특히 여자는 부부가 다정하고 재덕을 겸비한 대길수이다.

32수. 의외형복지상(意外亨福之象) : 요행격(僥倖格)

의외의 재물이 생기며 명예와 지위를 얻는다. 기초를 무난히 세우고 만사가 형통하며 수복강녕하는 대길수이다. 특히 여자는 부부의 정이 좋고 만사형통하여 웃음의 꽃이 떠나지 않는 대길수이다.

33수. 등용왕성지상(登龍旺盛之象) : 승천격(昇天格)

위인이 현출하며 재지가 영수하고 권위지모와 과단성이 풍부하여 욱일승천지상으로 부귀공명하며 만사형통하는 대길수이다. 그러나 여자는 남편운을 충극(沖剋)하여 남편을 3번 바꾸는 대흉수이다. 자립대성할 수 있지만 남편덕이 없어 평생을 외롭게 살아가는 대흉수이다.

34수. 평지풍파지상(平地風波之象) : 파멸격(破滅格)

파괴와 파멸을 유도하는 수로 불의의 재해가 속출하여 만사가 저해되고 불측의 화난을 초래한다. 식록은 있으나 안중에 병액이 많다. 부부 생사이별 · 실자의 비애 · 비참 · 형액 · 살상 · 광증 · 패가망신 등이 따르는 대흉수이다.

35수. 평화안강지상(平和安康之象) : 평범격(平凡格)

유화한 성격으로 충직 성심하여 유위한 현직과 사업에 변함없이 종사한다. 일생을 행복하게 부귀장수하며 상하의 신망을 얻어 대성공하는 대길수이다. 특히 여자는 내조의 공을 세우며 자손이 번창하는 대길수이다.

36수. 골육상쟁지상(骨肉相爭之象) : 영걸시비격(英傑是非格)

영웅운으로 부침이 많고 정의가 두터워 때로는 일세의 풍운아로 군림하는 수도 있으나 움직이면 움직일수록 파란의 곡절이 많다. 조난 · 단명 · 피살 · 객사 등을 암시하는 대흉수이다. 특히 여자는 과부운을 면하지 못하는 흉수이다.

37수. 유의유덕지상(有義有德之象) : 인덕격(仁德格)

지모와 재략이 출중하며 천지의 행복을 형수하여 여러 사람에게 신의와 신망을 받으며 명예와 지위가 사해에 진동할 대길수이다. 공덕이 후세에까지 전파되어 명진사해한다.

38수. 고목생화지상(枯木生花之象) : 복록격(福祿格)

재지가 영명하고 성품이 현철하다. 문학적인 소질과 기술방면에 유력한 발달이 있고, 선진적인 인물로 입신양명 대지대업을 순성한다. 성품이 쾌활하여 고귀하게 발전하는 대길수이다.

39수. 안락태평지상(安樂泰平之象) : 안락격(安樂格)

천품이 고결하여 존엄을 받으며 관직의 운수가 호길하다. 덕망이 높고 자손에게 유산도 많아 안락하게 행복한 생활을 할 수 있다. 천지인(天地人) 삼재(三才)의 배합에 길함이 없어 자중자애함이 좋은 대길수이다.

40수. 도로무공지상(徒勞無功之象) : 무상격(無常格)

임시응변되는 재지가 도로무공되어 무의무존하며, 경영하는 일마다 대개 도로무공이다. 주위의 모든 친지가 무덕하여 조업을 오래 지키지 못하고 평생을 여한에 승천할 것이다. 특히 투기심이 많아 일조일석에 문전걸식을 면하기 어려운 비참한 운명에 처하는 대흉수이다.

41수. 대공성취지상(大功成就之象) : 대공격(大功格)

위인이 준수하고 영명투철하여 홍진에 초출되어 대귀대부를 득달하여 유명천추하다. 특히 선각지명은 만민의 사표요, 지도자가 될 수 있으며 상하의 신망이 두텁다. 처리하는 일마다 순성되어 공명이 사해에 진진하는 대길수이다.

42수. 진퇴고고지상(進退苦孤之象) : 고행격(苦行格)

성품이 완강하여 신전운기가 저해되고 편견암미로 자취고난과 형로에 분파되어 가족상별의 변동이 있다. 질병 · 불구 · 형액 · 객사 · 조난 등이 따르는 대흉수이다. 특히 내향적이며 실천력이 약하여 좋은 기회를 잃는 경우가 많아 온갖 신고와 고통을 겪으며 성공해도 지속하기 어렵다. 대개 불성의 대흉수이다.

43수. 육친무덕지상(六親無德之象) : 미혹격(迷惑格)

선천적인 박약과 방만을 암시하니 재능과 기예가 뛰어나도 곤고가 많다. 겉으로는 행복하게 보이나 내용은 허실하여 파란 속에서 신고가 많다. 실패한 후 정신착란 등의 재앙을 초래하는 대흉수이다. 특히 여자는 정조관념이 없고 재운도 불길하며 자손의 근심이 떠나지 않는 대흉수이다.

44수. 평지풍파지상(平地風波之象) : 마장격(魔障格)

지능이 뛰어나 수재와 발명가가 나올 수 있으나 한 번 방향을 잘못 잡으면 사기나 횡령으로 나가기도 한다. 가족과의 이별 · 병고 · 조난 · 불구 · 발광 · 단명 · 실명 · 피살 등을 암시하는 대흉수이다.

45수. 대지대귀지상(大智大貴之象) : 대지격(大智格)

두뇌가 명석하고 지모가 뛰어나다. 순풍에 돛을 달고 잔잔한 물결을 저어가는 것과 같이 대지대업을 성취하고 만인의 사표가 되어 부귀공명하는 대길수이다. 남녀 모두 후손에게까지 공명이 중중하여 명진사해하는 대길수이다.

46수. 암행심야지상(暗行深夜之象) : 부지격(不知格)

선천적으로 유재유능하고 지모가 중출하나 의지가 박약하다. 재앙과 패가운이 따르니 고향을 떠나 타향에서 전전하다 비참하게 객사한다. 그렇지 않으면 형액·부부 생사이별·질병·정력감퇴·신경쇠약 등이 따르는 대흉수이다.

47수. 천지합덕지상(天地合德之象) : 출세격(出世格)

성격이 원만하며 의지가 발달하여 나갈 때 나갈 줄 알고 물러갈 때 물러갈 줄 안다. 도량이 넓고 모든 일이 순조로워 영화를 누릴 뿐 아니라 자손에게도 좋은 대길수이다. 남녀 모두 재물운이 좋고 만사가 형통하여 부귀영달하는 대길수이다.

48수. 식록유덕지상(食祿有德之象) : 유덕격(有德格)

지모가 깊고 재지가 있으며 성실과 덕망이 넓어 명리영달을 누리고 안락장수하는 대길수이다. 특히 스스로 사업을 일으키기 보다는 남을 선도하는 입장에서 고문이나 상담 역할을 하면 복덕을 잃지 않는 대길수이다.

49수. 은퇴영존지상(隱退永存之象) : 은퇴격(隱退格)

재지가 비상하고 수완이 좋다. 길할 때는 길하고 흉할 때는 대흉한 상으로 반평생의 신고와 반평생의 안락이 있으나 길흉의 변화가 무쌍하다고 하겠다. 공명이 있을 때는 크게 발전하여 만인의 우러름을 받고 상하의 덕이 있으나 오래 가지 않고 흉수가 돌아와 모든 일이 파패되는 대흉수이다.

50수. 불행신고지상(不幸辛苦之象) : 불행격(不幸格)

길흉이 상반이나 한 번 성공하고 한 번 패하는 상이니 성공했을 때 근신해야 하는 대흉수이다. 그렇지 않으면 불행의 역경에서 헤어나지 못하고 형액·고독·병고 등이 따르는 대흉수이다.

51수. 어용득수지격(魚龍得水之格) : 춘추격(春秋格)

진출하는 기상이 강건하며 정직하다. 곤란한 일이 생겨도 불굴의 노력으로 만 가지 일을 성취하며 안과태평하는 대길수이다. 자손운은 공명이 진진하고 명예가 세상에 중중할 것이다.

52수. 만사통달지상(萬事通達之象) : 능직격(能直格)

자성이 영준하고 사무에 능하여 대업을 창립하여 자수성가한다. 대학자나 대정치가가 될 수 있는 대길수이다. 특히 여자는 온순한 성품으로 현모양처가 되어 남편을 잘 내조하며 자손의 경사가 중중하다. 모든 가운이 순조로워 만사가 형통하는 대길수이다.

53수. 불화쟁론지상(不和爭論之象) : 불화격(不和格)

외부내빈격이다. 의리가 견고하지 못하여 대개 반평생은 길운이 있으나 말년에는 반드시 패가망신한다. 성질이 완강하여 목적을 이루나 육친무덕·부부 생사이별·횡사·고독·단명·조난 등을 암시하는 대흉수이다.

54수. 태산난월지상(泰山難越之象) : 신고격(辛苦格)

천품이 박약하여 만사에 고생이 많다. 파가망신하며 불구・폐질・형액・단명이 따르는 대흉수이다. 모든 일이 어렵게 이루어지고 순조로울 때는 신액이 있어 오래 가지 못한다. 대개 가족과 인연이 없어 타향에서 전전하다 비참한 결과를 맞는 대흉수이다.

55수. 만사불성지상(萬事不成之象) : 불인격(不忍格)

계획을 잘 세워 성공하는 수가 있으나 중도에서 좌절되어 만사를 성취하기 어렵다. 파산・병고・흉화・부부 생사이별・피살・조난 등을 암시하는 대흉수이다.

56수. 부족부진지상(不足不振之象) : 부족격(不足格)

사업이 여의치 못하여 난관에 잘 부딪치고 일이 잘 성취되지 않아 용기와 진취성을 잃게 된다. 중년부터 쇠퇴하여 말년은 재액과 손실, 불행 속에서 탄식하는 대흉수이다.

57수. 노력진기지상(努力振起之象) : 노력격(努力格)

자연의 혜택을 입어 부귀영달한다. 한 번 실패로 고난에 부딪쳐 구사일생을 겪은 뒤 모든 일이 뜻대로 되어 부귀장수하고 부부유정하여 자손에게까지 영화가 따르는 대길수이다.

58수. 우후향화지상(雨後香花之象) : 자력격(自力格)

무일푼에서 대업을 일으키거나 큰 실패 뒤에 다시 번영한다. 말년에는 유종의 미를 거두어 행복을 누리는 길수이다.

59수. 밀운불운지상(密雲不運之象) : 불우격(不遇格)

의지와 인내심과 용기가 부족하여 발전하기 어렵다. 손실 · 파산 · 역경 · 액난의 운수로 일생을 슬픔 속에 보내는 대흉수이다.

60수. 심야행인지상(深夜行人之象) : 암흑격(暗黑格)

모든 일이 시작은 있으나 끝이 없고, 사업은 항상 불안하며 동분서주한다. 자손도 불길하고 부부 생사이별 · 형액 · 살상 · 병약 · 단명이 따르는 대흉수이다.

61수. 개화만발지상(開花滿發之象) : 영화격(榮華格)

하늘의 혜택을 입어 명성을 떨치며 부귀공명한다. 대중에게 신망을 얻어 일생을 평안하게 보내는 대길수이다. 특히 여자는 부부가 다정하고 자손이 번창하는 대길수이다.

62수. 고독빈천지상(孤獨貧賤之象) : 고독격(孤獨格)

재력과 신용이 없고 성격적으로도 결점이 많다. 무엇을 해도 뜻대로 되지 않고, 가정불화로 번민 속에 살아가는 대흉수이다.

63수. 회춘동산지상(回春東山之象) : 길상격(吉祥格)

천성적인 기품과 재략으로 소원성취하며 만사형통한다. 가정에 웃음이 떠나지 않고 행복 속에 살아가는 대길수이다.

64수. 입신수도지상(立身修道之象) : 침체격(沈滯格)

재략은 있으나 용모가 공허하며 매사가 비참하다. 불의의 재앙이 속출하고 만사가 침체되어 권리와 명예가 손상 당한다. 중도에 좌절되어 병고・조난・단명에 이른다. 말년에는 비참한 운명에 빠지는 대흉수이다.

65수. 만화방창지상(萬花芳暢之象) : 완미격(完美格)

성품이 준걸하고 영매하여 날로 융창하며 만인지상격이 되는 대길수이다. 천지장구의 길운으로 만사가 순성하고, 상하의 유덕으로 소성대업하여 공명과 세력이 충천한다. 만인의 우러름을 받는 대길운이다. 부부가 다정하며 자손이 번창하는 대길수이다.

66수. 진퇴양난지상(進退兩難之象) : 역난격(逆難格)

천품이 영민하고 재지다모하나 내우외환이 교대로 닥쳐와 진퇴의 자유를 잃고 패가망신의 비운에 빠진다. 도난・수난・병난・색난 등을 암시하는 대흉수이다.

67수. 초목무성지상(草木茂盛之象) : 성장격(成長格)

천덕이 풍부하여 모든 일이 막힘이 없이 순조롭게 나아가 대업을 성취한다. 다름 사람의 도움을 얻어 앞길을 개척하고 가운이 번창하여 평생 행운을 누리는 대길수이다. 특히 사업은 다재다입하는 좋은 운이고, 대기업을 운영하면 크게 발전하는 대길수이다.

68수. 묘현발명지상(妙玄發明之象) : 달성격(達成格)

재지가 주밀하고 지조가 견고하며 성품이 근면하여 발전이 뚜렷하다. 모든 일을 시작하면 달성하고 마는 기질로 대지대업을 이룬다. 부귀가 사해에 진진하며 대중의 신망을 얻어 목적을 달성하고 부귀와 영화를 누리는 대길수이다.

69수. 고목풍설지상(枯木風雪之象) : 쇠약격(衰弱格)

선천적으로 지모와 재능이 출중해도 역경을 암시하는 수이다. 처음에는 그럴듯하나 점차 쇠퇴하며 모든 일이 불안해진다. 상하의 덕이 없어 도로무공하고, 고독단신으로 신고 끝에 가정의 파란과 부부 생사이별이 다른다. 병약 · 실의 · 단명이 따르는 대흉수이다.

70수. 몰락멸망지상(沒落滅亡之象) : 암난격(暗難格)

선천운이 박약하며 부모와 인연이 없다. 고난 · 신고 · 병약 · 단명이 따른다. 형제간에 정이 없고 부부간의 생사이별 등으로 비참한 타향살이를 암시하는 대흉수이다.

71수. 길흉상반지상(吉凶相半之象) : 불안격(不安格)

선천적으로 기초가 불안하여 만사가 이루어지지 않는다. 천신만고 끝에 성공해도 오래 가지 못하고 고생한다. 그러나 무리한 욕망을 버리고 분수를 지키면 성공하는 수도 있다.

72수. 파가망신지상(破家亡身之象) : 상반격(相半格)

선천적으로 박덕하여 지모와 재능이 뛰어나도 초년의 고생을 면할 길이 없다. 모든 일이 궤멸하고 실패하여 곤고가 심하다. 그러나 천신만고를 넘어 중후년에 이르면 모든 일이 순성하고 성공달성하는 길운이 돌아오는 수리이다.

73수. 행복길상지상(幸福吉祥之象) : 형통격(亨通格)

자성이 영명투출하고 재지가 뛰어나 부귀와 명예를 얻어 화려한 인생을 사는 대길수이다. 특히 여자는 알뜰하고 남편덕이 많으며 자손이 번창하는 대길수이다.

74수. 무지무능지상(無知無能之象) : 불교격(不交格)

다방면으로 재능이 많으나 길흉이 내왕하여 부침과 동요가 많고 불화의 징조가 있어 명랑하지 못하다. 만일 어진 마음이 두터우면 스스로 재산을 모아 안락한 생활을 누리는 대길수이다.

75수. 개문복래지상(開門福來之象) : 왕성격(旺盛格)

자성이 순직하고 온유유덕하여 적소성대한다. 사고가 면밀하고 이지적이며 진취적인 기상으로 모든 일이 심해대성한다. 대중의 신망과 육친덕으로 자립대성한다. 모든 일이 능소능대하여 대기만성하며 대지대모로 부귀를 이룬다.

76수. 안지풍파지상(安地風波之象) : 이산격(離散格)

선천적으로 지혜와 덕망이 있으나 육친이 무덕하다. 가족이 분산하고 홀로 객지에서 방황하면서 병약과 신고를 면할 수 없는 대흉수이다. 특히 여자는 과부운을 면하기 어렵고, 자손의 인연도 없어 홀로 눈물 속에 살아가는 대흉수이다.

77수. 춘성회춘지상(春成回春之象) : 강건격(剛健格)

선천적으로 의지가 굳고 지모가 뛰어나 목적을 순조롭게 달성한다. 자손이 번창하며 부귀현달하는 대길수이다. 특히 여자는 부부가 다정하고 자손이 번창하는 대길수이다.

78수. 자연퇴보지상(自然退步之象) : 무력격(無力格)

재지와 수완은 뛰어나나 곤란과 신고가 많다. 중년 전후까지는 실천력이 부족하여 목적을 이룰 수 없고, 주저하는 일이 많아 기회를 놓치고 실패하는 대흉수이다.

79수. 정신부족지상(精神不足之象) : 불신격(不信格)

위인이 혼미하며 자립심이 없어 뜻을 이루지 못한다. 병난과 신고가 중중하고, 가족과의 인연도 박약하여 혼자 만난을 극복하고자 하나 워낙 힘이 없으니 결국 실패하는 대흉수이다.

80수. 망동다패지상(妄動多敗之象) : 음영격(陰影格)

지모와 재략은 뛰어나나 운세가 맞지 않아 곤란과 신고가 계속된다. 병약 · 단명 · 형액의 징조가 있고, 일생 뜻한 바를 이루지 못하는 대흉수이다. 세속의 영리를 버리고 은둔생활을 하는 수리이다.

81수. 청룡등천지상(靑龍登天之象) : 환희격(還喜格)

최극의 수로 1수는 기본으로 환원되는 원리이다. 지금까지의 고애와 난경을 모두 초월하고 번영과 융복이 무비하여 길상을 암시하는 최대의 대길수이다.

3장. 삼원오행론(三元五行論)

1. 삼원오행(三元五行)

삼원(三元)은 천지인(天地人)을 말하는데, 일원은 천(天)이요, 이원은 인(人)이요, 삼원은 지(地)이다. 성(姓)이 일원(一元)이요, 성(姓)과 상명자(上名字)의 합한 수가 이원(二元)이요, 상명자(上名字)와 하명자(下名字)의 합한 수가 삼원(三元)이다.

이 삼원오행(三元五行)도 상생(相生)을 요하고, 상극(相剋)을 싫어한다. 오행이란 목화토금수(木火土金水) 5가지로 나누어 자연계의 동정과 변화를 오행으로 고찰했고, 상생상극(相生相剋)에 의하여 풀이한다. 오행에는 서로 돕고 생하여 주는 상생(相生)의 원리와, 서로 같은 상비(相比)의 원리로 구분한다.

예> 성삼문(成三問 : 7 · 3 · 8)

① '성(成)' 자는 7획이니 금(金)이다. 7 · 8은 금(金)이다.

② 성자 7획+상명자 3획=10획이다. 9 · 10은 수(水)이다.

③ 상명자 3+하명자 8획=11획이다. 11획이면 10을 버리고 1만 보면 목(木)이 된다.

④ 따라서 이 이름의 삼원오행(三元五行)은 금수목(金水木)이다.

삼원오행(三元五行)은 성 · 상명자 · 하명자의 합을 고려하지 않고, 수리오행(數理五行)으로 보는 법도 있으나 필자는 이 방법을 더 활용한다. 가령 성삼문(成三問 : 7 · 3 · 8)의 획수 그대로를 수리오행(數理五行)으로 표출하는 것이다. 7 · 3 · 8은 오행이(金 · 火 · 金)이 된다.

삼원오행(三元五行)과 비슷한 의미의 삼재오행(三才五行)에 의한 판단법도 있다. 천원(天元) 1수를 더하여 원격(元格) · 형격(亨格) · 이격(利格)의 3격으로 길흉을 설명하는 방법이다. 기존의 4격 수리론의 부적중률에서 나온 이론인 듯하다. 그러나 적중률면에서 크게 공감할 부분은 없으니 고려할 필요가 없다고 생각한다.

4격수리에 대한 운명적 암시는 기존의 방법을 따르고, 4격수리에 대한 해설보다는 4격수리에 대한 오행을 사주와 연관하여 보는 것이 성명학과 사주학의 유기적인 공감을 형성할 수 있을 것이다. 그리고 무엇보다 사주에 필요한 오행 한자를 찾아 작명하는 것이 우선되어야 한다고 본다.

2. 삼원오행(三元五行)의 성패

(1) 목목(木木)

목목목(木木木) : 입신출세격(立身出世格)

목목화(木木火) : 입산출세격(立身出世格)

목목토(木木土) : 고난신고격(苦難辛苦格)

목목금(木木金) : 고난신고격(苦難辛苦格)

목목수(木木水) : 성공발전격(成功發展格)

(2) 목화(木火)

목화목(木火木) : 춘산개화격(春山開花格)

목화화(木火火) : 고목봉춘격(枯木逢春格)

목화토(木火土) : 대지대업격(大志大業格)

목화금(木火金) : 평지풍파격(平地風波格)

목화수(木火水) : 선부후빈격(先富後貧格)

(3) 목토(木土)

목토목(木土木) : 사고무친격(四顧無親格)

목토화(木土火) : 골육상쟁격(骨肉相爭格)

목토토(木土土) : 속성속패격(速成速敗格)

목토금(木土金) : 패가망신격(敗家亡身格)

목토수(木土水) : 고목낙엽격(枯木落葉格)

(4) 목금(木金)

목금목(木金木) : 골육상쟁격(骨肉相爭格)

목금화(木金火) : 독좌탄식격(獨坐歎息格)

목금토(木金土) : 초실후득격(初失後得格)

목금금(木金金) : 불화쟁론격(不和爭論格)

목금수(木金水) : 만사불성격(萬事不成格)

(5) 목수(木水)

목수목(木水木) : 부귀쌍전격(富貴雙全格)

목수화(木水火) : 속성속패격(速成速敗格)

목수토(木水土) : 조기만패격(早期晩敗格)

목수금(木水金) : 어변용성격(魚變龍成格)

목수수(木水水) : 대부대귀격(大富大貴格)

(6) 화목(火木)

화목목(火木木) : 부귀안태격(富貴安泰格)

화목화(火木火) : 용득봉운격(龍得逢雲格)

화목토(火木土) : 만화방창격(萬化方暢格)

화목금(火木金) : 선고후파격(先苦後破格)

화목수(火木水) : 자수성가격(自手成家格)

(7) 화화(火火)

화화목(火火木) : 성공발전격(成功發展格)

화화화(火火火) : 조기만패격(早期晩敗格)

화화토(火火土) : 만화방창격(萬化方暢格)

화화금(火火金) : 백모불성격(百謀不成格)

화화수(火火水) : 평지풍파격(平地風波格)

(8) 화토(火土)

화토목(火土木) : 강상풍파격(江上風波格)

화토화(火土火) : 춘일방창격(春日方暢格)

화토토(火土土) : 만화방창격(萬化方暢格)

화토금(火土金) : 입신대길격(立身大吉格)

화토수(火土水) : 심신파란격(心身波亂格)

(9) 화금(火金)

화금목(火金木) : 개화풍란격(開花風亂格)

화금화(火金火) : 무주공산격(無主空山格)

화금토(火金土) : 선고후길격(先苦後吉格)

화금금(火金金) : 사고무친격(四顧無親格)

화금수(火金水) : 개화무실격(開花無實格)

(10) 화수(火水)

화수목(火水木) : 의외재난격(意外災難格)

화수화(火水火) : 유아독존격(唯我獨尊格)

화수토(火水土) : 선고후파격(先苦後破格)

화수금(火水金) : 무주공산격(無主空山格)

화수수(火水水) : 개화풍란격(開花風亂格)

(11) 토목(土木)

토수수(土木木) : 허명무실격(虛名無實格)

토목화(土木火) : 운중지월격(雲中之月格)

토목토(土木土) : 고목낙엽격(枯木落葉格)

토목금(土木金) : 선빈후고격(선빈후苦格)

토목수(土木水) : 유두무미격(有頭無尾格)

(12) 토화(土火)

토화목(土火木) : 일광춘성격(日光春成格)

토화화(土火火) : 춘일방창격(春日方暢格)

토화토(土火土) : 입신출세격(立身出世格)

토화금(土火金) : 고난자성격(苦難自成格)

토화수(土火水) : 진퇴양난격(進退兩難格)

(13) 토토(土土)

토토목(土土木) : 선고후패격(先苦後敗格)

토토화(土土火) : 금상유문격(錦上有紋格)

토토토(土土土) : 일경일고격(一慶一苦格)

토토금(土土金) : 고원회춘격(古園回春格)

토토수(土土水) : 사고무친격(四顧無親格)

(14) 토금(土金)

토금목(土金木) : 봉학상익격(鳳鶴傷翼格)

토금화(土金火) : 골육상쟁격(骨肉相爭格)

토금토(土金土) : 일광춘풍격(日光春風格)

토금금(土金金) : 유곡회춘격(幽谷回春格)

토금수(土金水) : 금상유문격(錦上有紋格)

(15) 토수(土水)

토수목(土水木) : 노력무공격(勞力無功格)

토수화(土水火) : 풍파절목격(風波折木格)

토수토(土水土) : 패가망신격(敗家亡身格)

토수금(土水金) : 사고무친격(四顧無親格)

토수수(土水水) : 일장춘몽격(一場春夢格)

(16) 금목(金木)

금목목(金木木) : 추풍낙엽격(秋風落葉格)

금목화(金木火) : 한산공가격(寒山空家格)

금목토(金木土) : 심신피록격(心身疲勞格)

금목금(金木金) : 유전실패격(流轉失敗格)

금목수(金木水) : 고통난명격(苦痛難命格)

(17) 금화(金火)

금화목(金火木) : 욕구불만격(欲求不滿格)

금화화(金火火) : 병고신음격(病苦呻吟格)

금화토(金火土) : 입신양명격(立身揚名格)

금화금(金火金) : 조기만패격(早期晩敗格)

금화수(金火水) : 무주공산격(無主空山格)

(18) 금토(金土)

금토목(金土木) : 지풍파격(平地風波格)

금토화(金土火) : 고목봉춘격(枯木逢春格)

금토토(金土土) : 입신출세격(立身出世格)

금토금(金土金) : 의외득재격(意外得財格)

금토수(金土水) : 재변재난격(災變災難格)

(19) 금금(金金)

금금목(金金木) : 평생병고격(平生病苦格)

금금화(金金火) : 패가망신격(敗家亡身格)

금금토(金金土) : 대지대업격(大志大業格)

금금금(金金金) : 고독재난격(孤獨災難格)

금금수(金金水) : 발전향상격(發展向上格)

(20) 금수(金水)

금수목(金水木) : 발전성공격(發展成功格)

금화화(金水火) : 선무공덕격(善無功德格)

금수토(金水土) : 불의재난격(不意災難格)

금수금(金水金) : 부귀공명격(富貴功名格)

금수수(金水水) : 발전평안격(發展平安格)

(21) 수목(수목(水木)

수목목(水木木) : 만화방창격(萬化方暢格)

수목화(水木火) : 입신출세격(立身出世格)

수목토(水木土) : 망망대해격(茫茫大海格)

수목금(水木金) : 일길일흉격(一吉一兇格)

수목수(水木水) : 청풍명월격(淸風明月格)

(22) 수화(水火)

수화목(水火木) : 병난신고격(病難辛苦格)

수화화(水火火) : 일엽편주격(一葉片舟格)

수화토(水火土) : 선빈후곤격(先貧後困格)

수화금(水火金) : 심신파란격(心身波亂格)

수화수(水火水) : 선무공덕격(善無功德格)

(23) 수토(水土)

수토목(水土木) : 풍전등화격(風前燈火格)

수토화(水土火) : 낙마실족격(落馬失足格)

수토토水土土) : 강상풍파격(江上風波格)

수토금(水土金) : 선고후안격(先苦後安格)

수토수(水土水) : 병난신고격(病難辛苦格)

(24) 수금(水金)

수금목(水金木) : 암야해인격(暗夜行人格)

수금화(水金火) : 개화광풍격(開花狂風格)

수금토(水金土) : 발전성공격(發展成功格)

수금금(水金金) : 순풍순성격(順風順成格)

수금수(水金水) : 어변용성격(魚變龍成格)

(25) 수수(水水)

수수목(水水木) : 만경창화격(萬景暢火格)

수수화(水水火) : 고독단명격(孤獨短命格)

수수토(水水土) : 백모불성격(百謀不成格)

수수금(水水金) : 춘일방창격(春日方暢格)

수수수(水水水) : 평지풍파격(平地風波格)

3. 삼원오행(三元五行)의 해설

금금금(金金金) : 고독재난격(孤獨災難格)

뜻하지 않는 사고로 목숨을 잃고, 만사가 뜻대로 되지 않으며, 부부간에 생사이별한다. 재산탕진 · 육친무덕 · 조난 · 발광 · 단명 · 형액 · 자살 · 피살 · 객사 등의 암시가 있고, 질병은 호흡기 · 폐 · 수족 등을 조심해야 한다.

금금목(金金木) : 평생병고격(平生病苦格)

집안이 불화하고, 겉과 속이 다르며 매사 불성실하다. 부부 생사이별 · 조난 · 발광 · 형액 · 피살 · 객사 등을 암시한다. 타향에서 떠돌다 신고 끝에 세상을 하직한다. 질병은 신경쇠약 · 폐 · 풍 · 간담 등을 조심해야 한다.

금금수(金金水) : 발전향상격(發展向上格)

성품은 강직하고 두뇌는 영민하며 문무를 겸한다. 부모덕과 형제덕이 있고, 부부간에 화목하며, 자손이 번창하여 평생 부귀공명을 누릴 것이다.

금금화(金金火) : 패가망신격(敗家亡身格)

모든 일이 속성속패하고, 부모의 재산을 탕진하며, 부부간에 생사이별한다. 형액 · 단명 · 발광 · 자살 · 화상 · 피살 등을 암시한다. 질병은 뇌일혈 · 호흡기질환 · 폐 · 심장 등을 조심해야 한다.

금금토(金金土) : 대지대업격(大志大業格)

모든 일이 잘 풀리며 성공이 순조롭다. 권위현달하며 외교력이 있어 두령이 될 수 있는 사람이다. 부모 형제간에 화목하며 부귀공명하여 평생 태평하리라.

금목금(金木金) : 유전실패격(流轉失敗格)

만사가 불길하다. 의심이 많고, 부부간에 불화하여 재혼해도 실패하며, 부모 형제가 동서남북으로 흩어지고 홀로 절간에 들어가 염불로 세월을 보낸다. 타향에서 조난이나 피살을 당할 수 있다. 질병은 신경계 · 위장 · 중풍 · 폐 등을 조심해야 한다.

금목목(金木木) : 추풍낙엽격(秋風落葉格)

모든 일이 고통스럽다. 형제가 무덕하며 부부가 불화하고 불구 자식을 둔다. 천신만고 끝에 일을 이루어도 속패한다. 타향에서 조난이나 객사를 당할 수 있다. 질병은 신경계 · 간장 · 근시안 · 호흡기 등을 조심해야 한다.

금목수(金木水) : 고통난면격(苦痛難免格)

모든 일이 뜻대로 되지 않으며 성공도 일시에 불과하다. 부부운이 불길하여 생사이별하고 타향에서 고생한다. 육친덕까지 없어 고독과 번민으로 실패하거나 단명 · 병약이 따른다. 질병은 신경계 · 간담 · 호흡기 등을 조심해야 한다.

금목화(金木火) : 한산공가격(寒山空家格)

조실부모하고 타향에서 고생한다. 귀인을 만나 한 때는 발전하나 불의의 재난으로 파산을 면할 길이 없다. 부부운도 불길하여 삼혼이상하고, 자식들도 불효하여 한 평생 수심이 떠나지 않는다. 발광자가 생길 염려가 많고, 재산이 모이지 않으며, 모든 일이 속성속패한다. 실속이 없고 단명한다. 질병은 폐 · 뇌 · 신경쇠약 · 호흡기 등을 조심해야 한다.

금목토(金木土) : 심신과로격(心身過勞格)

초년에는 부모덕으로 평탄하게 지내나 가산이 탕진되어 일생을 풍파로 보낸다. 심신이 약하며 단명이 따른다. 질병은 신경쇠약 · 호흡기 · 위장 등을 조심해야 한다.

금수금(金水金) : 부귀공명격(富貴功名格)

모든 일이 형통하여 성공이 순조롭다. 부모 형제가 화합하며 자손의 공명이 높다. 모든 일이 적소성대하며 무병장수한다.

금수목(金水木) : 발전성공격(發展成功格)

선조덕으로 발전하며 부모 형제가 화합하니 집안에 경사가 끊이지 않는다. 사해에 명성이 퍼지고, 모든 일이 평탄하게 성공한다.

금수수(金水水) : 발전평안격(發展平安格)

모든 사람의 신망을 받으며 순조롭게 발전한다. 성품이 착실하며 부모 형제가 상생상합하고, 부부가 화합하며 자손의 영화가 있다. 큰 뜻을 이루어 명진사해하며 일생을 건강하게 보낸다.

금수화(金水火) : 선무공덕격(先無功德格)

만사가 상극상쟁(相剋相爭)하는 격이니 아무리 노력해도 보람이 없고 오히려 원망을 듣는 일이 많다. 부부가 불합하여 수심으로 세월을 보내고, 급변재화로 재산을 파패한다. 일생 불성이 자자하니 고통이 많다. 질병은 호흡기 · 폐 · 심장 등을 조심해야 한다.

금수토(金水土) : 불의재난격(不意災難格)

한 때 발전과 성공이 있으나 불의의 재화로 비참한 신세가 되기 쉽다. 부모의 조업을 탕진하고 타향에서 전전하다 말년에야 자식덕으로 안정한다. 부단한 노력으로 한 때 성공하나 오래 가지 못한다. 질병은 당뇨 · 신장 · 방광염 등을 조심해야 한다.

금수금(金火金) : 조기만패격(早起晚敗格)

금화(金火)가 서로 무정하니 심신이 과로하여 병난이 따르고, 아내와 자식을 극한다. 부부 생사이별 · 발광 · 조난 · 변사 · 자살 · 단명 등의 재화가 많다. 질병은 신경쇠약·심장·폐·뇌·치질 등을 조심해야 한다.

금화목(金火木) : 욕구불만격(欲求不滿格)

불평과 불안으로 늘 만족하지 못한다. 신경이 과민하여 뇌와 폐가 상하고, 심하면 변사나 자살까지 따른다. 부모덕은 좋으나 형제는 고독하여 독좌염불하는 격이다. 질병은 과로·신경쇠약·뇌·폐·심장·중풍·치질 등을 조심해야 한다.

금화수(金火水) : 무주공산격(無主空山格)

모든 일이 뜻대로 되지 않고 뜻밖의 불상사를 당한다. 부모와 형제운이 불길하여 객지로 흩어지고, 불구 자손으로 수심하며, 육친이 무덕하다. 불구·단명·발광증·조난의 불행이 닥친다. 질병은 신경쇠약·폐·뇌일혈·발광증·심장마비 등을 조심해야 한다.

금화화(金火火) : 병고신음격(病苦呻吟格)

조실부모하고 평생 탄식과 허망, 병난으로 신음한다. 부부궁이 불길하며 형제 자손의 수심이 많다. 재혼을 하나 불화하여 자살을 면하기 어렵다. 불안과 고통으로 고독하게 객사한다. 질병은 신경쇠약·폐·뇌 등을 조심해야 한다.

금화토(金火土) : 입신양명격(立身揚名格)

모든 일이 평길하나 순간의 부주의로 재해와 질환의 고통을 당한다. 부모와 형제가 화목하며 부부가 화합하한다. 재운도 좋아 부귀공명할 것이다.

금토금(金土金) : 의외득재격(意外得財格)

뜻밖의 재물이 생기며 장수안태한다. 부모와 형제가 유덕하여 다정하며 귀한 자식을 두니 집안에 태평가가 그치지 않는다. 명진사해하여 재관(財官)을 갖추니 모든 일이 백화결실이다.

금토목(金土木) : 평지풍파격(平地風波格)

가정이 평안하지 못하니 수심이 떠나지 않는다. 부모와 형제가 부덕하고 부부가 불화하며 불구의 몸으로 고생을 면할 길이 없다. 노력해도 도로무공이며 평생 신고 끝에 객사한다. 질병은 위장·비장과 외부질환을 조심해야 한다.

금토수(金土水) : 재변재난격(災變災難格)

재난과 병난으로 끝없는 고통을 당하고, 조난과 급사의 위험도 있다. 부모덕은 있으나 오래 가지 못하고, 부부운도 불길하다. 무자식 팔자로 의지할 곳이 없다. 질병은 폐·치질·신장·방광·외부 질환 등을 조심해야 한다.

금토화(金土火) : 고목봉춘격(枯木逢春格)

성공과 명진사해가 따른다. 천성이 후덕하여 신망이 두텁고, 부모와 형제가 화목하니 일가가 화평하다. 만인을 지휘하며 대성대업하고, 불굴의 의지로 대지대모하여 영화를 누릴 것이다.

금토토(金土土) : 입신출세격(立身出世格)

사방에 이름을 크게 떨치며 만인의 우러름을 받는다. 부모와 형제가 융합하고 자손이 출세하며 부귀와 영화를 누린다. 모든 일이 순풍에 배를 몰고가는 격이요, 작은 일을 꾀해도 크게 이루고, 위험한 일을 꾀해도 안전하게 성사된다.

목금금(木金金) : 불화쟁론격(不和爭論格)

성공하기 어려운 운으로 천성이 완강하여 시비를 잘한다. 결혼은 늦게 하는 것이 좋고, 자손의 근심이 떠나지 않는다. 불의의 교통사고와 구설로 고통을 받는다. 질병은 뇌·중풍·신경계·축농증·근시안 등을 조심해야 한다.

목금목(木金木) : 골육상쟁격(骨肉相爭格)

조실부모하고 만리타향에서 온갖 고생을 겪다가 불구가 된다. 초혼은 실패하고 자손덕이 없다. 새로운 것을 꾀하다가 거듭거듭 실패하여 의지할 곳도 없게 된다. 질병은 폐·위장·중풍·축농증·근시안 등을 조심해야 한다.

목금수(木金水) : 만사불성격(萬事不成格)

성공운이 약하니 항상 불안하게 생활한다. 부모덕으로 초년에는 별 고생없이 지내나 점점 재산이 이지러지다 종말에 가서는 의탁할 곳이 없어진다. 질병은 뇌일혈·중풍 등을 조심해야 한다.

목금화(木金火) : 독좌탄식격(獨坐歎息格)

성공운이 부족하며 가정불화가 그칠 날이 없고 조난과 자살이 따른다. 부모와 형제의 무덕으로 독좌염불격이 되어 고독과 수심으로 세월을 보내다 중년에 신병으로 세상을 하직한다. 질병은 신경계 · 호흡기 · 축농증 · 근시안 등을 조심해야 한다.

목금토(木金土) : 초실후득격(初失後得格)

노력이 부족하니 성공하기 어렵고, 부모덕이 없고 형제가 불화하여 사방으로 흩어진다. 부부가 불효하다 자신도 불효자를 두나 고생 끝에 발전한다. 질병은 중풍 · 신경 · 발광 등을 조심해야 한다.

목목금(木木金) : 고난신고격(苦難辛苦格)

성공운은 있으나 박해와 모략이 심하여 불안한 생활을 면하지 못한다. 아랫 사람 때문에 손실이 따라 신고를 면하기 어렵다. 부모와 형제덕도 무정하여 흩어지고, 부부간에 불화한다. 질병은 중풍 · 발광 · 신경계 · 뇌 · 흉부 · 호흡기 등을 조심해야 한다.

목목목(木木木) : 입신출세격(立身出世格)

성공이 순조롭고 향상 발전하여 융창하고, 심신이 건전하여 장수한다. 부모와 형제가 화목하며 자손이 번창한다. 꾀하는 일마다 순풍에 돛을 달고 가는 격이니 일생이 순탄하다. 복록이 진진하며 명진사해한다.

목목수(木木水) : 성공발전격(成功發展格)

순조로운 운기이니 성공과 발전이 따른다. 부모덕이 좋고 형제와 친척들이 화목하며 자손이 번창한다. 사방에 명예를 떨치며 창고에 재물이 가득하니 일생 영화가 진진하리라.

목목화(木木火) : 입신출세격(立身出世格)

성공과 발전, 향상의 운으로 행복을 누린다. 부모덕이 사해에 진동하며 형제들이 화목하고 부부간에 다정하다. 재산은 자손에게까지 이어지고, 모든 일에 도와주는 사람이 많다. 일생 부귀를 누리며 태평하게 지낼 것이다.

목목토(木木土) : 고난신고격(苦難辛苦格)

모든 일이 순조롭지 못하고 꾀하는 일마다 고통스러우나 부모덕은 평길하다. 한 글자를 잃은 격이니 부부운은 불화가 많다. 질병은 비장 · 위장 등을 조심해야 한다.

목수금(木水金) 어변용성격(魚變龍成格)

성공과 발전이 순조롭고, 부모덕 · 형제덕 · 자손덕 · 육친덕이 모두 좋다. 평생 무병으로 불로장생할 것이다.

목수목(木水木) : 부귀쌍전격(富貴雙全格)

만사형통하는 운이니 뜻하는 일마다 순조롭다. 천성이 고귀하며 이상이 높고 불의를 좇지 않는다. 부모와 형제가 화목하며 부부가 화락하고 자손이 창성한다. 재산여적하며 심산유곡에 백호지상으로 일생을 평안하게 보낼 것이다.

목수수(木水水) : 대부대귀격(大富大貴格)

모든 일이 향상 발전한다. 판단력과 추진력이 있어 모든 일을 잘 처리하며 윗사람을 잘 보좌한다. 부모와 형제덕이 좋아 화합하고 부부가 다정하며 자손이 창성한다. 모든 일이 적소성대한다.

목수화(木水火) : 속성속패격(速成速敗格)

일시적으로는 성공하나 기초가 부족하여 뜻하지 않은 재난을 당한다. 부부가 생사이별하며 자손의 근심이 많고 형제가 흩어져 단신으로 전전하다 변사나 조난으로 단명한다. 질병은 뇌·폐·심장·흉부 등을 조심해야 한다.

목수토(木水土) : 조기만패격(早起晩敗格)

처음에는 부모덕으로 평안하게 지내나, 점차 꾀하는 일에 실패를 거듭하고 질병으로 고통을 받다가 일찍 사망한다. 육친덕이 없어 부모와 형제가 유리분산하고 부부가 상별하며 자손의 근심이 많다. 질병은 방광·위장·신장 등을 조심해야 한다.

목화금(木火金) : 평지풍파격(平地風波格)

일시적으로는 성공하나 파산과 질환으로 고생한다. 부모덕이 없어 조절죽장(早折竹杖)하고 형제가 무실하여 독좌탄식하며 자손덕이 없어 불효한다. 신수도 불길하여 고통받다 중년에 세상을 하직한다. 질병은 폐·간장·호흡기·피부 등을 조심해야 한다.

목화목(木火木) : 춘산개화격(春山開花格)

모든 일이 발전하여 적소성대할 것이다. 부모덕이 좋고 형제가 화목하며 부부가 화합한다. 부귀와 영화를 누리며 권세가 사해에 충천하여 만인의 우러름을 받는다. 특히 중년부터 발전이 있으니 대성하며 장수할 것이다.

목화수(木火水) : 선부후빈격(先富後貧格)

일시적인 성공은 있으나 뜻밖의 병난으로 고통을 받는다. 초년에는 부모의 여산으로 평안하게 지내나 뜻밖의 재앙으로 천리타향에서 고생한다. 부부가 무정하여 상별하거나 독수공방한다. 고독한 몸으로 전전하나 모사하는 일마다 어려움에 부딪혀 고생한다. 질병은 신경계 · 심장 · 대장 · 소장 · 혈관 · 경화증 등을 조심해야 한다.

목화화(木火火) : 고목봉춘격(枯木逢春格)

모든 일이 순조로워 성공에 장해가 없으니 무한히 발전한다. 한때의 부주의로 어려움은 있으나 큰 불행은 없다. 부모와 형제가 화목하고 부부가 안락하며 자손의 영화가 있다. 문무를 모두 갖추어 명진사해하며 부귀를 누린다.

목화토(木火土) : 대지대업격(大志大業格)

천성이 고귀하며 이상이 비범하여 꾀하는 일마다 크게 이룬다. 항상 불의를 싫어하며 의를 따른다. 부모와 형제가 화목하며 부부가 다정하고 자손에게 길성이 따르니 집안에 안락하다. 부귀영화를 누리며 여덕이 후세까지 이어질 것이다.

목토금(木土金) : 패가망신격(敗家亡身格)

성공운이 부족하니 매사 이루어지기 어렵다. 실의수객과 병난으로 뇌를 상한다. 초년에는 약간 발전하나 육친이 무덕하여 부모와 상별하고 타향에서 홀로 방황하다 병난 끝에 불구가 되어 불행한 종말을 맞을 것이다. 질병은 뇌 · 위장 · 폐 등을 조심해야 한다.

목토목(木土木) : 사고무친격(四顧無親格)

불길한 운으로 항상 불안하다. 부모와 인연이 없고 형제가 흩어지며 부부가 상별한다. 일이 계획해도 실패하여 신고를 면하지 못한다. 질병은 위장 · 비장 · 호흡기 · 신경쇠약 등을 조심해야 한다.

목토수(木土水) : 고목낙엽격(枯木落葉格)

성공운이 부족하고, 불신불우 · 급변전락 · 조난변사하기 쉽다. 육친덕이 없어 고독하고, 부부가 상쟁하여 패가망신한다. 자수성가하나 결국은 재산을 잃고 신병으로 고통받는다. 질병은 위장 · 호흡기 · 고혈압 · 방광염 · 심장 · 비장 등을 조심해야 한다.

목토화(木土火) : 골육상쟁격(骨肉相爭格)

성공운이 부족하고 신고 끝에 타향에서 객사한다. 부모덕은 좋으나 후천적인 불운으로 가산을 잃는다. 부부가 상별하고 천리타향에서 고통받다 천하게 목숨을 잃다. 질병은 위장 · 호흡기 · 고혈압 · 심장 · 비장 등을 조심해야 한다.

목토토(木土土) : 속성속패격(速成速敗格)

만사가 일시적으로는 성공하나 곧 실패하는 운으로 재산을 탕진한다. 부부운도 불길하고, 재난・병난・조난・급사의 위험을 당한다. 질병은 폐・위장・눈・호흡기 등을 조심해야 한다.

수금금(水金金) : 순풍순성격(順風順成格)

모든 일이 순조롭게 성공한다. 천성이 영명하여 대지대업을 순조롭게 이루고, 부모와 형제가 화합하며 부부가 다정하고 자손이 창성한다. 부귀를 누리며 무병장수한다.

수금목(水金木) : 암야행인격(暗夜行人格)

어두운 밤의 행인과 같으니 모든 일이 순조롭지 못하다. 수심과 고통, 의외의 풍파가 많다. 질병은 신경쇠약・심장・치질・간담・외상 등을 조심해야 한다.

수금수(水金水) : 어변용성격(魚變龍成格)

물고기가 용이 되는 격이니 작은 것으로 큰 것을 이루며 만사형통한다. 특히 부부가 다정하며 자손에게 영화로운 일이 많다.

수금화(水金火) : 개화광풍격(開花狂風格)

꽃이 핀 동산에 광풍이 일어나는 격이니 불안과 불성으로 신고를 겪는다. 부모와 형제덕이 부족하여 양자나 이복형제를 둔다. 모든 일이 속성속패하여 결실을 맺기 어려우니 용두사미가 될 것이다. 질병은 과로・폐・뇌 등을 조심해야 한다.

수금토(水金土) : 발전성공격(發展成功格)

모든 일이 발전하는 운이다. 천품이 착실하며 두뇌가 영민하고 다재다능하다. 부모의 유덕으로 상경하화하며 부부가 다정하여 자손이 창성하니 평생에 다복하다. 안강태평하고 부귀쌍전하며 경사가 진진하리라.

수목금(水木金) : 일길일흉격(一吉一凶格)

순조롭게 성공 발달하나 일시적이다. 병난과 고통 끝에 독좌공방한다. 육친덕이 없어 부모 형제가 유리분산하고 부부가 상별한다. 모든 일을 속성속패하고 말년에는 의지할 곳이 없게 되며 타향에서 변사를 면하기 어렵다. 질병은 과로 · 폐 · 외상 · 유혈 · 신경계 등을 조심해야 한다.

수목목(水木木) : 만화방창격(萬花芳暢格)

성품이 온화하며 외유내강하여 대업을 순조롭게 이루고 공명을 세운다. 부모와 형제가 화목하며 부부가 다정하고 자손이 출세하니 일가가 안락하다. 부귀가 사해에 진진하고 만인의 우러름을 받으며 후세까지 공명이 혁혁하리라.

수목수(水木水) : 청풍명월격(淸風明月格)

봄바람에 꽃이 피는 격으로 큰 노력 없이도 성공하는 운이다. 모든 일을 순조롭게 이루고 부귀공명으로 태평성대할 것이다.

수목화(水木火) : 입신출세격(立身出世格)

천성이 강직하며 성공운이 대길하다. 부모와 형제가 유덕하고 취부부가 화합하며 자손이 번영하고 부귀장수할 것이다.

수목토(水木土) : 망망대해격(茫茫大海格)

일시적인 발전은 있으나 재앙이 닥쳐 신고를 면하기 어렵다. 부모의 여덕으로 초년에는 편안하나 차차 비운이 들어 가산을 탕진하고 타향에서 전전한다. 노력을 해도 재물을 모으기 어렵다. 질병은 위장 · 비장 · 심장 · 폐 등을 조심해야 한다.

수수금(水水金) : 춘일방창격(春日芳昌格)

곧고 결단력이 있는 성품으로 자수성가한다. 부모와 형제가 화합하고 부부가 다정하며 자손의 영화가 진진한다. 부귀쌍전 · 태평안과 · 명진사해할 것이다.

수수목(水水木) : 만경창화격(萬景暢花格)

명랑하며 고결하고 곧은 천성으로 무적발달하여 태평안과를 누린다. 부모와 형제가 화목하며 부부가 다정하고 부귀쌍전한다.

수수수(水水水) : 평지풍파격(平地風波格)

처음에는 성공운이 순조로우나 뜻하지 않은 광풍으로 가산을 탕진하고 말년에는 사고무친한다. 부모와 형제가 무덕하여 객지로 흩어지고, 부부가 불화하여 이별하며 무자식 팔자이다. 신병으로 고통받다가 수재로 목숨을 잃게 될 것이다. 질병은 신장 · 방광 · 냉병 등을 조심해야 한다.

수수화(水水火) : 고독단명격(孤獨短命格)

모든 일에 고난과 실패가 분분하며 병난과 단명이 따른다. 부모와 형제가 무덕하여 초년 고생을 면할 길이 없고, 모든 일이 속성속패하여 마음의 고통을 받다가 단명할 것이다. 질병은 심장·장 등을 조심해야 한다.

수수토(水水土) : 백모불성격(百謀不成格)

부모운이 무덕하여 조실부모하고, 형제가 불목하여 독좌염불격이이니 수심이 떠날 날이 없다. 꾀하는 일마다 방해와 음모가 따라 이루어지지 않고, 불구의 신병으로 고통받다가 단명한다. 질병은 신장·구·장·하부 질환 등을 조심해야 한다.

수화금(水火金) : 심신파란격(心身波亂格)

과로로 심신이 불안하고, 부모덕이 박하며 형제는 불화하여 객지로 흩어지고, 부부도 불화하여 수심과 신고 끝에 단명한다. 질병은 심장마비·뇌일혈·호흡기·심장·폐·장 등을 조심해야 한다.

수화목(水火木) : 병난신고격(病難辛苦格)

운명이 불조하니 불의의 변동과 병난을 겪는다. 조실부모하고 형제가 무정하여 불화하며, 자식을 두지 못하여 근심한다. 선무공덕하니 한 평생 허망으로 세월을 보낸다. 질병은 뇌일혈·심장마비·심장·눈·신경통 등을 조심해야 한다.

수화화(水火火) : 선무공덕격(先無功德格)

모든 일이 불순하니 백전백패한다. 부모와 형제덕이 없어 평생 수심이 그치지 않고, 부부가 무정하여 공방독좌하며, 자손과 인연이 박하여 평생 자식을 두지 못한다. 온갖 악전과 고투로 천하게 살다가 세상을 뜬다. 질병은 뇌일혈 · 신경통 · 심장 · 심장마비 등을 조심해야 한다.

수화화(水火火) : 일엽편주격(一葉片舟格)

부모의 여덕으로 초년에는 큰 문제없이 지내나, 형제가 불화하고 부부가 상별하며 일찍 둔 자식은 키우기 어려우니 일생을 불행하게 살아간다. 질병은 뇌일혈 · 신경통 · 심장 · 귀 · 심장마비 등을 조심해야 한다.

수화토(水火土) : 선빈후곤격(先貧後困格)

천성은 고결하나 기초가 약하다. 부모와 형제덕이 없고 부부운은 평길하나 불구 자손을 두어 수심을 면할 길이 없다. 만사가 속성속패하니 불행하다. 질병은 심장 · 뇌일혈 · 눈 등을 조심해야 한다.

수토금(水土金) : 선고후안격(先苦後安格)

성공운이 불길하여 악전 고투하여 고난과 신고 끝에 평길할 것이며 부부운은 조혼 불행하고 한 평생 병고의 고통만은 떠나지 않는다. 질병은 심신 과로 · 위장 · 비장 등을 조심해야 한다.

수토목(水土木) : 풍전등화격(風前燈火格)

모든 일에 곤고와 장해가 따르고, 기초가 불안하여 입신하기 어렵다. 부부간에 무정하여 생사이별하며 자식을 두지 못한다. 수심과 고통을 받다 중년에 사망한다. 질병은 위장 · 폐 · 신장 등을 조심해야 한다.

수토수(水土水) : 병난신고격(病難辛苦格)

모든 일이 이루어지지 않아 가정에 불화가 생긴다. 부모와 형제가 무덕하여 객지로 흩어지고, 결혼은 늦게 하는 것이 평길하다. 자손의 근심, 불구 등으로 허송세월하다가 객지에서 죽는다. 질병은 위장 · 비장 · 귀 · 방광 등을 조심해야 한다.

수토화(水土火) : 낙마실족격(落馬失足格)

모든 일이 뜻대로 되지 않을 운이다. 부모와 형제가 객지로 흩어지고, 자손덕이 없어 자식을 두어도 키우기 어렵다. 골절 등으로 고생하다 단명한다. 질병은 뇌 · 신장 · 귀 · 방광 등을 조심해야 한다.

수토토(水土土) : 강산풍파격(江山風波格)

모든 일에 장해가 많고 변화가 무쌍하다. 불구와 신병으로 평생 고통을 면할 길이 없다. 부모의 무덕으로 형제가 흩어지고, 타향에서 천한 직업으로 전전하다 비참한 죽음을 당한다. 질병은 귀신병 · 장 · 방광 · 뇌 등을 조심해야 한다.

화금금(火金金) : 사고무친격(四顧無親格)

불운과 불신의 운이다. 부모와 형제의 무덕으로 고립고투하고, 부부가 불화하여 자손의 근심이 있다. 동서남북을 유리방황하다 객지에서 죽는다. 질병은 호흡기·뇌·폐·조루증·기관지 등을 조심해야 한다.

화금목(火金木) : 개화풍란격(開花風難格)

꽃이 피자 뜻밖의 폭풍이 일어나는 격으로 불의의 재앙으로 고생한다. 부부운도 불길하여 불화가 분분하다. 질병은 심장·신경통 등을 조심해야 한다.

화금수(火金水) : 개화무실격(開花無失格)

성공운이 부진하여 선무공덕하고, 형제가 흩어지며 부부가 상별하고 자손의 근심으로 평생을 불안과 수심으로 보내다 난치병에 걸려 객사한다. 질병은 폐·뇌일혈·심장마비·신경계 등을 조심해야 한다.

화금화(火金火) : 무주공산격(無主空山格)

모든 일이 성공하기 어렵고, 선천운은 평길하나 형제운이 무덕하여 객지로 흩어진다. 부부간에도 불화하며 일찍 둔 자식을 키우기 어렵다. 자수성가하나 속패불기하고, 심신이 박약하여 단명한다. 질병은 광증·폐·뇌·호흡기 등을 조심해야 한다.

화금토(火金土) : 선고후길격(先苦後吉格)

항상 마음의 고통이 따르고, 부모와 인연이 박약하여 일찍 헤어진다. 형제가 무정하여 이복형제가 있고, 부부가 무정하여 불화한다. 초·중년에는 천신만고하나 말년에는 평온을 누릴 것이다. 질병은 심신 과로·뇌·위장·폐 등을 조심해야 한다.

화목금(火木金) : 선고후파격(先苦後破格)

일시적으로는 성공하나 급변의 재앙으로 가산이 파패된다. 부모의 박덕으로 일찍 헤어지고, 부부가 불화하며 자손덕이 없어 끝내 자식을 두지 못하고 혼자 앉아 탄식한다. 질병은 과로·흉부·신경통·뇌·간장 등을 조심해야 한다.

화목목(火木木) : 부귀안태격(富貴安泰格)

천성이 영민하며 문장으로 발전한다. 부귀를 모두 누리며 자손의 공명과 영화가 사해에 진진한다. 일생을 무병과 부귀로안락하게 보내며 천추만대까지 복록이 진진할 것이다.

화목수(火木水) : 상하인화격(上下人和格)

성공운이 순조로워 무한하게 발전하여 편안하게 장수할 것이다. 젊어서는 부모덕을 받고, 결혼해서는 부부가 화락하며, 늙어서는 자손덕을 보는 최상의 운이다.

화목화(火木火) : 용득봉운격(龍得逢運格)

성공운이 순조로우니 항상 발전하여 부귀를 누리며 편안하게 지낸다. 부부가 다정하고 자손이 번영하니 가정에 웃음이 떠나지 않는다. 최고의 행복을 누릴 수 있는 운이다.

화목토(火木土) : 만화방창격(萬花芳暢格)

향상과 발전이 따른다. 부모의 여덕으로 일가가 화평하다. 형제가 화합하여 안존공명하고, 부부가 다정하여 자손이 창성하며, 평생 재물이 풍성하니 복록이 면면한다.

화수금(火水金) : 설상가상격(雪上加霜格)

만사가 불성하며 고난·병약·박덕·단명을 암시하는 운이다. 부모덕이 없어 고생 끝에 변사하기 쉽다. 자손운은 평범하여 일기이실(一技二實)하나 끝내 자식을 두지 못하여 고독을 자탄한다. 질병은 폐·심장·치질 등을 조심해야 한다.

화수목(火水木) : 의외재란격(意外災亂格)

뜻밖의 재난으로 가산을 잃고, 신병으로 고생을 면할 길이 없다. 형제는 3형제이나 독신격으로 고독을 면하기가 어렵다. 입신출세하여 후세에 덕을 쌓고 재물도 모으며 평안할 것이나 신수가 불길하여 평생 고심이라 하겠다. 질병은 심장·폐·고혈압·눈·광증 등을 조심해야 한다.

화수수(火水水) : 병난신고격(病難辛苦格)

처음에는 약간 발전하며 평안하나 점차 운이 기울어 부모와 형제가 흩어지고 부부운도 불길하여 생이별이나 사이별을 면하기 어렵다. 뜻밖의 변란으로 여한을 남긴채 세상을 하직한다. 질병은 심장 · 신장 · 고혈압 등을 조심해야 한다.

화수화(火水火) : 추풍낙엽격(秋風落葉格)

모든 일을 이루지 못하고 불안 속에서 생활에 쫓기다 자살이나 정신이상으로 세상을 떠난다. 부모의 조업은 있으나 지키지 못하고 타향으로 떠나 불행하게 살아간다. 질병은 발광 · 심장 · 눈 · 뇌 · 정신이상 · 두통 · 심장마비 등을 조심해야 한다.

화수토(火水土) : 금의야행격(錦衣夜行格)

항상 파란이 심하여 병약 · 단명 · 변사하기 쉽다. 부모와 형제가 무덕하고 부부가 무정하며 자손의 근심이 떠나지 않는다. 질병은 위장 · 심장 · 신경쇠약 · 눈 · 두통 등을 조심해야 한다.

화화금(火火金) : 유두무미격(有頭無尾格)

출발은 호랑이를 잡을 듯하나 토끼 한 마리도 잡지 못하는 격이다. 부모와 형제가 흩어지고, 부부가 무정하여 이혼하며, 자손은 불효막심하니 종신무자로 독좌탄식한다. 질병은 폐 · 호흡기 질환 · 뇌염 등을 조심해야 한다.

화화목(火火木) : 일진월가격(日進月加格)

천품이 고결하며 영민하여 만인을 영도한다. 부모와 형제가 화목하여 경사가 많고, 부부가 다정하며 효심과 충심있는 현명한 자손을 슬하에 둔다. 일생 의기충천하며 부귀쌍전하리라.

화화수(火火水) : 평지풍파격(平地風波格)

만사가 뜻대로 되지 않고, 뜻밖의 변란으로 가산을 잃는다. 부부가 이별하고 타향에서 방황하다 불구의 몸으로 고생만 하다 객사한다. 질병은 뇌일혈 · 심장마비 · 고혈압 · 중풍 등을 조심해야 한다.

화화화(火火火) : 개화봉우격(開花逢雨格)

불안한 운기로 급변 · 급사의 우려가 있다. 급진적인 발전은 있으나 경솔하여 실패한다. 질병은 심장 · 장 · 혈관 · 고혈압 · 눈 등을 조심해야 한다.

화화토(火火土) : 미려강산격(美麗江山格)

선천적으로 화합유덕하니 큰 뜻을 이룬다. 부모 형제가 유덕하여 화목하고, 부부가 화친하니 가정이 평안하고, 정전(庭前)에 유실하니 자손이 입신출세한다. 모든 일이 순조로우니 끝없이 발전한다.

화토금(火土金) : 화류장춘격(花流長春格)

선천운이 좋으니 부모의 여덕으로 일생 평안하다. 형제가 화목하며 부부가 다정하고 자손의 영화가 있다. 일생 부귀와 공명과 재물이 풍성하다. 도처에 춘풍이니 꾀하는 일마다 순조로워 한 평생 태평하리라.

화토목(火土木) : 선길후고격(先吉後苦格)

선천적인 여덕으로 큰 고생없이 지내나, 중년 끝 무렵부터 만사가 이루어지지 않아 종신무자로 독좌수심한다. 신병으로 고생하다 복

부 수술을 받게 될 것이다. 그러나 재물은 풍족하고, 부부간의 정도 좋다. 질병은 위장·신경통·하체 불구 등을 조심해야 한다.

화토수(火土水) : 대해편주격(大海片舟格)

일시적인 성공은 있으나 뜻밖의 재해·전락·병고·단명·급사 등이 따른다. 운수가 나빠 동남서북하며 부부가 무정하고 모든 일이 속성속패한다. 질병은 위장·두통·심장·신장·방광염 등을 조심해야 한다.

화토화(火土火) : 일흥중천객(日興中天格)

천품이 현철하며 침착하고 심덕이 있으니 꾀하는 일마다 크게 성공한다. 부모와 형제가 화목하고 부부가 다정다감하며 자손의 영화가 있다. 평생 무병장수하며 후세의 공명이 명진사해할 것이다.

화토토(火土土) : 만화방창격(萬花芳暢格)

모든 일이 마음대로 되는 운이다. 부모와 형제가 화락하고 부부가 다정하며 자손의 공명이 있다. 재물운이 대길하여 적소성대하고, 심신이 무정하여 평생 영화를 누릴 것이다.

토금금(土金金) : 유곡회춘격(幽谷回春格)

모든 일이 순조롭게 발전하여 부귀공명과 안태수복을 누릴 것이다. 부모 형제가 화합하고 부부가 다정하며 자손이 번창한다.

토금목(土金木) : 봉학상익격(鳳鶴傷翼格)

일시적인 발전은 있으나 기초가 불안하니 아내를 극하고 종말이 이 불행하다. 부모의 여덕으로 초년은 큰 문제없이 지내나, 차차 운 운세가 나빠져 동서남북으로 방황하다 불구가 되어 활동하지 못하니 모든 일이 유선무공(有善無功)이 된다. 질병은 폐 · 위장 · 난치병 등을 조심해야 한다.

토금수(土金水) : 금상유문격(錦上有紋格)

모든 일이 적소성대하니 자수성가로 대업을 이룬다. 부모와 형제가 화목하고 부부가 화합하며 자손의 공명이 진진하니 집안이 화평하다. 재운이 순조로우니 금옥만당하고, 무병으로 평생 영화를 누릴 것이다.

토금화(土金火) : 재기무력격(再起無力格)

일시적으로는 안락하나 창파에 일엽편주격으로 고향을 떠나 온갖 고생을 겪다가 부부간의 불합으로 골육상쟁하며 모든 일이 속성속패한다. 질병은 뇌 · 심장 · 폐 · 호흡기 등을 조심해야 한다.

토금토(土金土) : 일광춘풍격(日光春風格)

천품이 고결하고 준수하며 영민하여 타인의 존경을 받는다. 일모이성(一謀二成)의 순조로운 운이다. 부모와 형제가 화목하고 부부가 다정하며 자손의 공명이 있다. 일생을 부귀공명을 누리며 편안하게 보낼 것이다.

토목금(土木金) : 소사난성격(小事難成格)

성공운이 약하니 항상 마음 고생이 많다. 급변·파란·병약·재물 유실 등이 따른다. 부부가 무정하며 자손덕도 없다. 질병은 신경통·비장·위장·뇌·신경쇠약 등을 조심해야 한다.

토목목(土木木) : 허명무실격(虛名無實格)

겉으로는 견고해 보이나 곤고가 따른다. 희망과 목적을 이루기 어렵고, 타향에서 전전하다 불의의 재앙으로 아내와 자식을 극하고 독좌염불하는 신세가 될 것이다. 질병은 폐·신경계·위장 등을 조심해야 한다.

토목수(土木水) : 유두무미격(有頭無尾格)

만사가 허사가 되어 허허탄식으로 세월을 보내다 병약으로 자살하는 흉운이다. 부부운이 박덕하여 생사이별을 면할 길이 없고, 자손의 근심도 있다. 말년에는 운수가 나빠져 의지할 곳이 없고, 심신이 허약하여 단명을 면하기 어렵다. 질병은 신경계·위장 등을 조심해야 한다.

토목화(土木火) : 운중지월격(雲中之月格)

겉으로는 운기가 강한 것 같으나 성공이 쉽지 않아 고난과 신고를 면하지 못한다. 부모와 형제의 덕이 없으니 각자 흩어져 객지에서 전전긍긍하며 부부간에도 불화한다. 불구자가 되어 평생 수심이 떠나지 않는다. 질병은 신경계·폐장·위장 등을 조심해야 한다.

토목토(土木土) : 고목낙엽격(枯木落葉格)

성공운이 약하니 성취가 늦고, 신고와 고난이 많다. 조실부모하고 일찍 고향을 떠나 전전하다 가정을 잃는다. 문전걸식을 면하기 어렵고, 난치병 · 불구 · 단명이 따른다. 질병은 신경쇠약 · 위장 등을 조심해야 한다.

토수금(土水金) : 선빈후고격(先貧後苦格)

성사되는 일이 하나도 없고 타향에서 전전한다. 부부가 무정하고 자손의 수심이 많다. 동분서주하나 무주공산격이니 종말에는 불구와 단명이 따를 것이다. 질병은 심장 · 신경계 · 폐 · 고혈압 · 비장 등을 조심해야 한다.

토수목(土水木) : 노이무공격(勞而無功格)

모든 일에 파패가 많고 선무공덕으로 하는 일마다 허무한 결과가 나타난다. 부모덕이 박하여 일찍 헤어지고, 부부가 무정하여 일찍 둔 자식을 키우기 어렵다. 한 평생 동분서주하나 매사가 불성이다. 질병은 신경계 · 폐장 · 백대증 등을 조심해야 한다.

토수수(土水水) : 일장춘몽격(一場春夢格)

선천운은 평길하나 파란과 재액으로 하는 일마다 이루어지지 않는다. 형제간에 분쟁하여 각자 흩어지고, 평생 애쓰며 노력하나 의지할 곳이 없다. 질병은 백대증 · 신경통 · 신장 · 월경불순 · 고혈압 등을 조심해야 한다.

토화화(土水火) : 풍파절목격(風波折木格)

불의의 재난과 뜻밖의 풍파로 아내를 극하고 재산을 잃는다. 부모 형제와 인연이 없어 사방으로 흩어지고, 자손의 근심도 많으며, 재물의 분산으로 말년에는 걸식을 면하기 어렵다. 질병은 호흡기 · 심장 · 방광 · 치질 등을 조심해야 한다.

토수토(土水土) : 패가망신격(敗家亡身格)

만사가 속성속패하고 곤경에서 벗어나지 못하고 몸을 버린다. 부모 형제가 무정하여 흩어지고, 부부가 갑자기 헤어지며, 자손의 수심이 있다. 큰 뜻으로 일을 도모하나 일시변란으로 크게 실패한다. 질병은 심장 · 신경계 · 황달 · 신장 · 뇌일혈 등을 조심해야 한다.

토화금(土火金) : 고난자성격(苦難自成格)

모든 일이 뜻대로 되지 않는다. 부모와 형제의 박덕으로 고독하나 근근득실하여 정전유실(庭前有實)로 일가여경(一家餘慶)이다. 그러나 질환으로 결국 단명을 면하기가 어렵다. 질병은 위장 · 치질 · 폐 · 피부 · 정신쇠약 등을 조심해야 한다.

토화목(土火木) : 일광춘성격(日光春城格)

희망과 발전을 취하기 쉽고, 심신의 안정과 하는 일마다 순조로워 대업을 이룬다. 부모와 형제가 화합하여 일월이 상생하는 것과 같고, 부부가 해로하며 자손의 공명이 따른다. 사해에 명예를 떨치며 부귀를 모두 누릴 것이다.

토화수(土火水) : 진퇴양난격(進退兩難格)

선천의 여덕으로 초년에는 편안하게 보내나, 중년부터 운수가 나빠져 수심이 떠나지 않는다. 부부의 정이 좋지 않아 일찍 둔 자식은 키우기 어렵고, 종말에 가서는 많은 재산을 탕진한다. 질병은 광증·심장·뇌일혈·심장마비 등을 조심해야 한다.

토화화(土火火) : 춘일방창격(春日芳暢格)

모든 일이 마음대로 이루어진다. 부모와 형제가 화합하고 부부가 상합하니 일가에 영화가 중중하다. 평생 부귀공명을 누리며 불행을 모르고 살 것이다.

토화토(土火土) : 입신출세격(立身出世格)

모든 일이 순조롭게 이루어지는 대길수이다. 선천의 여덕으로 형제가 융합하고 부부가 해로하며 자손의 영화가 있다. 귀문자성(貴聞自聲)하고 귀인의 도움을 받으며 재성(財星)이 저절로 들어온다. 공명이 사해에 진진하며 평생 행복을 누릴 것이다.

토토금(土土金) : 고원회춘격(古園回春格)

모든 일이 순조로롭고, 강직한 성품으로 대기만성할 것이다. 부모의 기반이 튼튼하여 많은 도움을 받고 형제가 화목하며 부부가 다정하다. 일지다실(一枝多實)하고 재백(財帛)이 뚜렷하여 적소성대하고 평생 안전하게 부귀공명을 누릴 것이다.

토토목(土土木) : 선고후패격(先苦後敗格)

모든 일이 뜻대로 되지 않는다. 부모덕이 박하여 조실부모하거나 다른 집에 양자로 간다. 형제가 무정하여 흩어지고, 일찍한 결혼은 은 반드시 실패하며 자손의 수심이 많다. 질병은 위장·신경쇠약·복부 등을 조심해야 한다.

토토수(土土水) : 사고무친격(四顧無親格)

일시적으로는 성공하나 기초가 불안하여 오래 가지 못한다. 부모와 형제가 객지로 흩어지고 부부가 불합하며 자손은 평생 신고와 수심으로 불행할 것이다. 질병은 뇌일혈·심장·위장·뇌·얼굴·눈·방광 등을 조심해야 한다.

토토화(土土火) : 금상유문격(錦上有紋格)

선조의 여덕으로 초년에는 평길하나, 뜻밖의 횡재로 일취월장한다. 부모와 형제가 화합하고 부부는 다정하며 정전유실(庭前有實)하고 재백(財帛)이 자래하여 부귀쌍전한다. 한 가지 일을 꾀하면 두 가지 일이 성취되어 일확천금할 것이다.

토토토(土土土) : 일경일고격(一慶一苦格)

한편으로는 기쁨이요 한편으로는 근심이다. 부모와 형제는 유정하여 다감하고, 부부의 정도 펴엄하나 화개무실(花開無實)이니 정성껏 기도하면 큰 실패를 막을 수 있으나 그렇지 않으면 실패를 면하기 어렵다.

4장. 자원오행론(字源五行論)

성명학에서 오행을 표출하는 방법에는 발음오행 · 수리오행(數理五行) · 자원오행(字源五行)이 있다. 만일 이 3가지 방법이 다 적용된다면 금상첨화의 작명법이 될 것이다. 그러나 이 3가지 방법이 이 모두 일치되면서 작명이 이루어지는 경우는 흔치 않다. 그렇다면 작명에서 가장 비중을 많이 두어야 하는 것은 무엇일까? 필자는 자원오행(字源五行)이 가장 중요하다고 본다. 자원오행(字源五行)이야말로 한자의 본질을 가장 잘 살릴 수 있기 때문이다. 따라서 여기서는 자원(字源)으로 오행을 정하는 방법을 살펴본다.

(1) 글자의 부수에 따라 정한다.

수기(水氣) : 水 · 江 · 永 · 沃 · 流 · 浩 · 洙 · 河 · 海 등.

목기(木氣) : 木 · 杏 · 杞 · 林 · 松 등.

화기(火氣) : 火 · 炫 · 炯 · 煇 · 煥 등.

토기(土氣) : 土 · 圭 · 均 · 地 · 戊 · 己 등.

금기(金氣) : 金 · 銅 · 銘 · 錫 · 鐘 등.

(2) 부수가 목화토금수(木火土金水)가 아닌 글자는 글자의 본질적 의미를 파악하여 정한다.

예를 들면 밭전(田) 자는 밭은 곡식을 가꾸는 터전을 의미하므로 삶의 터전은 흙이고, 흙은 토(土)의 본성을 가장 강하게 갖고 있다. 흙 속에는 금맥(金)도 있고, 나무뿌리(木)도 있고, 수맥(水)도 있고 화(火)도 있지만, 가장 비중이 크고 주체가 되는 영동력은 토(土)이므로 흙을 토(土)라고 하는 것이다.

① 수기(水氣) : 亥 · 子 · 一 · 六 · 淳 · 深 · 甘 등.

② 목기(木氣) : 東 · 栢 · 竹 · 寅 · 卯 · 角 · 印 · 卿 등.

③ 화기(火氣) : 南 · 丙 · 丁 · 二 · 七 · 行 · 術 · 見 등.

④ 토기(土氣) : 完 · 五 · 十 · 田 · 由 · 戊 · 己 · 中 · 山 등.

⑤ 금기(金氣) : 申 · 酉 · 四 · 九 · 玉 · 金 · 西 · 卒 · 共 · 義 등.

성명학에서는 자원오행(字源五行)이 가장 중요하다. 그 이유는 자원오행(字源五行)이란 글자 자체가 지닌 의미로 오행을 구분하기 때문이다. 예를 들면 임(林) · 근(根)과 같은 글자는 자원오행(字源五行)으로 목(木)이 되고, 강(江) · 법(法) 등은 수(水)가 된다. 이와 같이 자원오행(字源五行)은 글자의 부수나 그 글자가 담고 있는 뜻으로 구분하여 정한다.

과거에는 자원오행(字源五行)에 큰 중점을 두고 작명했는데 근래에는 사주의 분석도 부족한 상태에서 수리오행(數理五行)과 발음오행만 적용하는 사람들이 많다. 이렇게 자원오행(字源五行)을 아예 무시해버리는 경향이 있는데 필자는 반드시 자원오행(字源五行)을 꼭 맞추라고 말하고 싶다. 자원오행(字源五行)을 적용하는 기법은 반드시 사주의 분석이 완벽하게 이루어져야만 가능하므로 작명에서 가장 어려운 부분이 될 것이다. 따라서 작명은 명리학을 아는 사람에게 의뢰하는 것이 가장 바람직하다.

그러나 작명을 의뢰하는 일반인도 알아야 되는 것이 있다. 사주에서 가장 중요한 기운인 용신(用神)이 무엇인지, 용신(用神)을 돕는 희신(喜神)이 무엇인지, 사주를 흉하게 하는 기신(忌神)이 무엇인지를 전문가의 설명을 통해 확인해야 한다. 이러한 용신(用神)・희신(喜神)・기신(忌神)을 알고, 이를 보충하거나 제거하려면 어떤 글자를 적용했는지를 안다면 좋은 이름인지 나쁜 이름인지를 알 수 있기 때문이다.

어느 재벌회장의 부인 중에 '박두을(朴杜乙)'이라는 이름이 있다. 이 이름은 사주에 을목(乙木)이 기신(忌神)이기 때문에 을목(乙木)을 막으려고 '두(杜)'라는 한자를 썼다. 이러한 것이 자원오행(字源五行)의 기법이다. 다만 지나치게 자원오행(字源五行)에 치우치면 이름의 어감이 부자연스러운 경우가 있다. 이렇듯 여자 이름이 여성미가 배제되는 것은 피하는 것이 좋다.

5장. 작명시 주의사항

1. 파자수(破字數)

파자수(破字數)란 성자와 이름자가 갈리는 것을 말한다. 이런 이름을 쓰면 급사·피살·자살·단명·객사·실종·간첩·발광 등이 따른다. 사람의 몸을 반으로 쪼개놓으면 살 수 있겠는가, 이름도 마찬가지이니 반드시 피해야 한다. 예를 들면 다음과 같다.

임병석(林炳錫) : 살인범
설진근(薛鎭根) : 실종
박용식(朴龍植) : 피살
정분례(鄭紛禮) : 피살
박복순(朴福淳) : 간첩
장치묵(張治默) : 조난
정숙희(鄭淑姬) : 참사

박명순(朴明順) : 자살

곽영수(郭泳洙) : 단명

임준하(林俊河) : 피살

지용철(池龍喆) : 단명

박철웅(朴鐵雄) : 살인범

2. 어감이 이상한 성명

주기자(朱基子) : 죽이자라는 뜻이 되어 흉하다.

주길수(朱吉洙) : 죽일 수라는 뜻이 되어 흉하다.

이길수(李吉洙) : 승자라는 어감이 되어 흉하다.

고만두(高萬斗) : 그만두는 것이 되어 흉하다.

고생문(高生文) : 고생문이 훤한 뜻이 되어 흉하다.

어동태(魚東泰) : 생선의 뜻으로 흉하다.

김치국(金致國) : 김치국물과 같은 뜻이 되어 흉하다.

조진배(曺鎭倍) : 부숴진 배의 뜻이 되어 흉하다.

장건달(張建達) : 건달이라는 뜻이 되어 흉하다.

손병신(孫秉信) : 손이 병신이 된다는 뜻이 되어 흉하다.

고생만(高生萬) : 고생만 한다는 뜻이 되어 흉하다.

어감이 좋지 않은 예는 많지만 이 정도로 해두고 이런 이름은 피해야 한다.

3. 성명에 쓰지 않는 한자

불용한자에는 이름에 쓰기에는 뜻이 나쁘고 흉해서 피하는 경우와 뜻은 나쁘지 않지만 흉작용이 생긴다는 이론 때문에 피하는 한자가 있다. 하지만 불용한자를 쓴 사람이 모두 불길해진다면 장차 모든 이름이 다 불용문자로 해석될 우려가 있다. 그러니 아래와 같은 경우를 제외하고는 함부로 불용문자로 간주하면 안될 것이다.

(1) 뜻이 너무 크고 거창한 글자는 피한다.

빈약한 사주팔자에 이름만 화려하면 뱁새가 황새를 좇는 격이 흉할 수 있다. 예를 들면 충(忠)·복(福)·수(壽) 수(秀)·두(頭)·성(成)·해(海)·천(天)·지(地)·대(大) 등을 들 수 있다. 그러나 사주의 그릇이 큰 경우에는 대의를 이룰 수 있다. 예를 들면 김대중 전 대통령의 대(大)는 대업을 이루었으나 인생의 파란은 많았다.

(2) 10수로 가득찬 글자는 피한다.

십(十)·백(百)·천(千)·만(萬)·억(億)·조(兆) 등

(3) 짐승이나 곤충, 식물을 뜻하는 글자는 피한다.

견(犬)·사(蛇)·조(鶴)·구(龜)·송(松)·국(菊)·죽(竹)·충(虫)·계(鷄)·돈(豚)·매(梅)·난(蘭) 등

(4) 나쁜 의미를 연상시키는 글자는 피한다.

노(露)·상(霜) 등으로 존재하는 시간이 매우 짧아 흉하다.

(5) 높은 정신세계를 의미하는 글자는 피한다.

불(佛) · 신(神) · 존(尊) · 선(仙) · 유(儒) 등.

(6) 뜻이 불길한 문자는 피한다.

사(死) · 병(病) · 약(弱) · 망(亡) · 패(敗) · 파(破) · 간(奸) · 뇨(尿) · 독(毒) · 오(汚) 등.

(7) 일주(日柱)에 따라 피해야 하는 글자

일주(日柱)의 지지(地支)와 충극(沖剋)하는 한자는 되도록이면 피하는 것이 좋다. 그러나 사주에서 길이 될 경우에는 사용해도 무방하니 사주의 구성을 잘 살펴서 판단한다.

일지(日支)가 자(子)일생 : 오(午 · 旿 · 吾) 등.

일지(日支)가 축(丑)일생 : 미(未 · 美 · 味) 등.

일지(日支)가 인(寅)일생 : 신(申 · 信 · 愼) 등.

일지(日支)가 묘(卯)일생 : 유(酉 · 由 · 幼) 등.

일지(日支)가 진(辰)일생 : 술(術 · 戌 · 述) 등.

일지(日支)가 사(巳)일생 : 해(亥 · 諧 · 海) 등.

일지(日支)가 오(午)일생 : 자(子 · 者 · 字) 등.

일지(日支)가 미(未)일생 : 축(丑 · 祝 · 蓄) 등.

일지(日支)가 신(申)일생 : 인(寅 · 仁 · 引) 등.

일지(日支)가 유(酉)일생 : 묘(卯 · 妙 · 苗) 등.

일지(日支)가 술(戌)일생 : 진(辰 · 眞 · 鎭) 등.

일지(日支)가 해(亥)일생 : 사(巳 · 士 · 師) 등.

(8) 기타 사용하지 않는 한자

구(九) : 수의 종말을 의미하므로 단명을 암시한다.

극(極) : 부모덕이 없고 고초와 고생을 암시한다.

금(錦) : 허영과 사치를 암시한다.

남(男) : 배우자 덕이 없고 가정불화를 암시한다.

녀(女) : 천하며 고독하고, 부모덕・형제덕・배우자복이 없다.

동(童) : 성숙하지 못하고 경망을 암시한다.

대(大) : 장남은 무방하나 차남은 꺼린다.

도(桃) : 배신과 배우자덕이 박함을 암시한다.

동(冬) : 관재・구설・파직・이성문제를 암시한다.

돌(乭) : 천하며 단명을 암시한다.

료(了) : 미(未)와 같이 사물의 종말을 암시한다.

명(命) : 재액과 고독을 암시한다.

말(末) : 단명과 뒤끝이 좋지 않음을 암시한다.

매(梅) : 과부와 화류계 여성을 암시한다.

분(分・粉・芬) : 과부를 암시한다.

산(山) : 강직하나 고독을 암시한다.

석(石) : 아둔함을 암시한다.

사(四) : 단명・감금・납치를 암시한다.

소(笑) : 경거망동・낭패를 암시한다.

실(實) : 배우자를 극한다는 암시가 있다.

애(愛) : 비애의 신세를 암시한다.

완(完) : 장자는 무방하나 동생은 형을 극한다는 암시가 있다.

원(元) : 장자는 무방하나 차남에게는 불길하다.

월(月) : 고독을 암시한다.

장(長) : 동생이 쓰면 형이 망하고, 자신도 좋지 않다.

철(鐵) : 고독과 가난을 암시하며, 남의 업신여김을 받는다.

태(泰) : 장자는 무방하나 동생이 쓰면 형에게 좋지 않다.

풍(風) : 재산을 잃는다는 암시가 있다.

해(海) : 파란곡절을 암시한다.

홍(紅) : 단명을 암시한다.

화(花) : 화류계를 암시한다.

위의 글자들은 예로부터 여러 가지 이유로 주의해서 쓰지만, 사주와의 조화에서 꼭 필요한 경우에는 오히려 길할 수 있다. 자원오행(字源五行)에 의한 작명법은 앞에서 설명한 것과 같이 사주에 병(病)이 되는 글자를 제거한다는 의미에서 쓴다면 불용문자도 얼마든지 활용할 수 있다. 따라서 말은 가려서 하되 작명에서 불용문자는 없다고 할 수 있다. 불용문자에 지나치게 민감하다가는 전체를 보지 못하는 우를 범할 수 있다. 독약도 잘 쓰면 명약이 된다는 것을 잊지 말라.

4. 건강에 영향을 주는 작명법

사주와 조화를 이룬 이름은 건강에도 도움을 준다. 인체는 각 기관별로 오행이 배속되는데, 사주나 성명에서 충극(沖剋)을 당한 오행은 반드시 그 해당하는 부위에 영향을 준다. 오행의 상생과 상극을 설명하기 전에 사주나 성명의 부조화로 인한 건강과 관련한 사항을 열거하면 다음과 같다.

금극목(金剋木) 현상이 생기면

사주에 묘유충(卯酉沖) · 인신충(寅申沖) · 갑경충(甲庚沖) · 을신충(乙辛沖) 등이 있거나, 약한 목(木)을 강한 금(金)이 극하는 현상처럼 성명에서도 강한 금기(金氣)가 약한 목기(木氣)를 극하면 발생한다. 관련 질병은 간 · 쓸개 · 신경 · 두통 · 얼굴마비 · 사지절단 등이다.

수극화(水剋火) 현상이 생기면

사주에 자오충(子午沖) · 사해충(巳亥沖) · 병임충(丙壬沖) · 정계충(丁癸沖) 등이 있거나, 약한 화(火)를 강한 수기(水氣)가 극하는 현상처럼 성명에서도 강한 수기(水氣)가 약한 화기(火氣)를 극하면 발생한다. 관련 질병은 심장 · 소장 · 눈 · 편두 · 고혈압 등이다.

목극토(木剋土) 현상이 생기면

사주에 갑극무(甲剋戊) · 을극기(乙剋己) 등이 있거나, 강한 목

(木)이 허약한 토(土)를 극하는 현상처럼 성명에서도 강한 목기(木氣)가 약한 토기(土氣)를 극하면 발생한다. 관련 질병은 비장 · 위장 · 복부 · 피부 · 당뇨 질환 등이다.

화극금(火剋金) 현상이 생기면

사주에 화기(火氣)가 강하여 약한 금기(金氣)를 극하거나 성명에서도 강한 화(火)가 약한 금기(金氣)를 극하면 발생한다. 관련 질병은 폐장 · 호흡 · 대장 · 근골 · 사지 질환 등이다.

토극수(土剋水) 현상이 생기면

사주에 술(戌) · 미(未) 조토(燥土)가 수(水)를 극하거나, 토기(土氣)가 강하여 약한 수(水)를 극하는 현상처럼 성명에서도 강한 토기(土氣)가 약한 수기(水氣)를 극하면 발생한다. 관련 질병은 신장 · 방광 · 혈액 · 자궁 · 생식기 · 당뇨 질환 등이다.

목(木)이 많은 사주에 목(木)이 많은 성명

목극토(木剋土)가 되어 위장질환이 생긴다.

화(火)가 많은 사주에 화(火)가 많은 성명

화극금(火剋金)이 되어 폐 · 대장질환 · 치통 등이 생긴다.

토(土)가 많은 사주에 토(土)가 많은 성명

토극수(土剋水)가 되어 신장 · 방광 · 자궁 · 당뇨 등 순환기 질환이 생긴다.

금(金)이 많은 사주에 금(金)이 많은 성명

금극목(金剋木)이 되어 간장 · 신경성 질환이 생긴다.

수(水)가 많은 사주에 수(水)가 많은 성명

수극화(水剋火)가 되어 심장 · 정신질환 등이 생긴다.

건강을 향상시키려면 사주에서 부족한 오행을 성명에서 채운다.

— 목(木)이 약하면 수목(水木)을 보충(신장 · 간장 기능 증진).

— 화(火)가 약하면 목화(木火)를 보충(신경 · 심장 기능 증진).

— 토(土)가 약하면 화토(火土)를 보충(심장 · 위장 기능 증진).

— 금(金)이 약하면 토금(土金)을 보충(위장 · 기관지 기능 증진).

— 수(水)가 약하면 금수(金水)를 보충(폐 · 신장 기능 증진).

6장. 개명론(改名論)

1. 개명의 효력

① 병약자가 건강해진다.

② 불우한 사람이 행복해진다.

③ 좋은 배우자와 직장을 얻는다.

④ 가정의 풍파가 없어지고 부부가 다정해진다.

⑤ 불효자가 변하여 효도한다.

⑥ 자손이 없는 사람이 자손을 얻는다.

⑦ 사업이 순성하고 가문이 융창한다.

⑧ 액화를 피하고 행운이 온다.

⑨ 빈곤 단명자가 부귀장수한다.

⑩ 번민과 고통이 사라지고 심신이 쾌락해진다.

2. 개명의 의의

천지만물에 고유의 이름이 있듯이 사람도 태어나면서 부모님께 이름을 받는다. 아이가 성장하여 자신의 이름에 불만족을 느껴 개명하는 것은 부모를 욕되게 하는 일이 아니다. 개명이 운명에 어떠한 영향을 주는가를 떠나 일단 이름 때문에 스트레스를 받는다면 건강에도 좋지 않기 때문에 개명의 명분은 충분하다.

이름과 운명의 상호작용은 통계학적 수치로 정밀한 검증은 어렵다. 다만 운명의 변화는 아주 사소한 것에서 시작될 수 있다. 생각이 바뀌면 운명이 바뀐다는 말도 있듯이 자신을 나타내는 이름에 만족도가 높을수록 긍적적인 사고와 적극적인 행동을 유발할 수 있다.

인간관계에 있어서 이름은 첫인상에 상당한 영향을 준다. 인물이 괜찮은데 이름도 멋지다면 호감을 줄 것이고, 인물은 떨어지는데 이름이 멋지다면 상대방을 오래 기억할 것이고, 인물이 떨어지는데 이름도 나쁘다면 당사자의 다른 부분까지 폄하될 우려가 있는 것이다. 이렇듯 이름은 그 사람을 대표하는 상징으로 받아 들여지고 있는 것이 현실이다.

개명을 가장 많이 하는 연예인들의 경우 마치 이름이 사람의 외모에까지 영향을 준다는 느낌이 든다. 개명이 특정한 사람들에게 국한된 것은 아니며, 운명을 보다 적극적으로 변화시키는 수단임에는 틀림없다.

연예인 개명사례

강수지(조문례)	서태지(정현철)	유 진(김유진)	지 누(김진우)
강 타(안칠현)	선우용녀(정용래)	유 퉁(유순)	진 이(김진)
금보라(손미자)	설운도(이영춘)	윤 상(이윤상)	진 주(주진)
김규리(김문선)	성 룡(진항생)	윤이지(윤주형)	채리나(백현주)
김 민(김민정)	성진우(성명관)	윤정희(손미자)	채 림(박채림)
김보연(김복순)	션(노승환)	이보희(조영숙)	채소연(문정미)
김상희(최순강)	송승헌(송승복)	이 본(이본숙)	천성일(천성기)
김수미(김영옥)	송채환(권소연)	이연경(이지연)	최불암(최영한)
김수희(김희수	슈(유수영)	이영자(이유미)	최연제(김연제)
김정민(김정수)	신성우(신동륜)	이예린(이진숙)	최지우(최미향)
김지미(김명자)	심수봉(심민경)	이 적(이동준)	최희준(최성준)
김지수(양성윤)	신신애(신금매)	이제니(제니퍼김)	추자현(추은주)
김지애(동길영)	신주리(신혜란)	이주노(이상우)	탁재훈(배성우)
김 진(김경진)	신혜성(정필교)	이주일(정주일)	태진아(조방헌
김 청(김청희)	심혜진(심상민)	이창훈(이봉남)	토니안(안승호)
나훈아(최성기)	안소영(안귀자)	이하늘(이근배)	패티김(김혜자)
남 진(김남진)	앙드레김(김복남)	이하얀(이정은)	하리수(이경은)
남포동(김광일)	앤디리(이선호)	이현우(이상원)	하수빈(하정화)
노유민(노갑성)	양 파(이은진)	이휘재(이영재)	하지원(전해림)
도지원(도지영)	에 릭(문정혁)	인순이(김인순)	허 송(허일송)
리 아(김재원)	오솔미(한혜선)	임성훈(임종창)	허 참(이상룡)
마이키(조명익)	오재미(오재희)	임하룡(임한용)	현진영(허현석)
민혜경(백혜경)	오현경(오상지)	장 혁(장용준)	현 철(이상수)
바 다(최성희)	옥소리(옥보경)	장호일(장기원)	혜은희(김승주)
박시은(박은영)	원 빈(김도진)	전지현(왕지현)	황신혜(황정만)
방실이(방영순)	유 리(차현옥)	전 진(박충재)	
백남봉(박두식)	유열(유종열)	정선경(김성희)	
서유정(이유정)	유익희(노귀녀)	주 현(주일춘)	

3. 개명을 허가하는 경우

① 성별에 맞지 않는 경우

② 한글이름과 한자이름을 바꿀 경우

③ 놀림을 당하는 경우

④ 일본식 이름(춘자·순자 등)인 경우

⑤ 친족 중에 동성동명인이 있는 경우

⑥ 부르기 까다로운 경우

⑦ 유명인의 이름인 경우

⑨ 기타 개명이 필요한 경우

⑩ 성명철학상 좋지 않은 경우

⑪ 항렬자를 따르기 위한 경우

⑫ 출생신고시 잘못 기재된 경우

⑬ 승려가 환속한 경우

⑭ 귀화한 외국인이 한국식 이름으로 바꿀 경우

⑮ 인명용 한자가 아닌 이름으로 바꿀 필요가 있는 경우

⑯ 부르는 이름이 호적상 이름과 다른 경우

그리고 개명은 나이가 어릴수록 쉽다. 이외에도 법원에 개명허가를 신청하면 허가하는 경우가 많으므로 일단 신청해보면 개명의 유무를 확인할 수 있다. 과거에는 위와 같이 특별한 경우가 아니면 허가받기 어려웠으나, 지금은 개명도 국민의 기본법에 해당하기 때

문에 당사자가 적극적으로 원하면 허가하라고 하급법원에 사건을 송치한 대법원 판례가 있어 앞으로는 한결 쉬워질 것이다. 또한 성명철학상 좋지 않은 이름도 개명이 허용되는 판례가 있으니 성명학이 제도권의 인정을 받는다는 것이 성명학의 신뢰성이 입증된다고 할 수 있다.

7장. 사주작명법(四柱作名法)

사주작명법이란 사주에 맞는 이름을 짓는 것이다. 이는 의사가 진맥을 한 뒤 처방을 하는 것과 같다. 사주에서 병(病)이 무엇인지를 정확하게 분별할 줄 알아야 작명할 수 있다. 의사는 질병을 치료하지만 작명가는 운명의 개운을 처방하는 사람이다. 물론 개명한다고 금방 효과를 실감하지 못하기 때문에 작명에 대한 인식이 달라질 것이다. 만약 작명의 효과를 가시적으로 입증한다면 훌륭한 작명가에 대한 우대는 상상을 초월할 것이고, 작명의 비용도 만만치 않게 정해질 것이다. 작명가들은 당장의 밥벌이에만 치중할 것이 아니라 작명의 부가가치를 높이는 것이 더 중요하다. 운명이 달라진다는데 마다할 사람이 있겠는가. 병이 있으면 반드시 약이 있는 법이니 사주팔자의 병을 고칠 최선의 명약이 바로 작명이라는 것을 강조한다. 사주작명법의 한 예를 들어본다.

壬 辛 甲 丙

辰 未 午 申

신(辛)일 오(午)월생이라 칠살격(七殺格)인데, 갑목(甲木) 재성(財星)이 투출(透出)하여 병이 된다. 갑(甲)을 제거하는 경금(庚金)이 약신(藥神)이니 금(庚金)에 해당하는 한자를 쓴다.

1. 일간오행(日干五行) 왕약론(旺弱論)

일간(日干) 오행은 생월을 대조하여 왕약을 알고, 사지(四支)에 인종(引從)하여 십이운성(十二運星)의 강약을 정하는 것이다. 기력의 왕약은 천시(天時)에 의하여 정하고, 세력의 왕약은 십이운성(十二運星)에 의하여 정하는 법과 오행왕상휴수사(五行旺相休囚死)로 정하는 법이 있다.

1) 갑을일주(甲乙日柱) 기준

(1) 기력의 왕약

(1) 봄(寅卯月)은 최왕(最旺)이니 신강신왕(身强身旺)이다.

① 십이운성 : 인(寅)은 건록(建祿), 묘(卯)는 제왕(帝旺)이 된다.

② 오행왕상휴수사 : 인묘(寅卯)는 왕(旺)이 된다.

③ 육신 : 인묘(寅卯)는 비견(比肩)·겁재(劫財)가 된다.

④ 통근 : 인묘해미진(寅卯亥未辰).

통근(通根)은 문자 그대로 뿌리(地支)에 통한다는 말이니 천간(天干)이 지지(地支)에 동류(同類)가 있고, 천간(天干)의 뿌리가 지지(地支)에 박힌 기상이다. 그리고 지지(地支)에 인성(印星)이 있어도 통근(通根)이라고 할 수 있다.

(2) 여름(巳午月)은 약(弱)이니 신약(身弱)이다.

① 십이운성 : 사(巳)는 병(病), 오(午)는 사(死)가 된다.

② 오행왕상휴수사 : 사오(巳午)는 휴(休)가 된다.

③ 육신 : 사오(巳午)는 식신(食神) · 상관(傷官)이 된다.

(3) 가을(申酉月)은 최약(最弱)이니 신약(身弱)이다.

① 십이운성 : 신(申)은 절(絶), 유(酉)는 태(胎)가 된다.

② 오행왕상휴수사 : 신유(申酉)는 사(死)가 된다.

③ 육신 : 신유(申酉)는 편관(偏官) · 정관(正官)이 된다.

(4) 겨울(亥子月)은 차왕(次旺)이니 신왕(身旺)이다.

① 십이운성 : 해(亥)는 장생(長生), 자(子)는 목욕(沐浴)이 된다.

② 오행왕상휴수사 : 해자(亥子)는 상(相)이 된다.

③ 육신 : 해자(亥子)는 편인(偏印) · 정인(正印)이 된다.

④ 통근(通根) : 해자(亥子).

(5) 토용(土用 : 辰戌丑未月)은 약간 약(弱)이니 신약(身弱)이다.

① 십이운성 : 진(辰)은 쇠(衰), 술(戌)은 양(養), 축(丑)은 관대(冠帶), 미(未)는 묘(墓)이다.

② 오행왕상휴수사 : 진술축미(辰戌丑未)는 수(囚)가 된다.

③ 육신 : 진술축미(辰戌丑未)는 편재(偏財) · 정재(正財)가 된다.

(2) 세력의 강약

① 장생(長生) · 관대(冠帶) · 건록(建祿) · 제왕(帝旺)은 세(勢)를 얻음이 성(盛)하다.

② 쇠병(衰病) · 사(死) · 절(絶)은 세를 얻지 못하는 것, 즉 뿌리(根)가 없다.

③ 목욕(沐浴) · 태양(胎養) · 묘(墓)는 세가 미약하다.

2) 병정일주(丙丁日柱) 기준

(1) 기력의 왕약

(1) 여름(巳午月)은 최왕(最旺)이니 신왕신강(身旺身强)이다.

① 십이운성 : 사(巳)는 건록(建祿), 오(午)는 제왕(帝旺)이 된다.

② 오행왕상휴수사 : 사오(巳午)는 왕(旺)이 된다.

③ 육신 : 사오(巳午)는 비견(比肩) · 겁재(劫財)가 된다.

④ 통근(通根) : 인(寅) 중 병화(丙火), 오(午) 중 병정화(丙丁火), 술(戌) 중 정화(丁火), 사(巳) 중 병화(丙火), 미(未) 중 정화(丁火).

(2) 토용(土用 : 辰戌丑未月)은 약(弱)이니 신약(身弱)이다.

① 십이운성 : 진(辰)은 관대(冠帶), 술(戌)은 묘(墓), 축(丑)은 양(養), 미(未)는 쇠(衰)이다.

② 오행왕상휴수사 : 진술축미(辰戌丑未)는 휴(休)이다.

③ 육신 : 진술축미(辰戌丑未)는 식신(食神)·상관(傷官)이 된다.

(3) 겨울(亥子月)은 최약(最弱)이니 신약(身弱)이다.

① 십이운성 : 해(亥)는 절(絶), 자(子)는 태(胎)가 된다.

② 오행왕상휴수사 : 해자(亥子)는 사(死)가 된다.

(4) 봄(寅卯月)은 퇴기(退氣)이나 강하므로 신왕(身旺)이다.

① 십이운성 : 인(寅)은 장생(長生), 묘(卯)는 목욕(沐浴)이 된다.

② 오행왕상휴수사 : 인묘(寅卯)는 상(相)이 된다.

③ 육신 : 인묘(寅卯)는 편인(偏印)·정인(正印)이 된다.

④ 통근(通根) : 인묘(寅卯).

(5) 가을(申酉月)은 약간 약(弱)이니 신약(身弱)이다.

① 십이운성 : 신(申)은 병(病), 유(酉)는 사(死)가 된다.

② 오행왕상휴수사 : 신유(申酉)는 수(囚)가 된다.

③ 육신 : 신유(申酉)는 편재(偏財)·정재(正財)가 된다.

(2) 세력의 강약

① 십이운성은 갑을(甲乙)에 준한다.

3) 무기일주(戊己日柱) 기준

(1) 기력의 왕약

(1) 토용(土用, 辰戌丑未月)은 최왕이니 신왕신강(身旺身强)이다.

① 십이운성 : 진(辰)은 관대(冠帶), 술(戌)은 묘(墓), 축(丑)은 양(養), 미(未)는 관대(冠帶)이다.

② 오행왕상휴수사 : 진술축미(辰戌丑未)는 왕(旺)이다.

③ 육신 : 진술축미(辰戌丑未)는 비견(比肩)·겁재(劫財)가 된다.

④ 통근(通根) : 진중무토(辰中戊土), 술중무토(戌中戊土), 축중기토(丑中己土), 미중기토(未中己土), 인중무토(寅中戊土), 사중무토(巳中戊土), 오중기토(午中己土).

(2) 가을(申酉月)은 약(弱)이니 신약(身弱)이다.

① 십이운성 : 신(申)은 병(病), 유(酉)는 사(死)가 된다.

② 오행왕상휴수사 : 신유(申酉)는 휴(休)가 된다.

③ 육신 : 신유(申酉)는 식신(食神)·상관(傷官)이 된다.

(3) 봄(寅卯月)은 최약(最弱)이니 신약(身弱)이다.

① 십이운성 : 인(寅)은 장생(長生), 묘(卯)는 목욕(沐浴)이 된다.

② 오행왕상휴수사 : 인묘(寅卯)는 사(死)가 된다.

③ 육신 : 인묘(寅卯)는 편관(偏官)·정관(正官)이 된다.

(4) 여름(巳午月)은 차왕(次旺)이니 신왕(身旺)이다.

① 십이운성 : 사(巳)는 건록(建祿), 오(午)는 제왕(帝旺)이 된다.

② 오행왕상휴수사 : 사오(巳午)는 상(相)이 된다.

③ 육신 : 사오(巳午)는 편인(偏印) · 정인(正印)이 된다.

④ 통근(通根) : 사오(巳午).

(5) 겨울(亥子月)은 약간 약(弱)이니 신약(身弱)이다.

① 십이운성 : 해(亥)는 절(絶), 자(子)는 태(胎)가 된다.

② 오행왕상휴수사 : 해자(亥子)는 수(囚)가 된다.

③ 육신 : 해자(亥子)는 편재(偏財) · 정재(正財)가 된다.

(2) 세력의 강약

① 십이운성은 갑을(甲乙)에 준한다.

4) 경신일주(庚辛日柱) 기준

(1) 기력의 왕약

(1) 가을(申酉月)은 최왕이니 신왕신강(身旺申强)이다.

① 십이운성 : 신(申)은 건록(建祿), 유(酉)는 제왕(帝旺)이다.

② 오행왕상휴수사 : 신유(申酉)는 왕(旺)이 된다.

③ 육신 : 신유(申酉)는 비견(比肩) · 겁재(劫財)가 된다.

④ 통근(通根) : 신중경금(申中庚金), 유중경신금(酉中庚辛金), 술중신금(戌中辛金), 사중경금(巳中庚金), 축중신금(丑中辛金).

(2) 겨울(亥子月)은 약(弱)이니 신약(身弱)이다.

① 십이운성 : 해(亥)는 병(病), 자(子)는 사(死)가 된다.

② 오행왕상휴수사 : 해자(亥子)는 휴(休)가 된다.

③ 육신 : 해자(亥子)는 식신(食神) · 상관(傷官)이 된다.

(3) 여름(巳午月)은 최약(最弱)이니 신약(身弱)이다.

① 십이운성 : 사(巳)는 장생(長生), 오(午)는 목욕(沐浴)이 된다.

② 오행왕상휴수사 : 사오(巳午)가 사(死)가 된다.

③ 육신 : 사오(巳午)는 편관(偏官) · 정관(正官)이 된다.

(4) 토용(土用, 辰戌丑未月)은 차왕(次旺)이니 신왕(身旺)이다.

① 십이운성 : 진(辰)은 양(養), 술(戌)은 쇠(衰), 축(丑)은 묘(墓), 미(未)는 관대(冠帶)이다.

② 오행왕상휴수사 : 진술축미(辰戌丑未)는 상(相)이다.

③ 육신 : 진술축미(辰戌丑未)는 편인(偏印) · 정인(正印)이 된다.

④ 통근(通根) : 진술축미(辰戌丑未).

(5) 봄(寅卯月)은 약간 약(弱)이니 신약(身弱)이다.

① 십이운성 : 인(寅)은 절(絶), 묘(卯)는 태(胎)가 된다.

② 오행왕상휴수사 : 인묘(寅卯)는 수(囚)가 된다.

③ 육신 : 인묘(寅卯)는 편재(偏財) · 정재(正財)가 된다.

(2) 기력의 왕약

① 십이운성은 갑을(甲乙)에 준한다.

5) 임계일주(壬癸日柱) 기준

(1) 기력의 강약

(1) 겨울(亥子月)은 최왕(最旺)이니 신왕신강(身旺身强)이다.

① 십이운성 : 해(亥)는 건록(建祿), 자(子)는 제왕(帝旺)이 된다.

② 오행왕상휴수사 : 해자(亥子)는 왕(旺)이 된다.

③ 육신 : 해자(亥子)는 비견(比肩)·겁재(劫財)가 된다.

④ 통근(通根) : 갑중임수(甲中壬水), 자중임계수(子中壬癸水), 진중계수(辰中癸水), 해중임수(亥中壬水), 축중계수(丑中癸水).

(2) 봄(寅卯月)은 진기(進氣)이나 소약(小弱)이니 신약(身弱)이다.

① 십이운성 : 인(寅)은 병(病), 묘(卯)는 사(死)가 된다.

② 오행왕상휴수사 : 인묘(寅卯)는 휴(休)가 된다.

③ 육신 : 인묘(寅卯)는 식신(食神)·상관(傷官)이 된다.

(3) 토용(土用, 辰戌丑未月)은 최약(最弱)이니 신약(身弱)이다.

① 십이운성 : 진(辰)은 묘(墓), 술(戌)은 관대(冠帶), 축(丑)은 쇠(衰), 미(未)는 양(養)이다.

② 오행왕상휴수사 : 진술축미(辰戌丑未)는 사(死)가 된다.

③ 육신 : 진술축미(辰戌丑未)는 편관(偏官)·정관(正官)이 된다.

(4) 가을(申酉月)은 차왕(次旺)이니 신왕(身旺)이다.

① 십이운성 : 신(申)은 장생(長生), 유(酉)는 목욕(沐浴)이 된다.

② 오행왕상휴수사 : 신유(申酉)는 상(相)이 된다.

③ 육신 : 신유(申酉)는 편인(偏印)·정인(正印)이 된다.

④ 통근(通根) : 신유(申酉).

(5) 여름(巳午月)은 약간 약(弱)이니 신약(身弱)이다.

① 십이운성 : 사(巳)는 절(絶), 오(午)는 태(胎)가 된다.

② 오행왕상휴수사 : 사오(巳午)는 수(囚)가 된다.

③ 육신 : 사오(巳午)는 편재(偏財)·정재(正財)가 된다.

(2) 세력의 왕약

① 십이운성은 갑을(甲乙)에 준한다.

이상과 같이 일간(日干)을 기준으로 격국(格局)과 용신(用神), 기타 방신(傍神)도 모두 강약을 분명하게 추정하여 각자의 분도를 계측한 뒤 경중을 결정한다.

2. 신왕신약론(身旺身弱論)

사주를 볼 때 제일 먼저 알아야 할 것은 일간(日干)의 강약, 즉 신왕(身旺)과 신약(身弱)이다. 사람은 누구나 사회를 떠나 살 수 없고, 사회에서 일을 하려면 자신의 건강을 알아야 하는 것처럼 사주에 있는 왕쇠(旺衰)와 강약(强弱)을 알아야 한다.

남명은 신왕(身旺)해야 좋고, 여명은 신왕(身旺)한 듯하면서 신약(身弱)해야 좋다. 만일 여명이 신왕(身旺)하면 직업을 갖고 활동한다. 신왕(身旺)한 사주는 건강・활동력・발전・부귀・장수하며 건전한 정신으로 박력있게 사물을 취한다. 그러나 신약(身弱)한 사주는 병약・침체・부진・가난・하천・단명하며 활동하기 어렵다.

일주(日柱)가 왕하면 재물이 많아도 신왕재왕(身旺財旺)으로 부자가 되고, 관살(官殺)이 왕하여도 신왕관왕(身旺官旺)으로 대귀하다. 그러나 일주(日柱)가 약하면 재다신약(財多身弱)으로 가난하고, 살이 많아도 쇠관왕신(衰官旺身)으로 패망한다.

신(身)이란 일간(日干), 즉 생일의 천간(天干)을 말하고 명주(命柱)・일원(日元)・일신(日神)이라고도 한다. 일간(日干)은 사주 중에서 가장 중요하고, 상생상극법에 의하여 신왕(身旺)한가 신약(身弱)한가를 연구하는 것이 부귀빈천의 열쇠이기 때문에 사주는 왕약(旺弱)을 판단하는 것이 핵심이다.

사주는 사람이 주인공이기 때문에 사주의 강약은 사주 전체의 오행의 왕약이 아니라 일주(日柱)의 오행이 왕하냐 약하냐를 분별하는 일간(日干)의 왕약이다. 일간(日干)의 왕약을 아는 방법에는 3가지 법칙이 있다. 첫째는 득령(得令), 둘째는 득세(得勢), 셋째는 득지(得地)이다. 이 3가지 법칙을 차례대로 설명한다.

3. 신주강약(身主强弱) 3원칙

1) 득령(得令) : 월령(月令)

득령(得令)이란 일간(日干)을 기준하여 생월 지지(地支)로 보아 그 달의 기를 얻는다는 뜻이다. 또 월을 월령(月令) 또 시절(時節)이라고 하는데, 월의 기를 얻으면 득월령(得月令)·득령(得令)·득시(得時)·득시절(得時節)이라고도 한다. 여기서 주의할 점은 득시(得時)를 글자 그대로 직역하여 좋은 시간을 얻었다는 뜻으로 이해하면 안된다.

그러면 득령(得令)·득시(得時)는 무엇을 의미하는가? 이것은 왕상휴수사법(旺相休囚死法)의 왕상(旺相)에 해당하는데, 육친(六親)으로는 비견(比肩)·겁재(劫財)가 닿는 곳이다. 가령 갑을(甲乙)일생이 인묘(寅卯)월, 병정(丙丁)일생이 사오(巳午)월, 무기(戊己)일생이 사오(巳午)나 진술축미(辰戌丑未)월, 경신(庚辛)일생이 신유(申酉)월, 임계(壬癸)일생이 해자(亥子)월에 태어난 것을 말한다. 이러한 경우를 신왕(身旺)이라 하고, 이에 해당하지 않으면 실령(失令) 또는 실시(失時)라 하며 신약(身弱)이라 한다.

2) 득세(得勢)

득세(得勢)는 사주에서 일주(日柱) 천간(天干)이 생조(生助)를 많이 받는 것을 말한다. 생조(生助)의 생(生)은 인성(印星), 조(助)는 비견(比肩)·겁재(劫財)를 말하니 일간(日干)이 다봉인수(多逢印

綬), 즉 비견(比肩)·겁재(劫財)의 도움을 받는 것을 말한다.

이것을 다시 구체적으로 해석하면 갑을(甲乙)일생이 간지(干支)에서 수목지생조(水木之生助), 병정(丙丁)일생이 간지(干支)에서 목화지생조(木火之生助), 무기(戊己)일생이 간지(干支)에서 화토지생조(火土之生助), 경신(庚辛)일생이 간지(干支)에서 토금지생조(土金之生助), 임계(壬癸)일생이 간지(干支)에서 금수지생조(金水之生助)를 받는 것을 말한다.

이렇게 도움이 많으면 득세(得勢)라 하여 신왕(身旺)이라 하고, 미약하면 실세(失勢)라 하여 신약(身弱)이라 한다. 득령(得令)을 하지 못해도 생부(生扶)하는 것이 많다. 이것은 허약하게 태어난 사람이 산삼 녹용으로 보신하여 힘이 왕성해지는 것처럼 약이 강으로 변한다.

반대로 일간(日干)을 극하는 관살(官殺)이나 일간(日干)의 기운을 빼는 식신(食神)·상관(傷官)이나 재성(財星)이 많으면 아무리 득령(得令)해도 지나치게 억눌리고 소모되어 허약해진다. 이는 건강하게 태어난 사람이 병에 시달리거나 먹지 못하여 약해지는 것과 같다.

3) 득지(得地) : 득기(得氣)

득지(得地)는 일간(日干)을 위주로 하여 지지(地支)에서 포태양생법(胞胎養生法)으로 봉장생(逢長生 : 印綬), 봉관(逢冠 : 建祿), 봉왕(逢旺 : 比劫), 묘고(墓庫), 진기(進氣)를 만나는 것을 말한다. 기운을 얻었다 하여 득기(得氣)라고도 하고, 땅에 발을 붙이거나 뿌리를 박았다고 하여 유근(有根) 또는 착근(着根)이라고도 한다. 여기에 해당하면 왕(旺)이라 하고, 그렇지 못하면 실지(失地) 또는 무기(無氣), 무근(無根)이라 하여 약(弱)한 것으로 본다.

위에서 말한 것 중 장생(長生)·왕(旺)·관(冠)이 득지(得地)인 것은 이해되지만 묘고(墓庫)가 득지(得地)라는 것에는 의문이 생길 것이다. 이것은 무조건 각 일주(日主)에 진술축미(辰戌丑未) 묘고(墓庫) 또는 각 일주(日柱)에 해당되는 묘고(墓庫), 예를 들면 갑을(甲乙)일 미고(未庫), 병정(丙丁)일 술고(戌庫)를 말하는 것이 아니라 갑을(甲乙)일 목일주(木日柱)에 진고(辰庫)는 진(辰) 중 을목(乙木)으로 상존목기(尙存木氣)하고, 진토(辰土)는 습토(濕土)로 유기(有氣)가 되고, 봉술고(逢戌庫)는 장차 해(亥)에 진행하여 수진기(水進氣)로 목장생(木長生) 진기(進氣)로 유기(有氣)하는 것이고, 병정화(丙丁火)·무기토(戊己土)일 미고(未庫)는 미(未) 중 정화기토(丁火己土)로 상존화토기(尙存火土氣)요, 축(丑)은 화토(火土) 장생(長生) 인궁(寅宮)으로 임박 진기(進氣)하여 유기(有氣)하고, 또 경신금(庚辛金)일 술고(戌庫)는 술(戌) 중 신금(辛金)으로 상존금기(尙存金氣)요, 진고(辰庫)는 금장생(金長生) 사(巳) 중 경금(庚金)으로 진기(進氣)하여 유기(有氣)하고, 임계수(壬癸水)일 축고(丑庫)는 축(丑) 중 계수(癸水)로 상존수기(尙存水氣)요, 미고(未庫)는 수(水) 장생(長生) 신궁(申궁)으로 향하여 진기(進氣)가 되어 유기(有氣)가 되는 것이다.

그리고 갑을(甲乙)일 미고(未庫)는 사주에서 해(亥)나 묘(卯)를 얻었을 경우, 병정무기(丙丁戊己)일 술고(戌庫)는 인(寅)이나 오(午)를 얻었을 경우, 경신(庚辛)일 축고(丑庫)는 사(巳)나 유(酉)를 얻었을 경우, 임계(壬癸)일 진고(辰庫)는 신(申)이나 자(子)를 얻었을 경우 합세하여 유기(有氣)로 작용한다. 좀 복잡한 것 같으나 상존기(尙存氣) 진기(進氣)라는 것만 알면 자연 풀리게 된다.

이상에서 설명한 것과 같이 득시(得時)·득세(得勢)·득기(得氣)를 왕(旺)이라 하고, 실시(失時)·실세(失勢)·실시(失地)를 약(弱)이라 한다. 왕(旺)은 다시 극왕(極旺)·중왕(中旺)·소왕(小旺)으로 나누고, 쇠(衰)는 다시 극쇠(極衰)·중쇠(中衰)·소쇠(小衰)로 나눈다. 그리고 왕(旺)은 강하고 쇠(衰)는 약한 것인데, 이것을 다시 최강·중강·소강·최약·중약·소약으로 나눈다. 이것을 신주왕약(身主旺弱) 분별 6가지 원칙이라고도 한다.

4. 신주강약(身主强弱) 6원칙

그러면 어떤 경우에 최왕이라 하고, 어떤 경우에 최약 또는 중강·소강·중약·소약이라 하는가? 앞에서 설명한 득세(得勢)·득시(得時)·득지(得地) 3가지를 모두 갖추면 최강이라 하고, 2가지를 갖추면 소강이라 한다. 그리고 실시(失時)·실세(失勢)·실지(失地) 중 1가지를 갖추면 소약이라 하고, 2가지를 갖추면 중약이라 한다. 그러나 1가지 또는 2가지라는 한계를 정하는 것 뿐 반드시 그런 것은 아니다. 득시(得時)·득세(得勢)·득지(得地) 중에서 1가지만 갖추고도 중강이 되는 경우가 있고, 실시·실세·실지 중에서 1가지만 갖추고도 중약이 되는 경우가 있다. 이것은 사주의 배정에 따라 달라진다. 예를 들어 설명하면 다음과 같다.

1) 최강사주

乙 甲 己 乙
亥 子 卯 亥
生 沐 旺 生

이 사주는 갑(甲)일생이 묘(卯)월에 태어나 득령(得令)했고, 년지(年支) 해(亥) 중 임수(壬水), 일지(日支) 자(子) 중 계수(癸水), 시지(時支) 해(亥) 중 임수(壬水), 년시(年時) 을목(乙木)이 모두 인성(印星) 비겁(比劫)으로 득세(得勢)했다. 또 년시지(年時支) 해(亥)에서 장생(長生)을 얻어 득지(得地)했으니 최강 사주이다.

己 壬 壬 甲
酉 子 申 申
沐 旺 生 生

이 사주는 임(壬)일생이 신(申)월에 태어나 득령(得令)하지 못했으나 자(子) 중 계수(癸水)의 비겁(比劫), 년월지(年月支) 신(申) 중 경금(庚金), 유(酉) 중 신금(辛金) 인수(印綬)로 득세(得勢)했고, 년월일이 모두 생왕(生旺)으로 최강의 사주가 되었다.

甲 丙 甲 丙
子 子 寅 寅
胎 胎 生 生

이 사주는 갑(甲)일생이 인(寅)월에 태어나 득령(得令)했고, 년시 갑목(甲木) 비견(比肩), 일시지(日時支) 자(子) 중 계수(癸水) 인수(印綬)로 득세(得勢)했다. 또 년월지(年月支) 인(寅) 건록(建祿)을 놓아 득지(得地)하여 최강의 사주가 되었다.

2) 중강사주

甲 辛 辛 戊
午 巳 酉 戌
病 死 建 帶

이 사주는 신(辛)일생이 유(酉)월에 태어나 득령(得令)했고, 또 생년 무토(戊土), 년지(年支) 술(戌) 중 무토(戊土) 인수(印綬), 월간(月干) 신금(辛金), 월지(月支) 유(酉) 중 신금(辛金) 비견(比肩)이 있어 득세(得勢)했는데, 일시(日時)에 사병(死病)과 일지(日支) 사(巳) 중 병화(丙火), 시지(時支) 오(午) 중 정화(丁火), 년지(年支) 술(戌) 중 정화(丁火) 관성(官星)이 있어 약지(弱地)가 되어 중강 사주가 되었다.

壬	丁	己	丙
寅	卯	亥	午
死	病	胎	建

이 사주는 정화(丁火)일생이 해(亥)월에 태어나 실령(失令)했으나, 생년 병오화(丙午火), 일시(日時) 정임합목(丁壬合木), 일시지(日時支) 인묘(寅卯), 월일지(月日支)에 해묘목국(亥卯木局)이 있어 득세(得勢)했고, 생년 오(午)에 득지(得地)하고 인오화국(寅午火局)을 이루어 중강 사주가 되었다.

3) 소강사주

丁	癸	壬	丁
巳	巳	子	巳
胎	胎	建	胎

이 사주는 계(癸)일생이 자(子)월에 태어나 득령(得令)했으나 금수(金水)의 생조(生助)를 많이 받지 못하여 득세(得勢)하지 못했고, 년월시지(年月時支) 태(胎)로 득지(得地)하지 못하고, 년일시에서 재(財)를 만나 약해지니 소강 사주가 되었다.

丙 壬 乙 甲

午 寅 亥 寅

胎 病 建 病

이 사주는 임(壬)일생이 년상(年上) 갑목(甲木)과 년일지(年日支) 인목(寅木)으로 설기(泄氣)가 심하고, 시상(時上) 병화(丙火), 시지(時支) 오화(午火)를 극하여 신약(身弱)이 되었다. 그러나 다행히 생월에 득령(得令)하여 소강에 해당하는 사주가 되었다.

4) 최약사주

己 甲 乙 庚

巳 午 酉 申

病 死 胎 絶

이 사주는 갑(甲)일생이 유(酉)월에 태어나 실령(失令)했고, 다봉관살(多逢官殺, : 年上 庚金, 偏官) 년지(年支) 신(申) 중 경금(庚

金) 편관(偏官), 월지(月支) 유(酉) 중 신금(辛金) 정관(正官))에 다봉설기(多逢泄氣, 日支 午 丁火, 時支 巳 丙火 食傷)했을 뿐 아니라 무인무조(無印無助)되어 실세(失勢)했다. 또 년월지(年月)에서 절태(絶胎), 일시지(日時支)에서 병사(病死)하여 최약 사주이다.

丙 庚 壬 乙
子 寅 午 卯
死 絶 沐 胎

이 사주는 경(庚)일생이 오(午)월에 태어나 실령(失令)했고, 년월일시(年月日時)에서 무인무조(無印無助)로 다봉재합살(多逢財合殺)으로 극신(剋身)하여 실세(失勢)했고, 또 일시(日時)에서 절사(絶死)로 실지(失地)하여 최약의 사주가 되었다.

5) 중약사주

壬 丙 丙 甲
辰 寅 子 子
帶 生 胎 胎

이 사주는 병(丙)일생이 자(子)월에 태어나 실령(失令)했고, 년월지(年月支) 자수(子水)와 시상(時上) 임수(壬水)로 최약으로 보인다. 그러나 다행히 년상(年上) 갑목(甲木) 인수(印綬)가 일지(日支) 인목(寅木)에 착근(着根)하여 일시지(日時支) 인진목국(寅辰木局)으로 생조(生助)하고, 일지(日支) 인궁(寅宮)에 병화(丙火) 장생(長生)으로 득지(得地)하여 중약 사주가 되었다.

辛 丙 丁 乙

卯 申 亥 亥

沐 病 絶 絶

이 사주는 병(丙)일생이 해(亥)월에 태어나 실령(失令)했고, 병신(丙申)일로 일주(日柱)가 쇠약하여 실지(失地)이나, 년상(年上) 을목(乙木)이 시지(時支) 묘목(卯木)에 착근(着根)하여 해묘(亥卯)로 목국(木局)을 이루고, 정화(丁火)가 투출(透出)하여 중약 사주이다.

6) 소약사주

壬 乙 乙 乙

午 亥 酉 卯

生 死 絶 建

이 사주는 을(乙)일생이 유(酉)월에 태어나 실령(失令)했으나 년월일시(年月日時)에 다봉비견인수지조(多逢比肩印綬之助)하여 득세(得勢)했고, 지지(地支)에 묘해(卯亥)로 득지(得地)하여 소약에 해당하는 사주가 되었다.

庚 壬 申 辛
戊 子 午 酉
帶 旺 胎 沐

이 사주는 임(壬)일생이 년상(年上) 신금(辛金), 년지(年支) 유(酉) 중 신금(辛金), 시상(時上) 경금(庚金), 일지(日支) 자(子) 중 계수(癸水)로 득세(得勢)했고, 일지(日支) 자(子)에 왕하여 착근(着根)하여 태왕(太旺)하다. 그러나 오(午)월 염염한 임수(壬水)이니 실령(失令)했고, 월시(月時) 오술(午戌)로 재국(財局)을 이루어 소약에 해당하는 사주가 되었다.

소강과 소약은 같은 것 같으나 다르다. 소강은 강한 사주가 실(失)을 많이 하고, 소약은 약한 사주가 득(得)을 많이 한 것이다. 그리고 최강과 최약은 그리 좋지 않은 것이 원칙이나 최강이라도 관살(官殺)이 잘 배치되거나 설정영(泄精英)되면 좋고, 최약이라도 종살(從殺)·종재(從財)·종아(從我)가 있으면 좋다. 따라서 이 법도 길흉을 판단하는 전부가 아니라 어떤 범주를 세우는 한 방법일 뿐이다. 왕상휴수사법(旺相休囚死法)에 비하면 한층 구체적이고 전진한 법으로 격국(格局) 용신(用神)의 기초에 중요한 자료이다.

8장. 용신격국론(用神格局論)

1. 용신(用神)

일주(日柱)는 체(體)이고 용신(用神)은 정신(精神)이다. 체(體)는 사장이며 용신(用神)은 지배인이다. 그외 고용인은 희신(喜神)・기신(忌神)・구신(仇神)・구신(救神)에 해당한다. 용신(用神)을 돕는 것은 희신(喜神)이고, 해(害)가 되는 것은 기신(忌神)이다.

체신(體神)이 있어야 용신(用神)이 있고, 용신(用神)의 활동에 따라 체신(體神)의 길흉흥쇠가 달라진다. 체신(體神)은 아신(我身), 즉 일주(日柱)이다. 나의 길흉은 용신(用神)의 작용에 따라 달라지니 서로 떨어질 수 없는 인연이 있다. 용신(用神)운과 희신(喜神)운이 오면 만사가 형통한다.

※ 용어 해설

용신(用神) : 나에게 이로운 것이다.

희신(喜神) : 용신(用神)을 돕는 것이며, 약신(藥神)이라고도 한다.

기신(忌神) : 나에게 해로운 것이며, 병신(病神)이라고도 한다.

구신(仇神) : 구(仇)는 원수라는 뜻이다. 조격신(阻隔神)이라고도 하며, 희신(喜神)을 파극(破剋)한다.

구신(救神) : 구(救)는 구제한다는 뜻이다. 통관신(通關神)이라고도 하며, 사주에 기신(忌神)이 있으면 기신(忌神)을 화(化)하거나 기신(忌神)에서 생화(生化)된다.

한신(閑神) : 용신(用神)이나 일주(日柱)에게 무해무덕한 간지(干支)를 말한다.

1) 용신(用神)의 종류

(1) 일간용신(日干用神)

일간(日干)을 생조하는 육신이 많으면 신강(身强 : 身旺)이라 하고, 일간(日干)을 억제하는 육신이 많으면 신약(身弱)이라 한다. 일간(日干)이 강하면 일간(日干)을 억제하는 식신(食神)・상관(傷官)이나 재관(財官)이 용신(用神)이고, 일간(日干)이 약하면 일간(日干)을 생해주는 인성(印星)이나 비겁(比劫)이 용신(用神)이다.

(2) 억부용신(抑扶用神)

일간용신(日干用神法)과 같다. 강하면 설하거나 제거해야 하고, 약하면 같은 오행이 있거나 도와주는 오행이 있어야 한다.

(3) 조후용신(調候用神)

사람은 모두 천지의 기후를 받아 생명을 지니므로 사주도 기후의 조절이 중요한데, 이것을 조후용신(調候用神)이라 한다. 만약 난조(暖燥)가 과하면 우로(雨露)로 윤택하게 해야 하고, 한습(寒濕)이 과하면 태양의 열로 화창하게 해야 한다. 이것은 생극제화(生剋制化)하는 법이 아니라 기후의 조화가 좋은지 나쁜지에 따라 운명의 흥쇠에 큰 작용을 하니 조후용신(調候用神)은 중요하다.

(4) 병약용신(病藥用神)

건강을 해치는 것이 병이듯이 사주의 중화를 해치는 것이 병이고, 그 병을 제거하는 것이 약이다. 가령 신약(身弱) 사주가 인수(印綬)에 의존하는데, 인수(印綬)를 해치는 재성(財星)이 있으면 재성(財星)이 곧 병이고, 재성(財星)을 제거하는 비견(比肩)·겁재(劫財)가 약이다. 병이 있는데 약이 있으면 치유되어 발전할 수 있지만 약이 없으면 발전을 기대할 수 없다. 병약설을 가장 강조하는 『명리정종(命理正宗)』에 '대병자(大病者)는 대귀하고 무병자(無病者)는 평범하다' 라는 말이 있다.

(5) 전왕용신(專旺用神)

어느 한 오행이 사주팔자를 독점한 경우, 극왕한 그 대세를 건드릴 수 없어 전왕(專旺)한 왕신(旺神)을 그대로 용신(用神)으로 택하는 것을 말한다. 예를 들어 무인(戊寅)년 을묘(乙卯)월 을묘(乙卯)일 무인(戊寅)시생이라면 목(木)이 전권을 잡아 무토(戊土)가 발붙일 곳이 없으니 극왕한 목(木)을 누르면서 허약한 토(土)를 생부(生扶)하면 오히려 큰 파란이 일어난다. 따라서 왕목(旺木)을 그대로 도와주고 생해주는 것이 개운하는 열쇠가 된다.

(6) 통관용신(通關用神)

상극하는 두 오행이 대등하게 대립할 때 이쪽과 저쪽을 통하게 해주는 것을 통관용신(通關用神)이라고 한다. 예를 들어 금(金)과 목(木)이 금극목(金剋木)으로 상극할 때 중간에 수(水)가 있으면 금생수(金生水)・수생목(水生木)하여 화해된다. 따라서 통관(通關)은 흉신이 변하여 길신(用神)이 된다.

① 금목(金木)이 상극할 때는 수(水)가 통관용신(通關用神)이다.
② 토수(土水)가 상극할 때는 금(金)이 통관용신(通關用神)이다.
③ 목토(木土)가 상극할 때는 화(火)가 통관용신(通關用神)이다.
④ 수화(水火)가 상극할 때는 목(木)이 통관용신(通關用神)이다.
⑤ 화금(火金)이 상극할 때는 토(土)가 통관용신(通關用神)이다.

이것을 다시 육신관계로 보면 다음과 같다.

① 재성(財星)과 인성(印星)이 상극할 때는 관성(官星)이 통관용신(通關用神)이다.

② 인성(印星)과 식상(食傷)이 상극할 때는 비겁(比劫)이 통관용신(通關用神)이다.

③ 관성(官星)과 비겁(比劫)이 상극할 때는 인성(印星)이 통관용신(通關用神)이다.

④ 식상(食傷)과 관성(官星)이 상극할 때는 재성(財星)이 통관용신(通關用神)이다.

⑤ 비겁(比劫)과 재성(財星)이 상극할 때는 식상(食傷)이 통관용신(通關用神)이다.

2. 격국(格局)

4길신(正財 · 正官 · 正印 · 食神)은 순용(順用)하는 것을 용신(用神)으로 삼고, 4흉신(七殺 · 傷官 · 偏印 · 偏財 · 羊刃)은 역용(逆用)하는 것을 용신(用神)으로 삼는다. 그러나 인성(印星)도 태과하면 편인(偏印)이 되고, 정관(正官)도 과다하면 칠살(七殺)이 되고, 식신(食神)도 과다하면 상관(傷官)이 되고, 정재(正財)도 과다하면 편재(偏財)가 되고, 겁재(劫財)도 과다하면 양인(羊刃)이 되니 역용(逆用)이 가능하다.

역용(逆用)이란 생화(生化)보다 극제(剋制)로 다스리는 것이다. 예를 들면 정관(正官)의 순용(順用)은 인수(印綬), 칠살(七殺)의 역용(逆用)은 식신(食神), 정재(正財)의 순용(順用)은 재왕생관(財

旺生官), 편재(偏財)의 역용(逆用)은 득비이재(得比理財)이다.

① 여기(餘氣) · 중기(中氣) · 정기(正氣) 중에서 정기(正氣)가 투출(透出)하면 무조건 격으로 잡고, 여기(餘氣)와 중기(中氣)는 투출(透出)한 것을 격으로 정한다.
② 초기(初氣)와 중기(中氣)가 동시에 투출(透出)하면 월지(月支)에서 회합하여 투출(透出)한 천간(天干)을 돕는 것을 격으로 정한다.
③ 여기(餘氣) · 중기(中氣) · 정기(正氣) 모두 투출(透出)하지 않았으면 월지(月支)의 본기(本氣)로 격을 정한다.
④ 비견(比肩) · 겁재(劫財)가 투출(透出)했으면 일간(日干)과 같은 기이니 격으로 정할 수 없고, 정관(正官)이 투출(透出)했으면 정관격(正官格)으로 보고, 재(財)가 투출(透出)했으면 재격(財格)으로 본다.
⑤ 4왕지(旺支 : 子午卯酉)월은 여기(餘氣)나 정기(正氣) 중 어느 것이 투출(透出)했거나 투출(透出)한 것이 하나도 없어도 무조건 월지(月支)로 격을 정한다. 단 오병기정(午丙己丁)은 기토(己土)가 투출(透出)했으면 격을 정할 수 있다.
⑥ 4묘지(墓支 : 辰戌丑未)월은 장간(藏干)이 혼잡되어 잡기(雜氣)라고 하는데, 진(辰) 중에 투출(透出)한 지장간(支藏干)으로 격을 정한다.
⑦ 월지(月支)에서 투출(透出)한 천간(天干)을 합거(合去)하면 격

을 잡을 수 없으나 용신(用神)은 잡을 수 있다.

⑧ 4생지(生支 : 寅申巳亥)월의 여기(餘氣)인 무토(戊土)는 격을 잡을 수 없고, 중기(中氣)와 정기(正氣) 중에서 격을 잡는다.

3. 격국(格局)에 따라 용신(用神) 잡는 법

격국(格局)에 따라 용신(用神)은 각양각색이고, 같은 격국(格局)이어도 적용하는 방법은 여러 가지이다. 이를 종합적으로 쉽고 빠르게 선택하는 원리와 방법은 다음과 같다.

1) 정관격(正官格)

(1) 정관용관격(正官用官格)

① 일간(日干)이 강하고 비견(比肩)·겁재(劫財)가 많으면 비견(比肩)·겁재(劫財)가 병(病)이 되므로 비견(比肩)·겁재(劫財)를 억누르는 관성(官星)이 용신(用神)이다.

(2) 정관용재격(正官用財格)

① 일간(日干)이 강하고 인수(印綬)가 많으면 관성(官星)이 더욱더 허약해지니 인수(印綬)를 누르고 관성(官星)을 보강하는 재성(財星)이 용신(用神)이다.

② 일간(日干)이 강하고 식신(食神)·상관(傷官)이 많으면 재성(財

星)을 용신(用神)으로 삼아 식신(食神)·상관(傷官)을 설기(泄氣)하며 관성(官星)을 도와야 한다.

(3) 정관용겁격(正官用劫格)

① 일간(日干)이 약하고 정관(正官)을 돕는 재성(財星)이 많으면 재성(財星)을 누르고 일주(日柱)를 돕는 비견(比肩)·겁재(劫財)가 용신(用神)이다.

(4) 정관용인격(正官用印格)

① 일간(日干)이 약하고 정관(正官)을 도와주는 재성(財星)이 많으면 재성(財星)을 누르고 일주(日柱)를 도와주는 비견(比肩)·겁재(劫財)가 용신(用神)이다. 그러나 비견(比肩)·겁재(劫財)가 없으면 인수(印綬)가 용신(用神)이다.

② 일간(日干)이 약하고 관살(官殺)이 많으면 인수(印綬)를 용신(用神)으로 삼아 관살(官殺)을 설기(泄氣)하고 일주(日柱)를 생부(生扶)해야 한다.

③ 일간(日干)이 약하고 식신(食神)·상관(傷官)이 많으면 인수(印綬)를 용신(用神)으로 삼아 식신(食神)·상관(傷官)을 설기(泄氣)하며 일주(日柱)를 생부(生扶)해야 한다.

2) 편관격(偏官格) : 칠살격(七殺格)

(1) 칠살용살격(七殺用殺格)

① 일간(日干)이 강하고 비견(比肩)·겁재(劫財)가 많으면 비견(比

肩)·겁재(劫財)가 병(病)이 되니 비견(比肩)·겁재(劫財)를 억누르는 관살(官殺 : 七殺)이 용신(用神)이다.

(2) 칠살용재격(七殺用財格)

① 일간(日干)이 강하고 인수(印綬)가 많으면 관살(官殺)이 더욱더 허약해지니 인수(印綬)를 누르고 관살(官殺)을 보호하는 재성(財星)이 용신(用神)이다.

② 일간(日干)이 강하고 식신(食神)·상관(傷官)이 많으면 재성(財星)을 용신(用神)으로 삼아 식신(食神)·상관(傷官)을 설기(泄氣)하며 관살(官殺)을 도와야 한다.

(3) 칠살용식상격(七殺用食傷格)

① 일간(日干)이 강하고 관살(官殺)이 많으면 식신(食神)·상관(傷官)을 용신(用神)으로 삼아 관살(官殺)을 억제한다.

(4) 칠살용겁격(七殺用劫格)

① 일간(日干)이 약하고 재성(財星)이 많으면 재성(財星)을 누르고 일주(日柱)를 돕는 비견(比肩)·겁재(劫財)가 용신(用神)이다.

(5) 칠살용인격(七殺用印格)

① 일간(日干)이 약하고 관살(官殺)을 돕는 재성(財星)이 많으면 재성(財星)을 누르고 일원(日元)를 돕는 비견(比肩)·겁재(劫財)가 용신(用神)이다. 그러나 비견(比肩)·겁재(劫財)가 없으면 인수(印綬)가 용신(用神)이다.

② 일간(日干)이 약하고 관살(官殺)이 많으면 인수(印綬)를 용신(用神)으로 삼아 관살(官殺)을 설기(泄氣)하며 일주(日柱)를 도와야 한다.

③ 일간(日干)이 약하고 식신(食神)·상관(傷官)이 많으면 인수(印綬)를 용신(用神)으로 삼아 일간(日干)을 도와주며 식신(食神)·상관(傷官)을 억제한다.

3) 정재격(正財格)·편재격(偏財格)

(1) 재용재격(財用財格)

① 일간(日干)이 강하고 인수(印綬)가 많으면 재성(財星)을 용신(用神)으로 삼아 인수(印綬)를 눌러야 한다.

② 일간(日干)이 강하고 식신(食神)·상관(傷官)이 많으면 재성(財星)을 용신(用神)으로 삼아 식신(食神)·상관(傷官)을 설기(泄氣)하며 관살(官殺)을 도와야 한다.

③ 일간(日干)이 강하고 관살(官殺)이 많은데 상관(傷官)이 없으면 재성(財星)이 용신(用神)이다.

(2) 재용식상격(財用食傷格)

① 일간(日干)이 강하고 비견(比肩)·겁재(劫財)가 많으면 식신(食神)·상관(傷官)으로 재성(財星)을 도와주어야 한다.

(3) 재용관살(官殺)격(財用官殺格)

① 일간(日干)이 강하고 비견(比肩)·겁재(劫財)가 많으면 비견(比

肩)·겁재(劫財)가 병(病)이 되니 비견(比肩)·겁재(劫財)를 누르는 관성(官星)이 용신(用神)이다.

(4) 재용인격(財用印格)

① 일간(日干)이 약하고 관살(官殺)이 많으면 인수(印綬)를 용신(用神)으로 삼아 관살(官殺)을 설기(泄氣)하며 일간(日干)을 생해주어야 한다.

② 일간(日干)이 약하고 식신(食神)·상관(傷官)이 많으면 인수(印綬)를 용신(用神)으로 삼아 식신(食神)·상관(傷官)을 누르고 일주(日柱)를 생해준다.

(5) 재용비겁격(財用比劫格)

① 일간(日干)이 약하고 재성(財星)이 많으면 비견(比肩)·겁재(劫財)를 용신(用神)으로 삼아 일간(日干)을 돕고 재성(財星)을 눌러준다.

4) 인수격(印綬格)

(1) 인수용재격(印綬用財格)

① 일간(日干)이 강하고 인수(印綬)가 많으면 재성(財星)을 용신(用神)으로 삼아 인수(印綬)를 누르고 관살(官殺)을 생부(生扶)한다.

② 일간(日干)이 강하고 식신(食神)·상관(傷官)이 많으면 재성(財星)을 용신(用神)으로 삼아 식신(食神)·상관(傷官)을 설기(泄

氣)하며 관성(官星)을 돕는다.

(2) 인용관살격(印用官殺格)

① 일간(日干)이 강하고 비견(比肩)·겁재(劫財)가 많으면 비견(比肩)·겁재(劫財)가 병(病)이 되니 비견(比肩)·겁재(劫財)를 억누르는 관살(官殺)이 용신(用神)이다.

② 일간(日干)이 강하고 재성(財星)이 많으면 관살(官殺)을 용신(用神)으로 삼아 재성(財星)을 누르고 인수(印綬)를 보호한다.

(3) 인용식상격(印用食傷格)

① 일간(日干)이 강한데 비견(比肩)·겁재(劫財)가 많고 관살(官殺)이 있으면 관살(官殺)을 용신(用神)으로 삼고, 관살(官殺)이 없으면 식신(食神)·상관(傷官)을 용신(用神)으로 삼아 일간(日干)을 설기(泄氣)시킨다.

(4) 인수용인격(印綬用印格)

① 일간(日干)이 약한데 관살(官殺)이 많으면 인수(印綬)를 용신(用神)으로 삼아 관살(官殺)을 설기(泄氣)하고 일주(日柱)를 도와준다.

② 일간(日干)이 약하고 식신(食神)·상관(傷官)이 많으면 인수(印綬)를 용신(用神)으로 삼아 일간(日干)을 도와주며 식신(食神)·상관(傷官)을 누른다.

③ 일간(日干)이 약하고 관살(官殺)을 돕는 재성(財星)이 많으면

재성(財星)을 누르고 일주(日柱)를 돕는 비견(比肩)·겁재(劫財)가 용신(用神)이다. 만일 비견(比肩)·겁재(劫財)가 없으면 인수(印綬)가 용신(用神)이다.

(5) 인수용겁격(印綬用劫格)

① 일간(日干)이 약하고 재성(財星)이 많으면 재성(財星)을 누르며 일주(日柱)를 돕는 비견(比肩)·겁재(劫財)가 용신(用神)이다.

5) 식신격(食神格)

(1) 식신용재격(食神用財格)

① 일간(日干)이 강하고 인수(印綬)가 많으면 관성(官星)이 더욱 더 허약해지니 인수(印綬)를 누르고 관성(官星)을 보강하는 재성(財星)이 용신(用神)이다.

② 일간(日干)이 강하고 식신(食神)·상관(傷官)이 많으면 재성(財星)을 용신(用神)으로 삼아 식신(食神)·상관(傷官)을 설기(泄氣)하며 관성(官星)을 도와준다.

③ 일간(日干)이 강하고 관살(官殺)이 많은데 상관(傷官)이 없으면 재성(財星)이 용신(用神)이다.

(2) 식신용관살격(食神用官殺格)

① 일간(日干)이 강하고 비견(比肩)·겁재(劫財)가 많으면 비견(比肩)·겁재(劫財)가 병이 되니 비견(比肩)·겁재(劫財)를 억누르

는 관살(官殺)이 용신(用神)이다.

② 일간(日干)이 강하고 재성(財星)이 많으면 관살(官殺)을 용신(用神)으로 삼아 재성(財星)을 누르며 인수(印綬)를 보호한다.

(3) 식신용식상격(食神用食傷格)

① 일간(日干)이 강한데 비견(比肩)·겁재(劫財)가 많고 관살(官殺)이 있으면 관살(官殺)을 용신(用神)으로 삼고, 관살(官殺)이 없으면 식신(食神)·상관(傷官)을 용신(用神)으로 삼아 일간(日干)을 설기(泄氣)시킨다.

(4) 식신용인격(食神用印格)

① 일간(日干)이 약하고 관살(官殺)이 많으면 인수(印綬)를 용신(用神)으로 삼아 관살(官殺)을 설기(泄氣)하고 일주(日柱)를 도와준다.

② 일간(日干)이 약하고 식신(食神)·상관(傷官)이 많으면 인수(印綬)를 용신(用神)으로 삼아 일간(日干)을 도와주며 식상(食傷)을 누른다.

③ 일간(日干)이 약하고 관살(官殺)을 도와주는 재성(財星)이 많으면 재성(財星)을 누르고 일주(日柱)를 도와주는 비견(比肩)·겁재(劫財)가 용신(用神)이다. 만일 비겁(比劫)이 없으면 인수(印綬)가 용신(用神)이다.

(5) 식신용겁격(食神用劫格)

① 일간(日干)이 약하고 재성(財星)이 많으면 재성(財星)을 누르고

일주(日柱)를 돕는 비견(比肩)·겁재(劫財)가 용신(用神)이다.

6) 상관격(傷官格)

(1) 상관용재격(傷官用財格)

① 일간(日干)이 강하고 인수(印綬)가 많으면 관성(官星)이 더욱 더 허약해지니 인수(印綬)를 누르고 관성(官星)을 보강하는 재성(財星)이 용신(用神)이다.

② 일간(日干)이 강하고 식신(食神)·상관(傷官)이 많으면 재성(財星)을 용신(用神)으로 삼아 식신(食神)·상관(傷官)을 설기(泄氣)하며 관성(官星)을 돕는다.

③ 일간(日干)이 강하고 관살(官殺)이 많은데 상관(傷官)이 없으면 재성(財星)이 용신(用神)이다.

(2) 상관용살격(傷官用殺格)

① 일간(日干)이 강하고 비견(比肩)·겁재(劫財)가 많으면 비견(比肩)·겁재(劫財)가 병(病)이 되니 비견(比肩)·겁재(劫財)를 억누르는 관살(官殺)이 용신(用神)이다.

② 일간(日干)이 강하고 재성(財星)이 많으면 관살(官殺)을 용신(用神)으로 삼아 재성(財星)을 누르고 인수(印綬)를 보호한다.

(3) 상관용인격(傷官用印格)

① 일간(日干)이 약하고 식신(食神)·상관(傷官)이 많으면 인수(印

綬)를 용신(用神)으로 삼아 일간(日干)을 돕고 식신(食神)·상관(傷官)을 누른다.

② 일간(日干)이 약하고 관살(官殺)이 많으면 인수(印綬)를 용신(用神)으로 삼아 관살(官殺)을 설기(泄氣)하며 일간(日干)을 도와준다.

③ 일간(日干)이 약하고 관살(官殺)을 돕는 재성(財星)이 많으면 비견(比肩)·겁재(劫財)가 용신(用神)이다. 만일 비겁(比劫)이 없으면 인수(印綬)가 용신(用神)이다.

(4) 상관용겁격(傷官用劫格)

① 일간(日干)이 약하고 재성(財星)이 많으면 재성(財星)을 누르고 일간(日干)을 돕는 비견(比肩)·겁재(劫財)가 용신(用神)이다.

(5) 목화상관격(木火傷官格)

목화상관격(木火傷官格)은 관성(官星)이 용신(用神)이고, 목화진상관격(木火眞傷官格)은 인수(印綬)가 용신(用神)이다. 신약상관격(身弱傷官格)은 진상관격(眞傷官格)이라 하고, 신왕상관격(身旺傷官格)격은 가상관격(假傷官格)이라고 한다.

(6) 화토상관격(火土傷官格)

화토상관격(火土傷官格)은 인수(印綬)가 용신(用神)이다.

(7) 토금상관격(土金傷官格)

토금상관격(土金傷官格)은 인수(印綬)가 용신(用神)이다.

(8) 금수상관격(金水傷官格)

금수상관격(金水傷官格)은 관성(官星)이 용신(用神)이다.

(9) 수목상관격(水木傷官格)

수목상관격(水木傷官格)은 재성(財星)이 용신(用神)이다.

7) 건록격(建祿格)

① 신강(身强)하고 재성(財星)이 많으면 관살(官殺)이 용신(用神)이고, 관살(官殺)이 없으면 식신(食神)·상관(傷官)이 용신(用神)이다.

② 신강(身强)하고 식신(食神)·상관(傷官)이 많으면 재성(財星)이 용신(用神)이다.

③ 신강(身强)하고 관살(官殺)이 많으면 재성(財星)이 용신(用神)이다.

④ 비견(比肩)·겁재(劫財)가 많으면 관살(官殺)이 용신(用神)이다.

⑤ 인수(印綬)가 많으면 재성(財星)이 용신(用神)이다.

⑥ 신약(身弱)하고 재성(財星)이 많으면 비견(比肩)·겁재(劫財)가 용신(用神)이다.

⑦ 신약(身弱)하고 관살(官殺)이 많으면 인수(印綬)가 용신(用神)이다.

⑧ 신약(身弱)하고 식신(食神)·상관(傷官)이 많으면 인수(印綬)가 용신(用神)이다.

8) 양인격(羊刃格) : 월인격(月刃格)

① 관살(官殺)이 약하면 재성(財星)이 용신(用神)이다.
② 관살(官殺)이 강하면 인성(印星)이 용신(用神)이다.
③ 신강(身强)하고 식신(食神)·상관(傷官)이 많으면 재성(財星)이 용신(用神)이다.
④ 비견(比肩)·겁재(劫財)가 많으면 관살(官殺)이 용신(用神)이다.
⑤ 인수(印綬)가 많으면 재성(財星)이 용신(用神)이다.
⑥ 식신(食神)·상관(傷官)이 많으면 인성(印星)이 용신(用神)이다.

9) 종격(從格)

① 종왕격(從旺格)은 비견(比肩)·겁재(劫財)가 용신(用神)이다.
② 종강격(從强格)은 인수(印綬)·비견(比肩)·겁재(劫財)가 용신(用神)이다.
③ 종재격(從財格)은 재성(財星)이 용신(用神)이다.
④ 종살격(從殺格)은 칠살(七殺)이 용신(用神)이다.

⑤ 종아격(從兒格)은 식신(食神) · 상관(傷官)이 용신(用神)이다.

10) 화격(化格)

① 갑기화토격(甲己化土格)은 토(土)가 용신(用神)이다.
② 을경화금격(乙庚化金格)은 금(金)이 용신(用神)이다.
③ 병신화수격(丙辛化水格)은 수(水)가 용신(用神)이다.
④ 정임화목격(丁壬化木格)은 목(木)이 용신(用神)이다.
⑤ 무계화화격(戊癸化火格)은 화(火)가 용신(用神)이다.

11) 일행득기격(一行得氣格)

① 곡직격(曲直格)은 목(木)이 용신(用神)이다.
② 염상격(炎上格)은 화(火)가 용신(用神)이다.
③ 가색격(稼穡格)은 토(土)가 용신(用神)이다.
④ 종혁격(從革格)은 금(金)이 용신(用神)이다.
⑤ 윤하격(潤下格)은 수(水)가 용신(用神)이다.

12) 양기성상격(兩氣成象格)

① 목화(木火) 양기성상격(兩氣成象格)은 화(火)가 용신(用神)이다.
② 화토(火土) 양기성상격(兩氣成象格)은 토(土)가 용신(用神)이다.

③ 토금(土金) 양기성상격(兩氣成象格)은 금(金)이 용신(用神)이다.
④ 금수(金水) 양기성상격(兩氣成象格)은 수(水)가 용신(用神)이다.
⑤ 수목(水木) 양기성상격(兩氣成象格)은 목(木)이 용신(用神)이다.

양기성상격(兩氣成象格)은 오행이 상극일 때는 양기상적격(兩氣相敵格)이라 하며 일반 내격(內格)의 취용법과 같다. 양기상적격(兩氣相敵格)에는 토수양기상적격(土水兩氣相敵格)·수화양기상적격(水火兩氣相敵格)·화금양기상적격(火金兩氣相敵格)·금목양기상적격(金木兩氣相敵格)·목토양기상적격(木土兩氣相敵格) 등이 있다.

9장. 격국(格局)에 따른 용신작명법(用神作名法)

1. 정관격(正官格)

1) 정관용관격(正官用官格)

乙	戊	丙	癸		己	庚	辛	壬	癸	甲	乙
卯	辰	辰	亥		酉	戌	亥	子	丑	寅	卯

이 사주는 무(戊)일 진(辰)월생이 시상(時上) 을목(乙木) 관성(官星)이 투간(透干)하여 정관격(正官格)이다. 무(戊)일생이 진(辰)중 무토(戊土)에 착근(着根)했는데 월상(月上) 병화(丙火)가 생하니 신왕(身旺)하다. 일간(日干)이 강하고 비겁(比劫)이 많으면 관성(官星)이 용신(用神)인데, 토(土)가 왕하고 목(木)이 약하니 재성(財星)이 희신(喜神)이다. 재고(財庫)가 월일지(月日支)에 있으

니 양배성가(良配成家)하고 계(癸)운부터 행정에 출세하여 46세까지 순조롭게 진출하고, 해(亥)대운은 만사형통이나 무(戌)운 이후에는 불길하다.

☞ 작명요령 : 이 사주는 수목(水木)이 희용신(喜用神)이니 해자인묘(亥子寅卯)에 해당하는 한자로 작명한다.

2) 정관용재격(正官用財格)

戊	己	甲	癸		丁	戊	己	庚	辛	壬	癸
辰	未	寅	丑		未	申	酉	戌	亥	子	丑

이 사주는 기(己)일 인(寅)월생으로 월상(月上) 갑목(甲木) 정관(正官)이 투간(透干)하여 정관격(正官格)이다. 기(己)일생이 시상(時上) 무토(戊土) 년지(年支) 축(丑) 중 기토(己土), 일지(日支) 미(未) 중 기토(己土), 시지(時支) 진(辰) 중 무토(戊土) 비겁(比劫)이 태왕(太旺)한데, 일지(日支) 미(未) 중 정화(丁火)가 생하니 신왕(身旺)하다. 월상(月上) 갑목(甲木)은 월지(月支) 인(寅) 중 갑목(甲木), 시지(時支) 진(辰) 중 을목(乙木)에 착근(着根)하여 목관(木官)이 왕하다. 그러니 관왕(官旺)을 좋아하여 년상(年上) 계수(癸水)가 용신(用神)인데, 계수(癸水) 역시 년지(年支) 축(丑) 중 계수(癸水)에 착근(着根)하여 아름답다. 초중년 서북운에 대귀했고,

무기토(戊己土)운에 불리했다.

☞ 작명요령 : 이 사주는 금수(金水)가 희용신(喜用神)이니 신유해자(申酉亥子)에 해당하는 한자로 작명한다.

3) 정관용겁격(正官用劫格)

일간(日干)이 약하고 재성(財星)이 많으면 비견(比肩)·겁재(劫財)가 용신(用神)이다. 인성(印星) 비견(比肩)·겁재(劫財)운으로 가면 만사형통하고, 재관(財官)운으로 가면 만사불통이다.

己	乙	庚	戊		癸	甲	乙	丙	丁	戊	己
卯	丑	申	申		丑	寅	卯	辰	巳	午	未

이 사주는 을(乙)일 무(戊)월생으로 월지(月支) 신(申) 중 경금(庚金)이 월상(月上)에 투간(透干)하여 정관격(正官格)이다. 을(乙)일생이 신(申)월에 실령(失令)했고, 월상(月上) 경금(庚金) 관성(官星)이 왕한데 년상(年上) 무토(戊土), 시상(時上) 기토(己土), 일지(日支) 축(丑) 중 기토(己土)를 왕한 재성(財星)이 생하니 관성(官星)이 더욱더 왕하여 시지(時支) 묘(卯) 중 을목(乙木)이 용신(用神)이다. 신(申)과 묘(卯)에 현침성(縣針星)이 있으니 치과의사이고, 운이 실기하여 재물이 불성이며 가정도 실패한다. 고생하

다 50세부터 친구의 도움으로 개업하여 발재했다. 약한 목(木)이 왕운을 만났기 때문이다. 을묘갑인계(乙卯甲寅癸)운은 길하고 축(丑)운은 왕금(旺金)이 유력하여 불길하다.

☞ 작명요령 : 이 사주는 수목(水木)이 희용신(喜用神)이니 해자인묘(亥子寅卯)에 해당하는 한자로 작명한다.

4) 정관용인격(正官用印格)

丁	戊	乙	癸		壬	辛	庚	己	戊	丁	丙
巳	子	卯	亥		戌	酉	申	未	午	巳	辰

이 사주는 무(戊)일 묘(卯)월에 태어나 월지(月支) 묘(卯) 중 을목(乙木)이 월상(月上)에 투간(透干)하여 정관격(正官格)이다. 무(戊)일생이 묘(卯)월에 태어나 실령(失令)했고, 년상(年上) 계수(癸水), 년지(年支) 해(亥) 중 임수(壬水), 일지(日支) 자(子) 중 계수(癸水) 재성(財星)이 왕하다. 월상(月上) 을목(乙木), 월지(月支) 묘(卯) 중 을목(乙木) 관성(官星)이 있으니 일간(日干)이 약하다. 일간(日干)이 약하고 재관(財官)이 왕하니 시상(時上) 정화(丁火) 인성(印星)이 용신(用神)이다.

병진정사(丙辰丁巳)운에는 부유한 가정에서 태어나 성장했고, 무(戊)운에 출가하여 기미(己未)운까지는 남편이 출세했다. 화(火)가 용신(用神)이니 자식궁이 길하여 아들 둘이 명랑하고, 경신(庚申)운에 목(木)을 극제(剋制)하니 길하고, 신유(辛酉)운도 무흠(無欠)이다. 그러나 임(壬)운은 용신(用神) 정화(丁火)를 합거(合去)하여 불길하다.

☞ 작명요령 : 이 사주는 목화(木火)가 희용신(喜用神)이니 인묘사오(寅卯巳午)에 해당하는 한자로 작명한다.

丙	己	甲	戊		辛	庚	己	戊	丁	丙	乙
寅	卯	寅	寅		酉	申	未	午	巳	辰	卯

이 사주는 기(己)일 인(寅)월생으로 월지(月支) 인(寅) 중 갑목(甲木)이 월상(月上)에 투간(透干)하여 정관격(正官格)이다. 관살(官殺)이 왕하여 신약(身弱)하니 시상(時上) 병화(丙火) 인수(印綬)가 용신(用神)이다. 남방 화(火)운 좋고 금(金)운도 좋은데 사주에 습기가 없다. 그러나 금(金)운에 왕목(旺木)을 작파하여 생화(生火)하면 길할 것이다.

☞ 작명요령 : 이 사주는 목화(木火)가 희용신(喜用神)이니 인묘사오(寅卯巳午)에 해당하는 한자로 작명한다.

5) 유관거살격(留官去殺格)

정관격(正官格)에 살이 투간(透干)하여 관살(官殺) 혼잡이 되면 흉한데, 살을 합거(合去)하고 정관(正官)을 남기면 사주가 맑아진다. 정관(正官)을 충극(沖剋)하는 식상(食傷)운을 꺼린다.

丁	丁	癸	戊		丙	丁	戊	己	庚	辛	壬
未	酉	亥	戌		辰	巳	午	未	申	酉	戌

정(丁)일 해(亥)월생으로 정화(丁火)가 일지(日支) 유금(酉金)에 앉아 있고, 월상(月上) 계수(癸水) 칠살(七殺)이 투출(透出)하여 태약(太弱)하다. 그러나 시상(時上) 정화(丁火) 비견(比肩)이 돕고, 기신(忌神) 계수(癸水)를 무토(戊土)가 합거(合去)하여 정계충(丁癸沖)을 막아 정관격(正官格)을 맑게 하니 더 빼어난 명이 되었다.

신유(辛酉)·경신(庚申)대운에는 재생관(財生官)하여 남편이 입신양명했으나 기미(己未)·무오(戊午)대운에는 상관견관(傷官見官)하여 순조롭지 못했다. 정사(丁巳)대운에 정계충(丁癸沖)으로 무계합(戊癸合)이 해소되어 격국(格局)이 탁해지고, 사해충(巳亥沖)으로 정관격(正官格)을 파극(破剋)하여 부부가 세상을 떠났다.

☞ 작명요령 : 이 사주는 년간(年干) 무양토(戊陽土)가 용신(用神)이니 진술(辰戌)에 해당하는 한자로 작명한다.

2. 편관격(編官格)

1) 칠살용살격(七殺用殺格)

辛	庚	丙	甲		甲	癸	壬	辛	庚	己	戊	丁
巳	戌	寅	申		戌	酉	申	未	午	巳	辰	卯

이 사주는 경(庚)일 인(寅)월에 태어나 실령(失令)했으나 인비(印比)가 중중하여 득세(得勢)하니 신강(身强)하다. 병화(丙火) 관성(官星)이 용신(用神)이고, 갑목(甲木)이 희신(喜神)이다.

정묘(丁卯)대운은 목화(木火) 희용신(喜用神)운이니 부귀한 가문에서 태어나 다복하게 성장했으나 무(戊)운에 불운했고, 진(辰)대운에는 갑목(甲木)이 득지(得地)하여 만사가 형통하다, 기사(己巳)대운 중 기(己)운에 갑기합(甲己合)으로 침체되었고, 오(午)대운에 화용신(火用神)이 득왕(得旺)하여 대귀했다. 신(辛)대운에 병신합(丙辛合)으로 용신(用神)이 합거(合去)하여 세상을 떠났다.

☞ 작명요령 : 이 사주는 목화(木火)가 희용신(喜用神)이니 인묘사오(寅卯巳午)에 해당하는 한자로 작명한다.

2) 칠살용재격(七殺用財格)

일간(日干)이 강하고 인수(印綬)가 많으면 재성(財星)이 용신(用神)이니, 식상(食傷)운이나 재성(財星)운으로 가면 도처가 춘풍이고, 정관(正官)·인성(印星)·비겁(比劫)운으로 가면 추풍낙엽의 운이다. 만일 일간(日干)이 강하고 식신(食神)·상관(傷官)이 많으면 재성(財星)이 용신(用神)이니 재관(財官)운으로 가면 길하고, 비견(比肩)·겁재(劫財)운으로 가면 불길하다.

癸	癸	庚	己	壬	癸	甲	乙	丙	丁	戊	己
亥	丑	午	酉	戌	亥	子	丑	寅	卯	辰	巳

이 사주는 계(癸)일 오(午)월에 태어나고 월지(月支) 오(午) 중 기토(己土)가 년상(年上)에 투간(透干)하여 편관격(偏官格)이다. 계(癸)일생이 오(午)월에 태어나 실령(失令)했으니 신약(身弱)인데 월상(月上) 경금(庚金), 년지(年支) 유(酉) 중 신금(辛金), 일지(日支) 축(丑) 중 신금유축(辛金酉丑) 금국(金局) 인성(印星)이 왕하고, 시상(時上) 계수(癸水), 시지(時支) 해(亥) 중 임수(壬水) 비겁(比劫)이 있으니 신약(身弱)이 신강(身强)으로 변했다. 년상(年上) 기토(己土) 편관(偏官)은 월상(月上) 경금(庚金) 인성(印星)을 설하는데 오(午) 중 기토(己土)에 착근(着根)하고, 월지(月支) 오(午) 중 정화(丁火)의 생조(生助)를 받으니 유정하다. 일간(日干)이 강

하고 인성(印星)이 많으면 재성(財星)이 용신(用神)이다.

병인(丙寅)운에 화용신(火用神)을 도와주니 육군대장이 되었다가 을목(乙木)운에 년상(年上) 기토(己土) 관성(官星)을 극하여 퇴역한 어느 장군의 사주이다.

☞ 작명요령 : 이 사주는 목화(木火)가 희용신(喜用神)이니 인묘사오(寅卯巳午)에 해당하는 한자로 작명한다.

3) 칠살용식상격(七殺用食傷格) : 식신제살격(食神制殺格)

일간(日干)이 강하고 관살(官殺)이 많으면 식신(食神)·상관(傷官)이 용신(用神)이니 식상(食傷)운으로 가면 이름을 떨치고, 인성(印星)운으로 가면 도처에서 화가 속출한다.

甲	壬	戊	戊		乙	甲	癸	壬	辛	庚	己
辰	辰	午	辰		丑	子	亥	戌	酉	申	未

이 사주는 임(壬)일 오(午)월생으로 년상(年上) 무토(戊土)가 투출(透出)하여 칠살격(七殺格)이다. 임수(壬水)가 삼진고(三辰庫)에 통근(通根)하여 능히 식상제살(食傷制殺)이 가능하다.

계해(癸亥)운에 갑목(甲木)이 득장생(得長生)하여 대귀했다가, 갑자(甲子)운에 오(午)를 충하여 대왕살국(大旺殺局)을 충기(沖起)시켜 불록(不祿)했다. 식신제살격(食神制殺格)은 살이 왕하면 식신(食神)으로 격퇴시키는 것이다.

☞ 작명요령 : 이 사주는 목(木)이 용신(用神)이니 인묘(寅卯)에 해당하는 한자로 작명한다.

丁	乙	己	庚		丙	乙	甲	癸	壬	辛	庚
丑	酉	卯	申		戌	酉	申	未	午	巳	辰

이 사주는 을(乙)일 묘(卯)월생으로 득령(得令)했으나 년상(年上) 경금(庚金)이 투출(透出)하고 유축신금(酉丑申金)이 득세(得勢)하니 신강(身强)이 약으로 변했다. 비록 정관(正官) 경금(庚金)이라도 시(時) 중 정화(丁火) 식신(食神)으로 극제(剋制)함이 가하다.

임(壬)운에 약한 일주(日柱)를 도와 길한듯 하나 용신(用神) 정화(丁火)를 합거(合去)하니 부모가 패가했고, 오화(午火)대운에 정화(丁火)가 득록(得祿)하여 최고의 운을 맞았고, 계수(癸水)운은 용신(用神) 정화(丁火)를 충극(沖剋)하니 불운했다. 미(未)대운은 묘미합(卯未合)으로 일주(日柱)가 기세를 얻어 분발했으나 신(申)운에 고생하고 유(酉)운에 묘유충(卯酉沖)으로 대흉했다.

☞ 작명요령 : 이 사주는 화(火)가 용신(用神)이니 사오(巳午)에 해당하는 한자로 작명한다.

4) 칠살용겁격(七殺用劫格)

丙 庚 丙 丁　　戊 己 庚 辛 壬 癸 甲 乙
子 申 午 酉　　戌 亥 子 丑 寅 卯 辰 巳

이 사주는 경(庚)일 오(午)월에 태어나고 월지(月支) 오(午) 중 정화(丁火)가 투간(透干)하여 칠살격(七殺格)이다. 경금(庚金)이 신(申) 건록(建祿)을 얻었으나 관살(官殺)이 득세(得勢)하니 신약(身弱)하다. 비겁(比劫)으로 일간(日干)을 돕고 식상(食傷)으로 제살(制殺)해야 한다.

초년 목화(木火)운에는 불운했으나, 신축(辛丑)・경자(庚子)대운에 장관직에 올라 공명을 얻고 사업이 번창하여 부까지 얻었다.

☞ 작명요령 : 이 사주는 금수(金水)가 희용신(喜用神)이니 신유해자(申酉亥子)에 해당하는 한자로 작명한다.

5) 칠살용인격(七殺用印格) : 살중용인격(殺重用印格)

甲 戊 甲 戊　　壬 辛 庚 己 戊 丁 丙 乙
寅 午 寅 子　　戌 酉 申 未 午 巳 辰 卯

이 사주는 무(戊)일 인(寅)월에 태어나고 월지(月支) 인(寅) 중 갑목(甲木)이 월간(月干)에 투간(透干)하여 편관격(偏官格)에 해당한다. 월시지(月時支) 인목(寅木)에 월시상(月時上) 갑목(甲木)이 녹근하여 토쇠살왕(土衰殺旺)이 분명하다. 다행히 무토(戊土) 일간(日干)이 일지(日支) 오화(午火)의 생조(生助)를 받고 인오합(寅午合)으로 화국(火局)을 이루어 살인상생(殺印相生)이 된다. 자오(子午) 상충(相沖)으로 자수(子水) 재성(財星)을 두려워 하는데 그 자수(子水)는 인(寅)을 생하여 오(午)를 충하지 않으니 인(寅)에 통관(通關)되어 화(火)를 돕는다.

남방 화(火)운에 등과하여 대귀하고 토(土)운 역시 길했다. 살중용인격(殺重用印格)은 적장의 칼(七殺)이 두려워 책사(印星)를 보내 포섭하는 계략이라고 할 수 있다.

☞ 작명요령 : 이 사주는 화(火)가 용신(用神)이니 사오(巳午)에 해당하는 한자로 작명한다.

6) 관살혼잡격(官殺混雜格)

정관(正官)과 칠살(七殺)이 모두 투출(透出)하면 관살(官殺)혼잡이라 하는데, 칠살(七殺)을 합거(合去)하여 관(官)을 남기거나 일주(日柱) 신왕(身旺)하면 식상(食傷)운이 길하고, 신약(身弱)하면 인수(印綬)운이 길하다.

戊	辛	丙	丁		己	庚	辛	壬	癸	甲	乙
子	酉	午	酉		亥	子	丑	寅	卯	辰	巳

이 사주는 신(辛)일 오(午)월에 태어나고, 병정(丙丁) 관살(官殺)이 모두 투간(透干)하여 관살(官殺)혼잡이 되었다. 일주(日柱)가 신약(身弱)하니 일간(日干)을 돕는 운이 좋고, 인수(印綬)가 있으니 식상(食傷)운도 무방하나 재관(財官)운은 꺼린다.

을사(乙巳)・갑진(甲辰)・계묘(癸卯)・임인(壬寅)대운은 모두 불운하여 고생했으나 신축(辛丑)・경자(庚子)대운에 일주(日柱)를 돕고 제살(制殺)하니 장관직에 올라 20년 동안 부귀를 누렸다.

☞ 작명요령 : 이 사주는 금수(金水)가 희용신(喜用神)이니 신유해자(申酉亥子)에 해당하는 한자로 작명한다.

7) 거관유살격(去官留殺格)

거관유살격(去官留殺格)이란 정관(正官)을 합하고 칠살(七殺)을 남기는 것을 말한다. 관살(官殺)혼잡된 것을 맑게 한다는 의미에서는 좋지만 살을 합거(合去)하여 정관(正官)을 남긴 것보다는 격이 떨어진다. 관살(官殺)혼잡은 대개 신약(身弱)하기 때문에 재생살(財生殺)하는 것을 매우 꺼리고, 식상(食傷)운도 흉하며 인비(印比)운으로 향해야 길하다.

丁	辛	丙	壬	癸	壬	辛	庚	己	戊	丁
酉	亥	午	戌	丑	子	亥	戌	酉	申	未

이 사주는 신(辛)일 오(午)월생으로 월지(月支) 오(午) 중 정화(丁火)가 시상(時上)에 투간(透干)하여 편관격(偏官格)이다. 병화(丙火) 정관(正官)이 투출(透出)하여 관살(官殺)혼잡을 이루는데 임병충(壬丙沖)으로 정관(正官)을 제거하고 칠살(七殺)을 남겨 거관유살격(去官留殺格)을 이루었다.

정미(丁未)대운은 정임합거(丁壬合去)하여 임수(壬水)를 제거하니 학업을 중단하고 불운했으나 무신(戊申)대운부터 사업이 발전하여 경술신해(庚戌辛亥)운에 큰 부를 이루었다.

☞ 작명요령 : 이 사주는 임수(壬水)가 용신(用神)이니 해자(亥子)에 해당하는 한자로 작명한다.

8) 재자약살격(財滋弱殺格)

재자약살격(財滋弱殺格)은 재(財)로 약한 칠살(七殺)을 돕는다는 뜻이다. 칠살(七殺)이 비록 흉신이나 재격(財格)에 군겁(群劫)을 이루면 칠살(七殺)로 비겁(比劫)을 격퇴시켜야 한다. 칠살격(七殺格)에 인수(印綬)가 태왕(太旺)하여 살이 무력하면 재생살(財生殺)하여 칠살(七殺)을 돕는 것을 재자약살격(財滋弱殺格)이라 한다.

庚	庚	丙	己	戊	己	庚	辛	壬	癸	甲	乙
辰	申	寅	酉	午	未	申	酉	戌	亥	子	丑

이 사주는 경(庚)일 인(寅)월생으로 재격(財格)인데 비겁(比劫)이 중중하여 군겁(群劫)의 위태로움이 있다. 마땅히 병화(丙火) 칠살(七殺)을 재생살(財生殺)하여 비겁(比劫)을 다스려야 한다. 사주의 구성은 빼어나지만 목화(木火)운으로 향해야 하는데 금수(金水)운으로 흘러 아쉽다. 갑자(甲子)·계해(癸亥)운은 약간 발전하고 고군분투했으나 결국 신경(申庚)대운에 세상을 하직했다.

☞ 작명요령 : 이 사주는 목화(木火)가 희용신(喜用神)이니 인묘사오(寅卯巳午)에 해당하는 한자로 작명한다.

9) 살인상생격(殺印相生格)

살인상생(殺印相生)이란 칠살격(七殺格)에 인수(印綬)가 투출(透出)하여 약한 일주(日柱)를 돕는 것이다. 살중용인격(殺重用印格)은 인수(印綬)가 지지(地支)에서 회합하여 일주(日柱)를 상생하고 살인상생격(殺印相生格)은 인수(印綬)가 천간(天干)에 투간(透干)하여 살인상생을 이룬다. 용신(用神)이 천간(天干)과 지지(地支)에 따른 차이만 있을뿐 큰 차이는 없다. 칠살격(七殺格)을 장수라고 한다면 살중용인격(殺重用印格)은 덕장이고, 살인상생격(殺印相生

格)은 지장이라고 할 수 있다.

丁	己	乙	戊	壬	辛	庚	己	戊	丁	丙
卯	巳	卯	午	戌	酉	申	未	午	巳	辰

이 사주는 기(己)일 묘(卯)월에 태어나고 월지(月支) 묘(卯) 중 을목(乙木)이 투출(透出)하여 편관격(偏官格)이다. 기(己)일 묘(卯)월생이라 실령(失令)했으나 인수(印綬)·비겁(比劫)의 도움으로 신왕살왕(身旺殺旺)이다.

무(戊)운에 고등고시에 합격했고, 27세에 생남(生男)하여 20년간 남방 화(火)운에 검사로 승승장구했고, 경(庚)운에 검찰총장이 되니 원국에서 제살(制殺)하지 못했고 또 조열한 편이었는데 금(金)이 작목생화(斫木生火)하는 한편 금(金) 중에 습기가 있는 이치이다. 신(申)운에 대법원으로 영전했고 신(辛)운에 지방청으로 전출했으나 흠이 없으며, 유(酉)운도 길하고 임(壬)운에 용신(用神) 정화(丁火)를 합거(合去)하면 퇴직할 것이다.

☞ 작명요령 : 이 사주는 정화(丁火)가 용신(用神)이니 사오(巳午)에 해당하는 한자로 작명한다.

10) 살인상정격(殺印相停格)

칠살(七殺)이 왕하여 신약(身弱)할 때 양인(羊刃)이 합살(合殺)하여 칠살(七殺)의 횡포에서 환화시켜 주는 것을 살인상정격(殺印相停格)이라 한다.

甲	丙	壬	丁	庚	己	戊	丁	丙	乙	甲	癸
午	子	子	亥	申	未	午	巳	辰	卯	寅	丑

이 사주는 노무현 대통령 부인 권양숙 씨의 명이다. 병(丙)일 자(子)월에 태어나 임수(壬水) 칠살(七殺)이 투출(透出)했으나 갑목(甲木) 인수(印綬)로 화살생신(化殺生身)하고, 오(午) 중 정화(丁火)가 투출(透出)하여 정임(丁壬) 합살(合殺)하여 살인상정(殺印相停)의 대귀격을 이루었다. 무오(戊午)대운에 남편인 노무현이 대통령에 당선되었다.

☞ 작명요령 : 이 사주는 목화(木火)가 희용신(喜用神)이니 인묘사오(寅卯巳午)에 해당하는 한자로 작명한다.

11) 살경제과격(殺輕制過格) : 제살태과격(制殺太過格)

살경제과격(殺輕制過格)이란 식상(食傷)이 중하여 칠살(七殺)이 약해진 경우를 말한다. 재관(財官)운이 길하고 인수(印綬)운도 무방하나 식상(食傷)운은 흉하다.

戊	辛	己	丁		癸	甲	乙	丙	丁	戊
子	亥	酉	亥		卯	辰	巳	午	未	申

이 사주는 신(辛)일 유(酉)월에 태어나고 정화(丁火)가 투출(透出)하여 칠살격(七殺格)이다. 년일시지(年日時支)에 식상(食傷)이 중하여 칠살(七殺) 정화(丁火)가 위태롭다. 무기토(戊,己土) 인성(印星)으로 식상(食傷)을 다스려 칠살(七殺)을 보호해야 한다.

병오(丙午) 을사(乙巳) 대운에 승승장구하여 길했으나 갑진(甲辰) 대운에 갑기합(甲己合)으로 희신(喜神)이 무력하고, 자진합(子辰合)으로 식상(食傷) 수(水) 기운이 동하니 칠살(七殺)이 더욱 약해져 큰 손재를 당했다.

☞ 작명요령 : 이 사주는 목화(木火)가 희용신(喜用神)이니 인묘사오(寅卯巳午)에 해당하는 한자로 작명한다.

12) 살중제경격(殺重制輕格)

살중제경격(殺重制輕格)이란 칠살(七殺)이 중하고 살을 극제(剋制)하는 식상(食傷)이 약한 경우를 말한다. 식상(食傷)운이 길하고 재관(財官)운은 흉하다.

甲 辛 丁 壬　　乙 甲 癸 壬 辛 庚 己 戊
午 丑 未 辰　　卯 寅 丑 子 亥 戌 酉 申

이 사주는 신(辛)일 미(未)월에 태어나고 정화(丁火)가 투출(透出)하여 칠살격(七殺格)이다. 정화(丁火)가 오미(午未)에 통근(通根)하여 신왕살왕강(身旺殺旺强)하니 식상(食傷)으로 극제(剋制)해야 한다. 신해(辛亥)·임자(壬子)·계축(癸丑)대운에 북방 수(水)운으로 향하여 칠살(七殺)을 다스리니 대귀했다.

☞ 작명요령 : 이 사주는 임수(壬水)가 용신(用神)이니 해자(亥子)에 해당하는 한자로 작명한다.

3. 재백격(財帛格)

1) 재용재격(財用財格)

己 乙 壬 癸　　乙 丙 丁 戊 己 庚 辛
卯 亥 戌 亥　　卯 辰 巳 午 未 申 酉

이 사주는 을(乙)일 술(戌)월에 태어나고 월지(月支) 술(戌) 중 무토(戊土)로 격을 정하여 정재격(正財格)이다. 을(乙)일생이 술(戌)월에 실령(失令)했고, 시상(時上)에 기토(己土)가 있어 신약(身弱)으로 보이나 년상(年上) 계수(癸水)와 월상(月上) 임수(壬水) 투출(透出)하고 해(亥)에 착근(着根)하여 인수(印綬) 득세(得勢)로 신강(身强)으로 변했다. 무토(戊土) 재성(財星)으로 용신(用神)을 삼으니 재용재격(財用財格)이다.

신유경신(辛酉庚申)운은 왕목(旺木)을 극제(剋制)하니 부잣집에서 태어나 성장했고, 기미(己未)·무오(戊午)·정사(丁巳)·병진(丙辰) 대운에 풍족했다. 을묘(乙卯)대운은 용신(用神)을 극제(剋制)하여 불운했다.

☞ 작명요령 : 이 사주는 무토(戊土)가 용신(用神)이니 진술(辰戌)에 해당하는 한자로 작명한다.

庚	庚	己	乙	壬	癸	甲	乙	丙	丁	戊
辰	申	卯	未	申	酉	戌	亥	子	丑	寅

이 사주는 경(庚)일 묘(卯)월에 태어나고 월지(月支) 묘(卯) 중 을목(乙木) 재성(財星)이 년상(年上)에 투간(透干)하여 정재격(正財格)이다. 경(庚)일생이 실령(失令)했으나 인비(印比)가 득세(得勢)하여 신왕(身旺)하다. 월령(月令) 재성(財星)이 용신(用神)이니

재용재격(財用財格)이다. 자(子)대운부터 을해(乙亥)·갑(甲)대운까지 큰 재물을 모아 거부가 되었고, 술(戌)운에 곤고하다가 신(申)운에 재물을 파하고 출가하여 수도하다가 죽었다.

丁	癸	丙	庚		己	庚	辛	壬	癸	甲	乙
巳	亥	戌	申		卯	辰	巳	午	未	申	酉

계(癸)일 술(戌)월에 실령(失令)했으나 비겁(比劫)·인수(印綬)가 중하여 신약(身弱)하지 않아 능히 재(財)를 감당하니 재성(財星)이 용신(用神)이다. 남방 화(火)운에 거부가 된 여자의 명조이다.

☞ 작명요령 : 이 사주는 목화(木火)가 희용신(喜用神)이니 목화(木火)에 해당하는 한자로 작명한다.

2) 재용식상격(財用食傷格) : 식신생재격(食神生財格)

일간(日干)이 강하고 비견(比肩)·겁재(劫財)가 많으면 식신(食神)·상관(傷官)이 용신(用神)이다. 식신(食神)·상관(傷官)운으로 가면 발복하고, 인성(印星)·비겁(比劫)운으로 가면 화를 당한다.

丙	甲	戊	甲		乙	甲	癸	壬	辛	庚	己
寅	子	辰	寅		亥	戌	酉	申	未	午	巳

이 사주는 갑(甲)일 진(辰)월생으로 월지(月支) 진(辰) 중 무토(戊土)가 투간(透干)하여 편재격(偏財格)이다. 비겁(比劫)이 중중하여 신강(身强)하니 병화(丙火) 식신(食神)이 용신(用神)이다.

초년 기사(己巳)운에 부귀한 가문에서 태어났고, 경오(庚午)대운에는 관직에 나갔고, 신(辛)운은 용신(用神) 병화(丙火)를 합거(合去)하여 상배(喪配)했고 가정도 불운하다가 미(未)운에 재혼했으나 임신계(壬申癸)운에 불길함이 많으며 유(酉)운에 건강이 좋지 않았으니 병화(丙火)가 유(酉) 사지(死地)이기 때문이다. 사주의 격은 좋으나 운이 뒷받침되지 않아 크게 발달하지 못했다.

☞ 작명요령 : 이 사주는 병화(丙火) 용신(用神)이니 사오(巳午)에 해당하는 한자로 작명한다.

庚	庚	甲	癸		丁	戊	己	庚	辛	壬	癸
辰	申	寅	亥		未	申	酉	戌	亥	子	丑

경(庚)일 인(寅)월에 태어났고 인(寅) 중 갑목(甲木)이 투간(透干)하여 편재격(偏財格)이다. 경(庚)일 인(寅)월에 실령(失令)했으나 경금(庚金)이 투출(透出)하여 녹지(祿地)에 앉아 신왕(身旺)하다. 일주(日柱)가 신왕(身旺)하니 상관(傷官)으로 재성(財星)을 생조하는 상관생재격(傷官生財格)이다. 식상(食傷)이 용신(用神)이니 식재(食財)운이 길하나 인수(印綬)·비겁(比劫)운을 꺼린다.

초년 계축(癸丑)대운부터 임자(壬子)·신해(辛亥)대운까지 용신(用神)운으로 흘러 사업으로 대성하여 거부가 되었으나 경술(庚戌)·기(己)대운에 큰 손실을 보았다.

☞ 작명요령 : 이 사주는 계수(癸水)가 용신(用神)이니 해자(亥子)에 해당하는 한자로 작명한다.

3) 재용관살격(財用官殺格)

일간(日干)이 강하고 비견(比肩)·겁재(劫財)가 많으면 관성(官星)이 용신(用神)이다. 관성(官星)운으로 가면 만사가 형통하고, 인성(印星)·비겁(比劫)운으로 가면 만사가 뜻대로 되지 않는다.

己	辛	甲	庚		辛	庚	己	戊	丁	丙	乙
丑	酉	寅	酉		酉	申	未	午	巳	辰	卯

이 사주는 여명으로 신(辛)일 인(寅)월에 태어나고 월지(月支) 인(寅)중 갑목(甲木)이 월상(月上)에 투간(透干)하여 정재격(正財格)에 해당한다. 신(辛)일월생이 정월 차가운 계절에 태어나 년일지(年日支)에 유금(酉金)이 있고 금토(金土)가 왕성하여 신강(身强)하니 인(寅) 중 병화(丙火) 관성(官星)이 억부(抑扶)와 조후(調候)를 병용하여 더욱 빼어나다.

을묘(乙卯)·병진(丙辰)운은 용신(用神) 화관성(火官星)을 도와주니 부귀한 가정에서 생장했고 정사(丁巳)·무오(戊午)대운까지는 남편이 출세했고 자식도 준수하여 순로를 향했으나 경신(庚申)운에 인신(寅申) 상충(相沖)으로 불운할 것이다.

☞ 작명요령 : 이 사주는 목화(木火)가 희용신(喜用神)이니 인묘사오(寅卯巳午)에 해당하는 한자로 작명한다.

4) 재용인격(財用印格)

癸	丁	庚	癸		癸	甲	乙	丙	丁	戊	己
卯	卯	申	丑		丑	寅	卯	辰	巳	午	未

이 사주는 정(丁)일 신(申)월에 태어나고 금수(金水) 재관(財官)이 득세(得勢)하여 신약(身弱)하니 묘목(卯木) 인수(印綬)로 화관(化官)하는 용신(用神)을 삼는다.

남방 화토(火土)운에 출사하고, 병술(丙戌)년에 발재하여 가업이 번창했다. 진(辰)운에 소흉했으나 이후 을묘(乙卯)·갑인(甲寅) 용신(用神) 대운으로 흘러 재정이 풍족했는데, 묘목(卯木) 용신(用神)이 초목이라 인삼을 재배하여 성공했다.

☞ 작명요령 : 이 사주는 목화(木火)가 희용신(喜用神)이니 인묘사

오(寅卯巳午)에 해당하는 한자로 작명한다.

5) 재용겁격(財用劫格)

甲	乙	戊	己		辛	壬	癸	甲	乙	丙	丁
申	酉	辰	巳		酉	戌	亥	子	丑	寅	卯

이 사주는 을(乙)일 진(辰)월에 태어나고 월지(月支) 진(辰)중 무토(戊土)가 월상(月上)에 투간(透干)하여 정재격(正財格)이다. 재관(財官)이 중하여 신약(身弱)하니 시상(時上) 갑목(甲木) 겁재(劫財)를 취하여 재용겁격(財用劫格)이다.

정묘(丁卯)·병인(丙寅)운에 부가생장(富家生長)하여 부족함이 없었고, 축(丑)운에 부친상을 당했으나 갑자(甲子)·계해(癸亥)·임(壬)대운까지 흥성했다. 술(戌)운에 진술충(辰戌沖)하여 갑목(甲木)의 뿌리가 흔들리니 위태롭고 신유(辛酉)대운도 불길하다.

☞ 작명요령 : 이 사주는 목화(木火)가 희용신(喜用神)이니 인묘사오(寅卯巳午)에 해당하는 한자로 작명한다.

6) 재다신약격(財多身弱格)

재다신약격(財多身弱格)은 재(財)가 왕하여 일원(日元)이 신약(身

弱)한 것을 말한다. 비겁(比劫)이 재성(財星)을 극제(剋制)하니 용신(用神)이고, 인성(印星)이 재(財)를 도와주니 희신(喜神)이다. 인성(印星)이 없었으면 귀하게 되지 못하지만 부를 얻을 수는 있다.

甲	甲	乙	戊		壬	辛	庚	己	戊	丁	丙
戌	戌	丑	辰		申	未	午	巳	辰	卯	寅

갑(甲)일 축(丑)월에 태어나고 재성(財星)이 태왕(太旺)하여 신약(身弱)하니 재다신약격(財多身弱格)이다. 시상(時上) 갑목(甲木)이 용신(用神)이며 진(辰)중 계수(癸水) 인수(印綬)가 희신(喜神)이다. 그런데 재성(財星)운으로 흘러 역행하니 무진(戊辰)대운에 사업을 실패하고, 기사(己巳)대운도 뜻대로 되는 일이 없었다.

☞ 작명요령 : 이 사주는 수목(水木)이 희용신(喜用神)이니 인묘해자(寅卯亥子)에 해당하는 한자로 작명한다.

7) 신왕재왕격(身旺財旺格)

庚	丙	乙	乙		戊	己	庚	辛	壬	癸	甲
寅	午	酉	丑		寅	卯	辰	巳	午	未	申

이 사주는 병(丙)일 유(酉)월에 태어나고 월지(月支) 유(酉) 중

경금(庚金)이 투간(透干)하여 편재격(偏財格)에 해당한다. 병(丙)일 유(酉)월에 실령(失令)하고 재성(財星) 경금(庚金)이 투간(透干)하여 신약(身弱)한듯 하나 인오(寅午) 회합하여 일원(日元)을 돕고, 을목(乙木) 인수(印綬)가 투간(透干)하여 신왕재왕격(身旺財旺格)이다. 신왕재왕(身旺財旺)하면 재성(財星)를 상충(相沖)하는 운을 꺼린다. 신사(辛巳)·경진(庚辰)대운에 큰 부자가 되었으나 기묘(己卯)대운에 묘유(卯酉) 상충(相沖)하니 아내와 사별하고 재산을 탕진했다.

☞ 작명요령 : 이 사주는 금수(金水)가 희용신(喜用神)이니 신유해자(申酉亥子)에 해당하는 한자로 작명한다.

8) 군비겁쟁재격(群比劫爭財格)

군비겁쟁재격(群比劫爭財格)이란 재격(財格)에 비겁(比劫)이 무리를 지어 재(財)를 겁탈하는 형국을 말한다. 재물이 흩어지고 처자와 인연이 박하고 거주지가 불안하고 직업의 변동이 많아진다. 만약 부유한 집안에 태어났다면 재물을 얻어도 유산상속 문제로 형제간에 불화한다.

丁	丙	丙	丙		癸	壬	辛	庚	己	戊	丁
酉	寅	申	申		卯	寅	丑	子	亥	戌	酉

병(丙)일 신(申)월에 태어나 편재격(偏財格)이다. 병정(丙丁) 비겁(比劫)이 무리를 지어 신금(申金) 재성(財星)을 분탈하여 군겁쟁재격(群劫爭財格)이다. 평생 직업이 불안하고 의식주가 곤궁했다. 알콜중독으로 정신분열 증세가 있어 이혼하고, 신(申) 역마성(驛馬星)이 있어 택시운전을 하다 강제퇴직당하자 분을 품고 경자(庚子)대운에 불을 질러 수많은 인명을 살상하고는 감옥에 들어갔다.

☞ 작명요령 : 이 사주는 화금(火金) 쟁극(爭剋)을 통관(通關)하는 진축토(辰丑土)에 해당하는 한자로 작명한다.

9) 득비이재격(得比理財格)

庚	丙	丙	辛		戊	己	庚	辛	壬	癸	甲	乙
寅	午	申	酉		子	丑	寅	卯	辰	巳	午	未

이 사주는 병(丙)일 신(申)월에 태어나고 경금(庚金)이 인오(寅午)에서 장생(長生)과 양인(羊刃)을 얻어 신강(身强)한듯 하나, 병신합수(丙辛合水)하여 신약(身弱)으로 변했다. 목화(木火)가 희용신(喜用神)이고, 금수(金水)가 기신(忌神)이다.

초년 을미(乙未)·갑오(甲午)대운은 목화(木火) 희신(喜神)운이니 다복한 가정에서 태어나 어려움이 없었고, 계(癸)대운은 다소 불운했으나 사(巳)대운은 화용신(火用神)이 득왕(得旺)하여 크게 발전했다. 임진(壬辰) 중 임(壬)대운은 수(水) 기신(忌神)이 득왕(得旺)하여 불길했고, 진(辰)대운에 진유합(辰酉合)으로 금국(金局)이 되어 화용신(火用神)이 병사궁(病死宮)이 되어 파가탕진하고 말았다.

☞ 작명요령 : 이 사주는 목화(木火)가 희용신(喜用神)이니 인묘사오(寅卯巳午)에 해당하는 한자로 작명한다.

4. 인수격(印綬格)

1) 인수용재격(印綬用財格)

乙	甲	丙	己	甲	癸	壬	辛	庚	己	戊	丁
亥	子	子	亥	申	未	午	巳	辰	卯	寅	丑

갑(甲)일 자(子)월에 태어나 인수국(印綬局)을 이루어 신왕(身旺)하니 식재(食財)가 희용신(喜用神)이다. 병화(丙火)가 조후(調候)를 겸하고 용신(用神) 재성(財星)을 생조(生助)하니 빼어난 명조이다. 상공부장관을 배명받은 바 있는 임영신 여사의 명조이다.

☞ 작명요령 : 이 사주는 병화(丙火)가 용신(用神)이니 사오(巳午)에 해당하는 한자로 작명한다.

甲 癸 辛 癸　癸 甲 乙 丙 丁 戊 己 庚
寅 亥 酉 丑　丑 寅 卯 辰 巳 午 未 申

이 사주는 계(癸)일 유(酉)월에 태어났고, 월령(月令) 유(酉) 중 신금(辛金)이 월상(月上)에 투간(透干)하여 편인격(偏印格)에 해당한다. 인(寅) 중 병화(丙火) 재성(財星)을 조습하니 조후(調候)를 병행하는 용신(用神)으로 하고, 식신(食神)을 부조(扶助)하는 희신(喜神)으로 삼는다. 무오(戊午)대운에 부와 명예가 따랐고, 정사(丁巳)・병(丙)대운까지 왕성하다가 진(辰)운은 습하여 불리했고, 을묘(乙卯)・갑인(甲寅)운까지는 평탄할 것이다.

☞ 작명요령 : 이 사주는 목화(木火)가 희용신(喜用神)이니 인묘사오(寅卯巳午)에 해당하는 한자로 작명한다.

2) 인수용관살격(印綬用官殺格)

戊 壬 庚 癸　癸 甲 乙 丙 丁 戊 己
申 申 申 丑　丑 寅 卯 辰 巳 午 未

임(壬)일 신(辛)월에 태어났고 월지(月支) 신(申) 중 경금(庚金)이 월상(月上)에 투간(透干)하여 편인격(偏印格)이다. 금수(金水)가 태왕(太旺)하여 신왕(身旺)하니 관살(官殺)로 용신(用神)을 삼는다. 칠살(七殺) 무토(戊土)가 축토(丑土)에 착근(着根)했는데 무력하니 대귀격은 되지 못한다. 그러나 대운이 남방 화(火)운으로 향하여 칠살(七殺)을 부조(扶助)하니 사주의 부족함을 충족했다.

초년 남방 화(火)운에 권직에 올랐고, 을(乙)운에 무토(戊土)가 쇠하니 퇴직하여 상업으로 생계를 이었고, 갑인(甲寅)운에 고전하다 계(癸)운에는 무계합(戊癸合)으로 용신(用神)이 합거(合去)하니 불길할 것이다.

☞ 작명요령 : 이 사주는 화토(火土)가 희용신(喜用神)이니 사오진술(巳午辰戌)에 해당하는 한자로 작명한다.

庚	壬	己	壬	辛	壬	癸	甲	乙	丙	丁	戊
戌	申	酉	辰	丑	寅	卯	辰	巳	午	未	申

이 사주는 임(壬)일 유(酉)월에 태어났고 월지(月支) 유(酉) 중 경금(庚金)이 시상(時上)에 투간(透干)하여 편인격(偏印格)이다. 임일주(壬日柱)가 유(酉)월 금왕절(金旺節)에 태어나 금수(金水)가 왕성하고 기토(己土)가 약한데 화(火) 기운이 없어 귀명이 되지 못한다. 그러나 남방 화(火)운으로 달리니 부족함을 보완했다.

정미(丁未) · 병오(丙午) · 을사(乙巳) 대운에 부유했으나 갑진(甲辰)대운에 갑기합(甲己合)으로 용신(用神)을 합거(合去)하고, 진유합(辰酉合)하여 관성(官星) 뿌리를 배반하니 간지불순(干支不順)

이라 사망했다.

☞ 작명요령 : 이 사주는 목화(木火)가 희용신(喜用神)이니 인묘사오(寅卯巳午)에 해당하는 한자로 작명한다.

3) 인용식상격(印用食傷格)

일간(日干)이 강하고 비견(比肩)·겁재(劫財)가 많으면 관살(官殺)이 용신(用神)이다. 그러나 관살(官殺)이 없으면 식신(食神)·상관(傷官)으로 용신(用神)을 삼는다. 식신(食神)·상관(傷官)운에는 출세하고, 인성(印星)·비겁(比劫)운에는 화를 당한다.

辛	壬	辛	辛	己	戊	丁	丙	乙	甲	癸	壬
亥	寅	丑	酉	酉	申	未	午	巳	辰	卯	寅

이 사주는 임(壬)일생이 축(丑)월에 태어났고 월지(月支) 축(丑) 중 신금(辛金)이 월상(月上)에 투간(透干)하여 잡기정인격(雜氣正印格)에 해당한다. 임(壬)일생이 금수(金水)가 왕성하니 월령(月令) 축(丑) 중 기토(己土) 정관(正官)은 습토(濕土)이므로 용신(用神)이 되지 못하고 일지(日支) 인목(寅木) 식상(食傷)이 암장(暗藏) 병화(丙火)의 온기를 받으며 해(亥)에 장생합(長生合)으로 유정하여 설기(泄氣)하는 용신(用神)이 된다.

임인(壬寅)·계묘(癸卯)·갑진(甲辰)·을(乙)대운까지 용신(用神)운이라 순탄했으나 무신(戊申)운에 인신충(寅申沖)으로 용신(用神)을 상충(相沖)하니 불길하다.

☞ 작명요령 : 이 사주는 수목(水木)이 희용신(喜用神)이니 인묘사오(寅卯巳午)에 해당하는 한자로 작명한다.

4) 인수용인격(印綬用印格)

甲	乙	丙	癸	戊	己	庚	辛	壬	癸	甲	乙
申	酉	辰	丑	申	酉	戌	亥	子	丑	寅	卯

이 사주는 을(乙)일 진(辰)월에 태어나고 진(辰) 중 계수(癸水)가 투출(透出)하여 편인격(偏印格)이다. 재관(財官)이 태왕(太旺)하여 일원(日元)이 신약(身弱)하니 계수(癸水)로 일원(日元)을 부조(扶助)하는 용신(用神)을 삼고, 갑목(甲木)으로 희신(喜神)을 삼는다. 갑목(甲木)이 재성(財星)을 억제하니 재물에 장애를 받지 않고 관생인(官生印)하니 명예가 따른다.

『궁통보감(窮通寶鑑)』에 을목(乙木)이 진(辰)월에 태어나고 병화(丙火)와 계수(癸水)가 있으면 수화기제(水火旣濟)를 이루어 대귀격이라고 했다. 계수(癸水)를 먼저 쓰고 병화(丙火)를 조후(調候)로 쓴다. 갑목(甲木)이 있으면 어떠한 운도 불리함이 없다고 했다.

갑목(甲木)은 재성(財星)을 막아 용신(用神) 인수(印綬)를 보호하고, 을목(乙木)에 갑목(甲木)은 등라계갑(藤蘿繫甲)하여 신약(身弱)함을 꺼리지 않기 때문이다.

대운이 희용신(喜用神)인 수목(水木)운으로 흘러 의식이 풍족하고, 무신(戊申)대운은 무계합(戊癸合)으로 용신(用神)을 합거(合去)하고, 갑목(甲木) 희신(喜神)이 신금(申金) 절지(絶支)에 임하니 희용신(喜用神)이 모두 기세를 잃어 명이 위태로울 것이다.

☞ 작명요령 : 이 사주는 수목(水木)이 희용신(喜用神)이니 인묘해자(寅卯亥子)에 해당하는 한자로 작명한다.

5) 인수용겁격(印綬用劫格)

일간(日干)이 약하고 재성(財星)이 많으면 비견(比肩)·겁재(劫財)가 용신(用神)이니 비겁(比劫)·인성(印星)운에 가면 만사형통하나, 식상재(食傷財)운으로 가면 만사불성이다.

己	乙	癸	丁	乙	丙	丁	戊	己	庚	辛	壬
卯	酉	丑	亥	巳	午	未	申	酉	戌	亥	子

을(乙)일 축(丑)월에 태어나고 축(丑) 중 계수(癸水)가 투출(透出)하여 편인격(偏印格)이다. 기토(己土) 재성(財星)이 투출(透出)

하여 재다신약격(財多身弱格)이니 비겁(比劫)·인수(印綬)로 희용신(喜用神)을 삼는다. 초년 임자(壬子)·신해(辛亥)대운은 길하나 기유(己酉)·무신(戊申)대운은 불길하다.

☞ 작명요령 : 이 사주는 금수(金水)가 희용신(喜用神)이니 신유해자(申酉亥子)에 해당하는 한자로 작명한다.

5. 식신격(食神格)

1) 식신용재격(食神用財格) : 식신생재격(食神生財格)

庚 庚 丁 乙　　庚 辛 壬 癸 甲 乙 丙
辰 寅 亥 酉　　辰 巳 午 未 申 酉 戌

이 사주는 경(庚)일 해(亥)월생으로 실령(失令)하고 득지(得地)하지 못했으나 시지(時支) 진토(辰土)가 생조(生助)하고 년지(年支) 유(酉) 양인(羊刃)을 얻고 경금(庚金)이 투출(透出)하여 일원(日元)을 도와주니 신약(身弱)함을 꺼리지 않는다.

정화정관(正官)이 투출(透出)했으니 을목(乙木) 재성(財星)이 정화(丁火)를 식신(食神)을 보호하는 용신(用神)이 된다. 비겁(比劫)운과 재관(財官)운이 모두 무방하나 용신(用神)을 충극(沖剋)하는

운은 불리하다.

재관(財官)운으로 흘러 막대한 재물을 축척하여 갑부가 되었으나, 경진(庚辰)대운에 을경합(乙庚合)으로 용신(用神) 재성(財星)을 무력하게 만들어 사망했다.

☞ 작명요령 : 이 사주는 목화(木火)가 희용신(喜用神)이니 인묘사오(寅卯巳午)에 해당하는 한자로 작명한다.

2) 식신용식상격(食神用食傷格)

庚	甲	丙	甲		癸	壬	辛	庚	己	戊	丁
午	寅	寅	子		酉	申	未	午	巳	辰	卯

이 사주는 갑(甲)일 인(寅)월에 태어나고 월지(月支) 인(寅) 중 병화(丙火)가 월상(月上)에 투간(透干)하여 식신격(食神格)이다. 갑일주(甲日柱)가 인(寅)월에 득령(得令)했고, 년상(年上) 갑목(甲木)이 월일지(月日支)에 인(寅) 건록(建祿)을 얻었는데 년지(年支) 자수(子水)가 생조(生助)하니 신왕(身旺)하다. 병화(丙火)로 유통하는 용신(用神)을 삼아 한냉한 절기에 병화(丙火)는 조후(調候)를 병용하니 더욱 빼어난 사주가 되었다. 대운이 목화(木火)운으로 흘러 상업으로 흥하다가 신(辛)대운에 병신합(丙辛合)으로 용신(用神)을 합거(合去)하니 사망했다.

☞ 작명요령 : 이 사주는 목화(木火)가 희용신(喜用神)이니 인묘사오(寅卯巳午)에 해당하는 한자로 작명한다.

3) 식신용인격(食神用印格)

甲	壬	丙	己		己	庚	辛	壬	癸	甲	乙
辰	戌	寅	酉		未	申	酉	戌	亥	子	丑

이 사주는 임(壬)일 인(寅)월에 태어나 월지(月支) 인(寅) 중 갑목(甲木)이 시상(時上)에 투간(透干)하여 식신격(食神格)이다. 임일주(壬日柱)가 인(寅)월에 실령(失令)하고, 재관(財官)이 득세(得勢)하여 신약(身弱)하다. 그러니 유금(酉金)이 일원(日元)을 부조(扶助)하는 용신(用神)이다.

임(壬)운부터 기신(忌神) 병화(丙火)를 제압하여 출세했고, 술(戌)대운은 아내궁이 불리하나 용신(用神) 유금(酉金)을 도와 무탈했고, 신유(辛酉)운도 승승장구하였으며, 경신(庚申)대운에 지방은 행장이 되었다

☞ 작명요령 : 이 사주는 금수(金水)가 희용신(喜用神)이니 신유해자(申酉亥子)에 해당하는 한자로 작명한다.

4) 식신용비겁격(食神用比劫格)

甲 甲 丙 甲　　己 庚 辛 壬 癸 甲 乙
戌 午 寅 辰　　未 申 酉 戌 亥 子 丑

이 사주는 갑(甲)일 인(寅)월에 태어났고 월지(月支) 인(寅) 중 병화(丙火)가 투간(透干)하여 식신격(食神格)이다. 일명 목화통명격(木火通明格) 사주라고도 하는데, 이런 사람은 두뇌가 비상하며 구변이 능하고 인품이 강직하다. 갑(甲)일 인(寅)월에 득령(得令)하고 비겁(比劫)이 득세(得勢)하여 신강(身强)한듯 하나, 인오술(寅午戌) 화국(火局)을 이루고 월상(月上) 병화(丙火)가 투출(透出)하여 신약(身弱)으로 변했다. 비겁(比劫)이 부조(扶助)하는 용신(用神)이고, 진(辰) 중 계수(癸水)가 조후(調候)하는 용신(用神)이다.

을축(乙丑)·갑자(甲子)·계해(癸亥)대운까지 남편이 출세하며 순탄했으나 술(戌)대운 기축(己丑)년에 갑기합(甲己合)하여 용신(用神) 갑목(甲木)이 무력하고, 진술충(辰戌沖)으로 진(辰) 중 계수(癸水)가 파극되어 대패했는데 생명에는 지장이 없었다. 경신(庚申)·신유(辛酉)운에는 갑경충(甲庚沖)하나 병화(丙火)가 있어 칠살(七殺)이 두렵지 않고, 조후(調候) 용신(用神) 수(水)를 생조(生助)하여 다시 발재했는데, 기미(己未)대운 임자(壬子)년에 갑기합(甲己合)하고 자오(子午)충으로 왕자충(旺字沖)하니 세상을 떴다.

☞ 작명요령 : 이 사주는 목화(木火)가 희용신(喜用神)이니 인묘사오(寅卯巳午)에 해당하는 한자로 작명한다.

5) 식신제살격(食神制殺格)

丁	乙	辛	己	甲	乙	丙	丁	戊	己	庚
丑	亥	未	巳	子	丑	寅	卯	辰	巳	午

이 사주는 을(乙)일 미(未)월에 태어나고 시상(時上) 정화(丁火)가 투출(透出)하여 식신격(食神格)이다. 비록 일원(日元)이 신약(身弱)하나 신금(辛金) 칠살(七殺)을 막는 것이 시급하니 정화(丁火) 식신(食神)으로 제살(制殺)하는 용신(用神)을 삼는다.

정묘(丁卯)·병인(丙寅)대운에 칠살(七殺)을 극제(剋制)하니 부귀가 겸전했고, 축(丑)대운에는 용신(用神) 정화(丁火)가 빛을 잃어 목숨이 위태로울 것이다.

☞ 작명요령 : 이 사주는 정화(丁火)가 용신(用神)이니 사오(巳午)에 해당하는 한자로 작명한다.

6) 식신용관살격(食神用官殺格)

丁	庚	己	丙		丙	乙	甲	癸	壬	辛	庚
酉	午	亥	寅		午	巳	辰	卯	寅	丑	子

이 사주는 경(庚)일 해(亥)월에 태어나 금수(金水) 식신격(食神格)이다. 금수(金水) 식신격(食神格)은 조후(調候)가 시급하니 관살(官殺) 병화(丙火)를 용신(用神)으로 삼고, 인(寅) 중 갑목(甲木) 재성(財星)으로 희신(喜神)을 삼는다.

임인(壬寅)·계묘(癸卯)대운에 승승장구했고, 신(甲)대운에 농림부장관까지 지냈으나 신(甲)대운 경신(庚申)·신해(辛亥)운에 희신(喜神)이 갑경충(甲庚沖)하고 수기(水氣)가 득왕하여 퇴직했다.

☞ 작명요령 : 이 사주는 수목(水木)이 희용신(喜用神)이니 해자인묘(亥子寅卯)에 해당하는 한자로 작명한다.

6. 상관격(傷官格)

1) 상관용재격(傷官用財格)

己	壬	己	庚		丙	乙	甲	癸	壬	辛	庚
酉	申	卯	午		戌	酉	申	未	午	巳	辰

이 사주는 임(壬)일 묘(卯)월에 태어나 상관격(傷官格)이다. 인수(印綬)가 중중하고 신왕(身旺)한데 기토(己土) 정관(正官)이 상관(傷官)에 앉아 극을 받고 있어 재생관(財生官)하여 기토(己土) 정관(正官)을 보호해야 한다. 그러므로 재성(財星) 오화(午火)가 용신(用神)이다. 남방 화(火)운에 관직에 올랐다가 갑(甲)운에 관성(官星) 기토(己土)를 합거(合去)하니 퇴직했다.

☞ 작명요령 : 이 사주는 화(火)가 용신(用神)이니 사오(巳午)에 해당하는 한자로 작명한다.

2) 상관용관격(傷官用官格)

戊	庚	辛	丁		癸	甲	乙	丙	丁	戊	己	庚
寅	申	亥	巳		卯	辰	巳	午	未	申	酉	戌

이 사주는 경(庚)일 신(申)월에 생하여 식상격(食傷格)이다. 금수(金水) 식상격(食傷格)은 관살(官殺)을 용신(用神)으로 삼는다. 본래 식상격(食傷格)은 정관(正官)을 꺼리나 조후(調候)가 시급하기 때문에 정관(正官)이 용신(用神)이고, 재성(財星)이 희신(喜神)이 된다. 초년 서방 금(金)운에 유명무실했으나 남방 화(火)운이 들자 군사혁명으로 일국의 수상이 된 박정희 전 대통령의 명조이다.

☞ 작명요령 : 이 사주는 목화(木火)가 희용신(喜用神)이니 인묘사오(寅卯巳午)에 해당하는 한자로 작명한다. 희(熙)자는 자음오행상 화기(火氣)가 사주의 용신(用神)에 부합하는 글자이다.

3) 상관용인격(傷官用印格)

癸	甲	乙	丁	戊	己	庚	辛	壬	癸	甲
酉	午	巳	酉	戌	亥	子	丑	寅	卯	辰

이 사주는 갑(甲)일 4월에 태어나고 정화(丁火)가 투출(透出)하니 목화(木火) 상관격(傷官格)이다. 식상관살(食傷官殺)이 왕하여 신약(身弱)하고 화기(火氣)가 왕성하여 물이 시급하다. 그러므로 계수(癸水)가 억부(抑扶)와 조후(調候)를 병용하는 용신(用神)이다.

임인(壬寅) 대운에 정임(丁壬) 합거(合去)하고 인오(寅午) 회합하여 화기(火氣)가 동하니 불운했으나, 금수(金水)가 희용신(喜用神)인데 신축(辛丑)·경자(庚子)대운이 부귀가 창성했다.

☞ 작명요령 : 이 사주는 금수(金水)가 희용신(喜用神)이니 해자신유(亥子申酉)에 해당하는 한자로 작명한다.

4) 상관용겁격(傷官用劫格)

일간(日干)이 약하고 재성(財星)이 많으면 비견(比肩)·겁재(劫財)운에는 만사형통하고, 재관(財官)운으로 가면 만사가 막힌다.

己	戊	辛	癸	癸	甲	乙	丙	丁	戊	己	庚
未	申	酉	亥	丑	寅	卯	辰	巳	午	未	申

이 사주는 무(戊)일 유(酉)월에 태어났고 유(酉) 중 신금(辛金)이 투출(透出)하여 토금(土金) 상관격(傷官格)이다. 식재(食財)가 왕하여 신약(身弱)하니 겁재(劫財)가 일원(日元)을 부조(扶助)하는 용신(用神)이고, 인수(印綬)는 희신(喜神)이다.

기미(己未)·무오(戊午)대운에 관직에서 출세했고, 정사(丁巳)·병진(丙辰)대운에 부귀를 겸전했으나, 을묘(乙卯)대운부터 용신(用神) 기토(己土)를 파극(破剋)하니 불운할 것이다.

☞ 작명요령 : 이 사주는 화토(火土)가 희용신(喜用神)이니 사오진술(巳午辰戌)에 해당하는 한자로 작명한다.

5) 상관용상관격(傷官用傷官格)

일간(日干)이 강하고 재성(財星)이나 관성(官星)이 투출(透出)하면 상관(傷官)이 용신(用神)이니 식재(食財)운이 길하고 인수(印綬)운은 불길하다.

戊	壬	乙	癸	戊	己	庚	辛	壬	癸	甲
申	申	卯	亥	申	酉	戌	亥	子	丑	寅

이 사주는 임(壬)일 묘(卯)월생으로 을목(乙木)이 투출(透出)하여 상관격(傷官格)이다. 임(壬)일간이 묘(卯)월에 실령(失令)했으나 신금(申金) 장생(長生)에 득지(得地)하고 비겁(比劫)이 중중하여 득세(得勢)하니 신왕(身旺)하다. 상관(傷官)을 용신(用神)으로 삼아 기세를 유통시켜야 한다.

계축(癸丑)·임자(壬子)·신해(辛亥)대운은 기세를 좇아 무난했으나, 경술(庚戌)대운에 용신(用神)을 을경(乙庚) 합거(合去)하니 사망했다.

☞ 작명요령 : 이 사주는 목화(木火)가 희용신(喜用神)이니 인묘사오(寅卯巳午)에 해당하는 한자로 작명한다.

7. 건록격(建祿格) : 월겁격(月劫格)

日干	甲	乙	丙戊	丁己	庚	申	壬	癸
建祿	寅	卯	巳	午	申	酉	亥	子

월지(月支)에 건록(建祿)이 있으면 건록격(建祿格)이다. 건록격(建祿格)은 월령(月令)을 얻어 신왕(身旺)하니 천간(天干)의 배합만 유정하면 부귀하다. 건록격(建祿格)에 관인(官印)이 투출(透出)하면 귀명이 되고, 식재(食財)가 투출(透出)하면 부명이 된다. 건록격(建祿格)에 재관인(財官印)이 조화를 이루면 부귀쌍전하고, 대운이 흉운으로 가더라도 단 한 번의 기회만 잡으면 성공할 수 있다.

월지(月支) 건록(建祿)은 일간(日干)과 같기 때문에 격국(格局)을 정하지 않는 것이 원칙이면 관살(官殺)이 투출(透出)하면 정관격(正官格) · 칠살격(七殺格)의 취용법과 같고, 재성(財星)이 투출(透出)하면 재격(財格)과 취용법이 같다.

재관(財官)이 투출(透出)하지 않고 신약(身弱)하면 인수(印綬) 용신(用神)이고, 신강(身强)하면 식상(食傷)이 용신(用神)이다. 정관(正官) 용신(用神)이면 건록용관격(建祿用官格), 재(財)가 용신(用神)이면 건록용재격(建祿用財格), 인수(印綬)가 용신(用神)이면 건록인수격(建祿印綬格), 식상(食傷)이 용신(用神)이면 건록식상격(建祿食傷格)이라 격국(格局)과 용신(用神)을 정하면 격국(格局)의 이름만 들어도 대략 사주의 조합과 희기(喜忌)를 가늠할 수 있다.

1) 건록용관격(建祿用官格)

丁	乙	己	庚	丁	丙	乙	甲	癸	壬	辛	庚
丑	卯	卯	寅	亥	戌	酉	申	未	午	巳	辰

이 사주는 을(乙)일 묘(卯)월에 태어나 건록격(建祿格)이다. 일지(日支) 건록(建祿)을 얻어 신강(身强)하니 정관(正官)을 용신(用神)으로 삼는다. 시지(時支) 정화(丁火)는 정관(正官)을 극하는 기신(忌神)인데 임(壬)대운에 정임합(丁壬合)으로 기신(忌神)을 제거하니 명예와 부가 창창했다.

오(午)대운은 기신(忌神)이 득록(得祿)하여 상배(喪配)하는 아픔이 있었다. 갑(甲)운은 갑경충(甲庚沖)하여 용신(用神)을 파극(破剋)하고 기신(忌神) 정화(丁火)를 도와주니 재패(財敗)가 많았다. 을유(乙酉)대운은 용신(用神)을 을경(乙庚) 합거(合去)했으나 금국(金局)으로 합화(合化)하니 해가 없었다. 병(丙)대운 갑오(甲午)세운에 목화(木火) 기신(忌神)이 득세(得勢)하여 경금(庚金) 용신(用神)이 파극(破剋)되니 세상을 하직하고 말았다.

☞ 작명요령 : 이 사주는 수(水)가 희신(喜神)이니 해자(亥子)에 해당하는 한자로 작명한다.

2) 건록용재격(建祿用財格)

丙	己	甲	丙		辛	庚	己	戊	丁	丙	乙
寅	亥	午	辰		丑	子	亥	戌	酉	申	未

이 사주는 기(己)일 오(午)월에 생하여 건록격(建祿格)이다. 월지

(月支) 득령(得令)하고 인수(印綬)·비겁(比劫)이 득세(得勢)하여 신왕(身旺)하니 해(亥) 중 임(壬) 재성(財星)을 용신(用神)으로 삼는다. 초년 신유(申酉)대운은 용신(用神) 해수(亥水)를 생조(生助)하여 길했고, 술(戌)운은 인오술(寅午戌) 화국(火局)을 이루어 수기(水氣)가 마르니 패가망신했다. 기해(己亥)대운부터 북방 수(水)운으로 향하니 상업의 기반을 닦아 경자(庚子)·신축(辛丑)대운에 재물이 풍족했다.

☞ 작명요령 : 이 사주는 금수(金水)가 희용신(喜用神)이니 해자신유(亥子申酉)에 해당하는 한자로 작명한다.

3) 건록재관격(建祿財官格)

丁	庚	甲	乙		丁	戊	己	庚	辛	壬	癸
亥	申	申	酉		丑	寅	卯	辰	巳	午	未

경(庚)일 신(申)월에 태어나 건록격(建祿格)이다. 신유(申酉) 비겁(比劫)이 득세(得勢)하여 신왕(身旺)하고, 재관(財官)이 투출(透出)하여 용신(用神)으로 삼으니 건록재관격(建祿財官格)이 된다.

신왕(身旺)하고 재관(財官)이 투출(透出)하면 부귀쌍전하는 상팔자가 된다. 대운이 목화(木火) 용신(用神)운으로 흘러 명예와 재물이 풍족했고, 자손들도 입신양명했다. 축(丑)대운은 정화(丁火)가 빛을 잃고 목기(木氣)가 절지(絶地)에 들어 세상을 하직했다.

☞ 작명요령 : 이 사주는 목화(木火)가 희용신(喜用神)이니 인묘사오(寅卯巳午)에 해당하는 한자로 작명한다.

8. 양인격(羊刃格) : 월인격(月刃格)

日干	甲乙	丙丁	戊己	庚申	壬癸
羊刃	卯	午	午	酉	子

양인격(羊刃格)은 음일간(陰日干)은 양인(羊刃)으로 보지 않고, 양간(陽干)의 월지(月支) 겁재(劫財)가 양인(羊刃)이다. 양인격(羊刃格)은 태강(太强)할 경우 관살(官殺)을 용신(用神)으로 삼는 것이 최상격의 사주이다. 양인(羊刃)은 일원(日元)을 너무 강하게 하는 요소이니 칠살(七殺)의 극제(剋制)를 두려워하지 않는다.

양인(羊刃)을 양인살(羊刃殺)이라고도 하는데 양인(羊刃)을 얻고 인수(印綬)가 중하면 일원(日元)이 더욱 태강(太强)하여 중화를 잃게 될 때 양인(羊刃)이 살로 작용하여 흉한 현상이 드러난다. 양인(羊刃)이 흉살로 작용할 때는 일지(日支) 양인(羊刃)은 배우자와 불화하고, 시지(時支) 양인(羊刃)은 자식이 무정하다.

그러나 칠살격(七殺格)에 양인(羊刃)이 있으면 살인상정(殺印相停)이라 하여 칠살(七殺)의 극제(剋制)를 양인(羊刃)이 있어 감당하니 양인(羊刃)의 희기(喜忌)는 사주의 배합에 따라 달라진다.

1) 양인용살격(羊刃用殺格)

庚	甲	乙	戊		壬	辛	庚	己	戊	丁	丙
午	戌	卯	戌		戌	酉	申	未	午	巳	辰

이 사주는 갑(甲)일 묘(卯)월에 태어나 양인격(羊刃格)이다. 일주(日柱)가 신왕(身旺)하고 시상(時上) 경금이 투출(透出)하여 용신(用神)으로 삼으니 양인용살격(羊刃用殺格)이다. 칠살(七殺)이 약하여 재성(財星)으로 일주(日柱)를 도와주는 희신(喜神)으로 삼고자 하나 술토(戌土)가 묘술합(卯戌合)하여 화국(火局)으로 변하니 오히려 재극살(財剋殺)을 하여 도움이 되지 못한다. 재(財)가 유정했다면 고관대작이 되었을 것이나 조토(燥土) 불생금(不生金)하니 큰 명예는 없었다.

정사(丁巳)·무오(戊午)·기미(己未)대운까지 30년간 화(火)가 득왕(得旺)하여 관재(官災)가 끊이지 않다가 경신(庚申)운부터 상업에 순풍을 만나 안락한 생활을 했다.

☞ 작명요령 : 이 사주는 금(金)이 용신(用神)이니 신유(申酉)에 해당하는 한자로 작명한다.

2) 양인용재격(羊刃用財格)

庚 甲 丁 甲　　　甲 癸 壬 辛 庚 己 戊
午 辰 卯 寅　　　戌 酉 申 未 午 巳 辰

이 사주는 갑(甲)일 묘(卯)월에 태어나 양인격(羊刃格)이다. 비겁(比劫)이 중중하여 신왕(身旺)하니 칠살(七殺)을 용신(用神)으로 삼아야 하나 정화(丁火)가 투출(透出)하여 칠살(七殺)을 파극(破剋)하니 재생살(財生殺)해야 한다. 시상(時上) 경금(庚金)이 약하나 일지(日支) 진토(辰土)의 생조(生助)를 받아 아내의 내조의 공이 크다.

경오(庚午)·신미(辛未)운에 군부에서 이름을 얻었고 임신계유(壬申癸酉)운은 기신(忌神) 정화(丁火)를 제거하고 경금(庚金)이 득왕(得旺)하여 부귀가 창창했다. 그러나 갑술(甲戌)대운은 진술충(辰戌沖)하여 경금(庚金)이 흔들리고 오술합화(午戌合火)하여 경금(庚金)을 위협하니 불길할 것이다.

☞ 작명요령 : 이 사주는 토금(土金)이 희용신(喜用神)이니 진술신유(辰戌申酉)에 해당하는 한자로 작명한다.

3) 양인용겁격(羊刃用劫格)

壬	丙	庚	己	癸	甲	乙	丙	丁	戊	己
辰	子	午	亥	亥	子	丑	寅	卯	辰	巳

이 사주는 병(丙)일 오(午)월에 태어나 양인격(羊刃格)이다. 득령(得令)했으나 칠살(七殺)이 득세(得勢)하여 신약(身弱)하니 겁재(劫財) 오화(午火)가 용신(用神)이고, 목(木)은 희신(喜神)이다.

무진(戊辰)·기사(己巳)대운에는 칠살(七殺)를 극하여 무고했고, 정묘(丁卯)·병인(丙寅)대운에 목화(木火)가 왕성하니 권력 관(官)이요 축(丑)대운은 오화(午火)가 약화되어 퇴임하였다. 자(子)대운에 자오충(子午沖)으로 용신(用神)이 파극(破剋)되어 급사했다.

☞ 작명요령 : 이 사주는 목화(木火)가 희용신(喜用神)이니 인묘사오(寅卯巳午)에 해당하는 한자로 작명한다.

4) 양인용인격(羊刃用印格)

甲	戊	庚	己	癸	甲	乙	丙	丁	戊	己
寅	午	午	亥	亥	子	丑	寅	卯	辰	巳

무(戊)일 오(午)월에 태어나 양인격(羊刃格)이다. 일주(日柱)가

신왕(身旺)한데 인오(寅午) 회합하여 칠살(七殺) 갑목(甲木)의 뿌리가 약화되었다. 경금(庚金)이 투출(透出)하여 칠살(七殺)을 극하니 인수(印綬)로 식신(食神)을 제거하는 용신(用神)을 삼는다.

기사(己巳)·무진(戊辰)대운은 칠살(七殺)이 약하여 한미한 가정에서 고학하였으며 정묘(丁卯)·병인(丙寅)대운에는 기신(忌神)인 식상(食傷) 경금(庚金)을 제거하고 칠살(七殺)이 힘을 얻어 관직에 나아가 출세했다.

☞ 작명요령 : 이 사주는 목화(木火)가 희용신(喜用神)이니 인묘사오(寅卯巳午)에 해당하는 한자로 작명한다.

5) 양인용식상격(羊刃用食傷格)

癸	壬	庚	丙		丁	丙	乙	甲	癸	壬	辛
卯	寅	子	申		未	午	巳	辰	卯	寅	丑

이 사주는 임(壬)일 자(子)월에 태어나 양인격(羊刃格)이다. 인비(印比)가 득세(得勢)하여 신왕(身旺)하니 식상(食傷)으로 설기(泄氣)하는 용신(用神)을 삼는다. 한절이라 조후(調候) 용신(用神)으로 병화(丙火)를 병용하니 목화(木火)가 길신이다.

초년 신축(辛丑)대운에 병신합(丙辛合)하여 병화(丙火)를 제거하니 부상(父喪)을 당했으나 임인(壬寅)·계묘(癸卯)대운에 식상(食

傷)이 득세(得勢)하여 금융계에 출신했고, 갑(甲)대운에 식상(食傷) 용신(用神)이 투출(透出)하여 부귀가 창창했다. 을사(乙巳)·병오(丙午)·정미(丁未)대운까지 목화(木火)가 희용신(喜用神)운이라 30년간 승승장구했다.

☞ 작명요령 : 이 사주는 목화(木火)가 희용신(喜用神)이니 인묘사오(寅卯巳午)에 해당하는 한자로 작명한다.

9. 외격(外格)

여기서 설명할 종격(從格)·화격(化格)·일행득기격(一行得氣格)·양신성상격(兩神成象格) 등은 지금까지 설명한 사주의 일반원칙에 의하지 않고 특별할 원칙에 의하므로 이를 사주 추명학상의 용어로 외격(外格)이라 한다. 종격(從格)은 사주 구성에 있어서 어느 한 가지 오행이 특별히 강왕하고 전체를 독점하여 감히 그 기세를 꺽을 수 없을 경우 그 기세를 좇아 따르는 격국(格局)을 말한다. 원해 강한 것은 눌러주고 약한 것은 생부(生扶)해주는 것이 사주의 원칙이지만 너무 강한 것을 극제(剋制)할 경우 오히려 화를 부를 수 있다. 이것을 『적천수(滴天髓)』에서는 순역(順逆)과 강유(剛柔)의 원리로 설명했다. 무릇 강약·왕세·순역에 순응하는 것이 현실적인 물리요 역학의 원리이다. 종격(從格)은 일간(日干)

을 중심으로 하여 신강(身强)·신약(身弱) 등을 밝히지 않고 사주의 대부분을 차지하는 육신의 기세에 따라 용신(用神)을 정하고 그것을 거스르는 것이 역신(逆神)이나 기신(忌神)이 된다.

1) 종왕격(從旺格)

종왕격(從旺格)은 건록월겁격(建祿月劫格)에 비겁(比劫)·인성(印星)이 득세(得勢)하여 거스르는 기운이 무력하면 종왕격(從旺格)이 된다. 보통은 격의 구분이 없이 사주에 인수(印綬) 태강(太强)이면 종강격(從强格)이고, 비겁(比劫) 태과하면 종왕격(從旺格)이다. 종왕격(從旺格)은 재관(財官)이 있으면 파격이 되고, 인수(印綬)·비겁(比劫)을 희용신(喜用神)으로 하니 비겁(比劫) 인성(印星)운으로 순응하면 길하고, 재관(財官)운으로 역행하면 대흉하다.

乙	甲	乙	癸		戊	己	庚	辛	壬	癸	甲
亥	寅	卯	卯		申	酉	戌	亥	子	丑	寅

이 사주는 갑(甲)일 묘(卯)월에 태어나 득령(得令)했고 월시상(月時上) 을목(乙木) 년지(年支) 묘(卯) 중 을목(乙木) 일지(日支) 인(寅) 중 갑목(甲木) 비겁(比劫)으로 되어 있고, 년상(年上) 계수(癸水) 시지(時支) 해(亥) 중 임수(壬水) 인성(印星)이 있으니 종왕격(從旺格)이다.

초년 갑인(甲寅)운에 부가생장(富家生長)했고 계축(癸丑)운에 고시에 합격했다. 축(丑)은 오행의 토(土)이나 북방습토(北方濕土)이므로 사주의 오행상 수(水)로 취급된다. 임자(壬子)・신해(辛亥)운에 대귀했는데, 신해(辛亥)운은 신금(辛金) 목기(木氣)와 상극이나 오행상 금생수(金生水)하여 금(金)이 수(水)로 화하여 무사했고, 경술(庚戌)운에는 금(金)과 토(土)는 목(木)과 상극되어 파직되고 사망했다.

☞ 작명요령 : 이 사주는 수(水)가 용신(用神)이니 해자(亥子)에 해당하는 한자로 작명한다.

甲	丙	甲	丙	辛	庚	己	戊	丁	丙	乙
午	午	午	午	丑	子	亥	戌	酉	申	未

이 사주는 병(丙)일 오(午)월에 태어나 득령(得令)했고 년상(年上) 병화(丙火)와 지지(地支)에 사양(四羊刃)이 득세(得勢)하여 종왕격(從旺格)이다. 갑오(甲午)・을미(乙未)・병(丙)운까지는 평탄했으나 신(申)운은 군겁쟁재(群劫爭財)되어 병액으로 고생했다.
정(丁)・무술(戊戌)・기해(己亥)운은 벼슬길에 올라 부귀했으나 경자(庚子)대운에 자오(子午) 상충(相沖)하여 왕지(旺地)를 거슬러서 사망했다.

☞ 작명요령 : 이 사주는 목화(木火)가 희용신(喜用神)이니 인묘사오(寅卯巳午)에 해당하는 한자로 작명한다.

2) 종강격(從强格)

己	己	丁	戊		甲	癸	壬	辛	庚	己	戊
巳	巳	巳	午		子	亥	戌	酉	申	未	午

이 사주는 기(己)일 사(巳)월에 태어나고 인비(印比)가 득세(得勢)하니 종강격(從强格)이다. 초년 무오(戊午)·기미(己未)대운은 평탄하겠으나 사(巳) 중 경금(庚金) 상관(傷官)이 암장(暗藏)되었는데 화(火)기세에 눌리니 총명함이 떨어져 학업에 큰 진전은 없을 것이다. 경신(庚申)·신유(辛酉)대운은 무난하겠으나 임술(壬戌)대운에 반흉반길하고, 계해(癸亥)대운은 사해충(巳亥沖)으로 파란이 암시되며, 갑자(甲子)대운은 자오충(子午沖)하고 기신(忌神)이 왕하여 수명이 위태로울 것이다.

☞ 작명요령 : 이 사주는 화토(火土)가 희용신(喜用神)이니 사오술미(巳午戌未)에 해당하는 한자로 작명한다.

壬	甲	壬	壬		己	戊	丁	丙	乙	甲	癸
申	子	寅	子		酉	申	未	午	巳	辰	卯

이 사주는 갑(甲)일 인(寅)월에 태어나 종왕격(從旺格)이나 인수(印綬)가 득세(得勢)하니 종강격(從强格)이다. 시지(時支)에 신금(申金)은 병(病)이나 신자합수(申子合水)로 화(化)하니 무해하다.

초운 계묘(癸卯)·갑진(甲辰)운은 사랑 속에 애지중지 자랐으나 을사(乙巳)운은 수기(水氣)를 거슬러 부모가 모두 돌아가고, 병오(丙午)운에는 수화교전(水火交戰)하여 가산을 탕진하고 죽었다.

☞ 작명요령 : 이 사주는 수목(水木)이 희용신(喜用神)이니 해자인묘(亥子寅卯)에 해당하는 한자로 작명한다.

3) 종재격(從財格)

丙	壬	戊	戊		辛	壬	癸	甲	乙	丙	丁
午	寅	午	午		亥	子	丑	寅	卯	辰	巳

이 사주는 임(壬)일생이 뿌리가 없고 인오(寅午) 화국(火局)으로 재성(財星)이 되었으니 기명종재격(棄命從財格)이다. 목화(木火)운은 부귀했고, 자(子)운은 용신(用神) 오화(午火)를 충극(沖剋)하여 세상을 하직했다.

庚	丁	庚	戊		丁	丙	乙	甲	癸	壬	辛
戌	酉	申	申		卯	寅	丑	子	亥	戌	酉

이 사주는 정(丁)일 금왕절(金旺節)에 태어나 생기가 한 점도 없고 신유술(申酉戌) 금국(金局)이 되고 무토(戊土)가 설기(泄氣)하니 재성(財星)을 감당할 수 없어 종재격(從財格)이다.

금토(金土)운이 길하고 수(水)운은 왕한 금(金)이 설기세(泄氣順勢)하므로 길하나 비겁(比劫)인 화(火)운을 만나면 역세(逆勢)하여 대흉하다.

☞ 작명요령 : 이 사주는 토금(土金)이 희용신(喜用神)이니 신유진술축(申酉辰戌丑)에 해당하는 한자로 작명한다.

乙	壬	庚	丙		丁	丙	乙	甲	癸	壬	辛
巳	午	寅	寅		酉	申	未	午	巳	辰	卯

이 사주는 임(壬)일생이 무근(無根)하고 인오합화(寅午合火)하여 식신(食神)이 재성(財星)이 되고, 목화(木火)가 득세(得勢)하여 기명종재격(棄命從財格)이다. 경금(庚金)인성(印星)이 병(病)인데 병화(丙火)가 극하니 무력하여 귀명이 된다. 갑오(甲午)대운에 고시에 합격하여 차관까지 되었다. 신(申)운이 인신충(寅申沖)하여 기세를 거스르니 대흉할 것이다.

☞ 작명요령 : 이 사주는 목화(木火)가 희용신(喜用神)이니 인묘사오(寅卯巳午)에 해당하는 한자로 작명한다.

4) 종살격(從殺格)

乙	乙	辛	戊		甲	乙	丙	丁	戊	己	庚
丑	酉	酉	辰		寅	卯	辰	巳	午	未	申

이 사주는 을(乙)일생이 유금(酉金) 왕절(旺節)에 태어나 토금(土金)이 강하고, 을목(乙木)이 진(辰) 중에 유근(有根)이나 진유합(辰酉合)으로 금국(金局)이 되니 강한 칠살(七殺)에 종(從)해야 한다. 초년 경신(庚申)·기미(己未)대운은 토금(土金)을 쫓아 길하나 이후 대운에는 목화(木火)로 역행하니 대흉할 것이다.

☞ 작명요령 : 이 사주는 토금(土金)이 희용신(喜用神)이니 진술축신유(辰戌丑申酉)에 해당하는 한자로 작명한다.

甲	壬	丙	戊		壬	辛	庚	己	戊	丁
辰	辰	辰	辰		戌	酉	申	未	午	巳

이 사주는 임(壬)일 진(辰)월에 태어나고 무토(戊土)가 투출(透出)하여 칠살격(七殺格)이다. 갑목(甲木) 식신(食神)으로 칠살(七殺)을 극제(剋制)하는 것이 마땅하나 태산같은 무토(戊土)를 어찌 상대할 수 있겠는가. 갑목(甲木)이 식신(食神)이 오히려 병이 된다. 관살(官殺)이 태강(太强)하니 일신(日身)을 버리고 화토(火土)를

쫓아 종살격(從殺格)이 된다.

기미(己未)운에 군인으로 출신하여 경신(庚申)운에 진관(進官)하여 부귀했는데 갑기합(甲己合)·갑경충(甲庚沖)으로 갑목(甲木) 병신(病神)을 제거하였기 때문이다.

☞ 작명요령 : 이 사주는 토금(土金)이 희용신(喜用神)이니 진술축미신유(辰戌丑未申酉)에 해당하는 한자로 작명한다.

甲	辛	丁	丁		庚	辛	壬	癸	甲	乙	丙
午	巳	未	未		子	丑	寅	卯	辰	巳	午

사오미(巳午未) 방국(方局)을 이루고 목화(木火)가 득세(得勢)한데 신금(辛金)이 의지할 곳이 없어 종살격(從殺格)이다. 재관(財官)운이 길하고 칠살(七殺)을 거스르는 식상(食傷)운이 대흉하다.

☞ 작명요령 : 이 사주는 목화(木火)가 희용신(喜用神)이니 인묘사오(寅卯巳午)에 해당하는 한자로 작명한다.

5) 종아격(從兒格)

癸	辛	壬	壬		戊	丁	丙	乙	甲	癸
亥	酉	子	子		午	巳	辰	卯	寅	丑

이 사주는 신(辛)일 자(子)월생이 수(水)가 태왕(太旺)하여 신약(身弱)하므로 좌하(座下)에 유금(酉金)으로 생조(生助)하는 용신(用神)이 되겠으나 만국(滿局)이 수왕(水旺)하니 기세를 좇아 종아격(從兒格)이 된다. 따라서 유금(酉金)은 오히려 병(病)이 된다.

초년 계축(癸丑)운은 수성(水盛)하므로 부호가에 생장했고, 갑(甲)운에 왕한 수(水)를 설기(泄氣)하여 일찍 발신했다. 을묘(乙卯)운도 병신(病神) 유금(酉金)을 상충(相沖)하여 영달했고, 병진(丙辰)대운 무술(戊戌)년에 병임(丙壬) 상충(相沖)하고 토극수(土剋水)하여 역기(逆氣)하므로 세상을 떠났다.

☞ 작명요령 : 이 사주는 수(水)가 용신(用神)이니 해자(亥子)에 해당하는 한자로 작명한다.

6) 가종격(假從格)

가종격(假從格)은 종하는 세력을 거스르는 기운이 있지만 그 힘이 극히 미약하여 결국 종격(從格)으로 취용하는 것이다.

乙	壬	己	戊		丙	乙	甲	癸	壬	辛	庚
巳	午	未	戌		寅	丑	子	亥	戌	酉	申

이 사주는 임(壬)일 미(未)월에 태어나고 칠살(七殺)이 득세(得

勢)하여 종살격(從殺格)인데 칠살(七殺)을 거스르는 을목(乙木) 식신(食神)이 있어 가종살격(假從殺格)이다. 다행히 사오미(巳午未) 화국(火局)하여 을목(乙木)의 뿌리가 무력하니 귀명이 된다.

경신(庚申)·신유(辛酉)대운에 병(病)인 식신(食神) 을목(乙木)을 제거하여 부귀한 가정에서 생장했고, 임(壬)운 중에는 가정에 사소한 액이 있었다. 술(戌)운에 화토(火土)가 왕하고 술미형(戌未刑)으로 을목(乙木)의 뿌리가 제거되어 명리와 재물이 창창했다. 계해(癸亥)운에 을목(乙木) 기신(忌神)이 힘을 얻어 목극토(木剋土)하여 사망했다.

☞ 작명요령 : 이 사주는 화토(火土)가 희용신(喜用神)이니 진술축미사오(辰戌丑未巳午)에 해당하는 한자로 작명한다.

7) 가종재격(假從財格)

庚	壬	壬	乙		丙	丁	戊	己	庚	辛
戌	寅	午	巳		子	丑	寅	卯	辰	巳

이 사주는 임(壬)일 오(午)월에 태어났고 인오술합(寅午戌合) 화국(火局)이 되고 재성(財星)이 태강(太强)한데 임수(壬水)가 무근(無根)하여 종재격(從財格)이 된다. 그러나 재성(財星)을 거스르는 임수(壬水)가 투출(透出)하니 가종재격(假從財格)이다.

경금(庚金)이 시상(時上)에 투출(透出)하여 인수(印綬) 용신(用神)으로 생각하기 쉬우나 인오술(寅午戌) 화국(火局)으로 뿌리가 손상되니 경금(庚金)이 의지할 수 없고 오히려 병(病)이 된다.

초년 신(辛)대운에 기신(忌神) 임수(壬水)를 도와 단명했는데 가종격(假從格)은 병(病)이 되는 운을 만나면 대흉을 피할 수 없다.

☞ 작명요령 : 이 사주는 목화(木火)가 희용신(喜用神)이니 인묘사오(寅卯巳午)에 해당하는 한자로 작명한다.

辛	丁	乙	乙	壬	辛	庚	己	戊	丁	丙
丑	丑	酉	巳	辰	卯	寅	丑	子	亥	戌

이 사주는 정(丁)일 유(酉)월 금왕절(金旺節)에 태어나고 사유축(巳酉丑) 금국(金局)이 되고 신금(辛金)이 투출(透出)하여 관살(官殺)이 태강(太强)하니 종재격(從財格)이다. 그러나 을목(乙木) 인수(印綬)가 투출(透出)하여 진종(眞從)이 되지 못하고 가종재격(假從財格)이 되었다.

해자(亥子)운은 왕신(旺神)이 설기(泄氣)되어 길하고 축(丑)운은 왕신(旺神)이 입묘(入墓)되어 토다금침(土多金沈)하니 남편과 사별하고, 경신(庚辛)운은 좋으나 인묘(寅卯)운은 병신(病神)이 득록(得祿)하여 흉할 것이다.

☞ 작명요령 : 이 사주는 금(金)이 용신(用神)이니 신유(申酉)에 해당하는 한자로 작명한다.

8) 화격(化格) : 종화격(從化格)

화격(化格)은 화토격(化土格)·화금격(化金格)·화수격(化水格)·화목격(化木格)·화수격(化水格)등이 있다. 화격(化格)은 종격(從格)과 용신(用神)을 취하는 방법이 비슷하여 화(化)한 오행을 거스르는 운이 가장 흉하다. 화격(化格)도 파격이 되면 가화격(假化格)이라 칭하고, 격국(格局)의 고저는 대운에 따라 좌우한다. 가화격(假化格)도 운에서 병(病)을 제거하면 대길하고, 격국(格局)의 고저도 동반 상승한다.

(1) 화토격(化土格)

갑(甲)일 기(己)일생이 천간(天干)에 갑기합(甲己合)을 이루고 지지(地支)에 토(土)가 득세(得勢)하면 화토격(化土格)이다. 그러나 합하여 변하는 오행을 다시 거스르는 오행이 있으면 파격(破格)이 된다. 운은 화토금(火土金)으로 가면 길하고 목(木)운으로 가면 만사가 막힌다.

己	甲	戊	己		辛	壬	癸	甲	乙	丙	丁
巳	戌	辰	丑		酉	戌	亥	子	丑	寅	卯

이 사주는 갑(甲)일생이 만국(滿局)이 토(土)인데 천간(天干)에 양기토(兩己土)가 있으나 년상(年上) 기토(己土)는 멀어서 무정하다. 시상(時上) 기토(己土)와 갑기합토(甲己合土)로 종화(從化)가 되는 바 화토(火土)운 길하며 경(庚)운은 합하는 갑목(甲木)을 충하여 격을 깨트리니 사망했다.

☞ 작명요령 : 이 사주는 화토(火土)가 희용신(喜用神)이니 진술축미사오(辰戌丑未巳午)에 해당하는 한자로 작명한다.

己	甲	辛	戊		甲	乙	丙	丁	戊	己	庚
巳	戌	酉	申		寅	卯	辰	巳	午	未	申

이 사주는 갑(甲)일 유(酉)월에 태어나고 신유술(申酉戌) 금국(金局)이 되어 갑목(甲木)이 태약(太弱)하다. 일주(日柱)가 무근하니 종살격(從殺格)으로 보이나 갑기합(甲己合)하여 좌하(座下)에 술사화토(戌巳火土)를 좇아 종화격(從化格)이 된다. 만약 종살격(從殺格)이라면 경신(庚申)운에 길했을텐데 경신(庚申)대운 신사(辛巳)운에 사망했으니 화토격(化土格)이 분명하다.

☞ 작명요령 : 이 사주는 토(土)가 용신(用神)이니 진술축미(辰戌丑未)에 해당하는 한자로 작명한다.

甲	己	丙	戊	癸	壬	辛	庚	己	戊	丁
戌	丑	辰	辰	亥	戌	酉	申	未	午	巳

이 사주는 기(己)일 진(辰)월에 태어나고 만국(滿局)에 토(土)가 많아 이를 극하는 토(土)가 병신(病神)이 될듯 하나 갑기합화(甲己合化)하여 종토(從土)하니 화토격(化土格)이 된다. 화토(火土)운은 길하고 경신(庚申)운도 무방하다.

☞ 작명요령 : 이 사주는 화토(火土)가 희용신(喜用神)이니 진술축미사오(辰戌丑未巳午)에 해당하는 한자로 작명한다.

(2) 화금격(化金格)

을(乙)일 경(庚)일생이 을경합(乙庚合)을 이루고 사유축(巳酉丑)·신유술(申酉戌) 금국(金局)을 이루어 금(金) 세력이 강한데 이를 거스르는 화기(火氣)가 없으면 화금격(化金格)이 된다. 화금격(化金格)은 금(金)을 용신(用神)으로 삼으니 토금수(土金水)운이 길하고 화(火)운에 가면 실패한다.

乙	庚	辛	癸	甲	乙	丙	丁	戊	己	庚
酉	申	酉	丑	寅	卯	辰	巳	午	未	申

이 사주는 경금(庚金)이 금왕절(金旺節)에 태어나고 신왕(身旺)하

여 설기(泄氣)하는 식신(食神)을 용신(用神)으로 생각할 수 있으나 일점 계수(癸水)가 탁수(濁水)에 불과하니 용신(用神)이 되지 못하고, 을경(乙庚)이 합하여 종화격(從化格)이 된다. 토금수(土金水)운은 길하고 화(火)운은 흉할 것이다.

☞ 작명요령 : 이 사주는 토금(土金)이 희용신(喜用神)이니 진술축미신유(辰戌丑未申酉)에 해당하는 한자로 작명한다.

庚	乙	乙	庚		戊	己	庚	辛	壬	癸	甲
辰	丑	酉	辰		寅	卯	辰	巳	午	未	申

이 사주는 을경합금(乙庚合金)하고 진유사유축합(辰酉酉丑合) 금국(金局)을 놓아 화금격(化金格)이다. 토금수(土金水)운은 길하고 화(火)운을 꺼린다.

☞ 작명요령 : 이 사주는 금(金)이 용신(用神)이니 신유(申酉)에 해당하는 한자로 작명한다.

(3) 화수격(化水格)

병(丙)일 신(辛)일생이 병신합(丙辛合)하고 해자축(亥子丑)·신자진(申子辰) 수국(水局)을 놓거나 수기(水氣)가 득세(得勢)하며 이를 거스르는 토기(土氣)가 없으면 화수격(化水格)이 된다. 기세에 순응하여 금수목(金水木)운이 길하고 토(土)운이 흉하다.

辛	丙	辛	丙		戊	丁	丙	乙	甲	癸	壬
卯	子	卯	申		戌	酉	申	未	午	巳	辰

이 사주는 병(丙)일생이 시상(時上) 신금(辛金)과 병신합(丙辛合)하고 년월(年月) 병신합(丙辛合)하여 사주에 자수(子水)만 있지만 절묘하게 화수격(化水格)이 된 경우이다. 금수(金水)운에 발달하고 목화(木火)운을 꺼린다.

☞ 작명요령 : 이 사주는 수(水)가 용신(用神)이니 해자(亥子)에 해당하는 한자로 작명한다.

壬	辛	丙	甲		癸	壬	辛	庚	己	戊	丁
辰	酉	子	申		未	午	巳	辰	卯	寅	丑

이 사주는 신(辛)일 자(子)월에 태어나고 신자진(申子辰) 수국(水局)에 유금(酉金)이 생수(生水)하니 병신(丙辛)이 합화(合化)하여 화수격(化水格)이 된다. 금수(金水)운에 발달하고 토(土)운은 수(水)를 극하니 불길하다.

☞ 작명요령 : 이 사주는 금수(金水)가 희용신(喜用神)이니 신유해

자(申酉亥子)에 해당하는 한자로 작명한다.

丙	辛	壬	甲	己	戊	丁	丙	乙	甲	癸
申	酉	申	申	卯	寅	丑	子	亥	戌	酉

이 사주는 신(辛)일생이 지지(地支)에 금국(金局)을 이루고 병신합(丙辛合)하여 화수격(化水格)이 된다. 만약 종강격(從强格)이 되면 병화(丙火)가 병(病)일텐데 화수격(化水格)을 이루니 귀격이다. 금수(金水)운이 길하고 목화(木火)운은 불리하다.

☞ 작명요령 : 이 사주는 금수(金水)가 희용신(喜用神)이니 신유해자(申酉亥子)에 해당하는 한자로 작명한다.

壬	丙	辛	壬	甲	乙	丙	丁	戊	己	庚
辰	申	亥	子	辰	巳	午	未	申	酉	戌

이 사주는 병(丙)일 해(亥)월에 태어나고 병신합(丙辛合)하여 수기(水氣)가 득세(得勢)하니 화수격(化水格)이 된다. 시지(時支) 진토(辰土)는 신자진(申子辰) 수국(水局)을 이루어 수(水)를 극하지 못하여 병(病)이 되지 못한다. 대운은 금수(金水)운이 길하고 화토(火土)운은 흉하다.

☞ 작명요령 : 이 사주는 수(水)가 용신(用神)이니 해자(亥子)에 해당하는 한자로 작명한다.

(4) 화목격(化木格)

정(丁)일생이 천간(天干)에서 임수(壬水)를 만나 정임합목(丁壬合木)하고, 주변에 목(木) 세력이 강하면 화목격(化木格)이 된다. 목(木)을 거스르는 금기(金氣)가 없어야 하고 수목화(水木火)운은 길하나 금(金)운은 흉하다.

丁	丁	壬	壬		己	戊	丁	丙	乙	木	癸
未	卯	寅	辰		酉	申	未	午	巳	辰	卯

이 사주는 정임합목(丁壬合木)하고 인묘진(寅卯辰) 방국(方局)을 놓고 묘미합목(卯未合木)하여 목기(木氣)가 득세(得勢)하니 화목격(化木格)이 된다. 본래 쟁합(爭合)·투합(鬪合)은 합화(合化)가 방해되어 불가하나 두 쌍이 모두 있어 성립된다. 대운은 수목화(水木火)운이 길하고 토금(土金)운은 불길하다.

☞ 작명요령 : 이 사주는 수목(水木)이 희용신(喜用神)이니 해자인묘(亥子寅卯)에 해당하는 한자로 작명한다.

(5) 화화격(化火格)

무(戊)일 계(癸)일생이 무계합(戊癸合)을 놓고 사오미(巳午未)·인오술(寅午戌) 화국(火局)을 놓으면 화화격(化火格)이 된다. 사주에 화(火)를 거스르는 수(水)가 없어야 격이 좋다. 대운은 목화토(木火土)운이 길하고 수(水)운으로 가면 풍파가 많다.

戊	戊	癸	丙		丙	丁	戊	己	庚	辛	壬
午	戌	巳	戌		戌	亥	子	丑	寅	卯	辰

이 사주는 무(戊)일 사(巳)월에 태어나고 화기(火氣)가 지나쳐 너무 조열(燥熱)하여 흉하나 다행히 월상(月上)에 계수(癸水)가 있어 무계합(戊癸合)으로 화화격(化火格)을 이루었다. 따라서 목화토(木火土)운이 길하고 금수(金水)운은 흉하다.

☞ 작명요령 : 이 사주는 화(火)가 용신(用神)이니 사오(巳午)에 해당하는 한자로 작명한다.

戊	癸	戊	癸		乙	甲	癸	壬	辛	庚	己
午	卯	午	巳		丑	子	亥	戌	酉	申	未

이 사주는 계(癸)일 오(午)월 화왕절(火旺節)에 태어나고 양계양무(兩癸兩戊)가 쌍으로 합하여 화화격(化火格)을 이룬다. 수(水)가

한 점도 없어 격이 청하니 위인이 총명하다. 그러나 대운이 금수(金水)로 역행하니 풍파가 많을 것이다.

☞ 작명요령 : 이 사주는 화(火)가 용신(用神)이니 사오(巳午)에 해당하는 한자로 작명한다.

9) 일행득기격(一行得氣格)

일행득기격(一行得氣格)은 한 가지 기운으로 모여 있는 사주 구조를 말한다. 오행(五行)에 따라 곡직인수격(曲直仁壽格)·염상격(炎上格)·가색격(稼穡格)·종혁격(從革格)·윤하격(潤下格)으로 나눈다. 일행득기격(一行得氣格)은 종왕격(從旺格)의 일종이니 종왕격(從旺格)과 용신을 정하는 방법이 비슷하다. 기세를 좇아 순응하는 운이 대길하고 역신하면 대흉하다.

(1) 인수곡직격(仁壽曲直格)

인수곡직격(仁壽曲直格)의 곡직(曲直)은 굽을 곡, 곧을 직으로 나무가 굽고 곧은 목(木)의 형상과 인수(仁壽)는 어질어서 장수한다는 성정을 의미한다. 인수곡직격(仁壽曲直格)은 갑을(甲乙)생이 해묘미(亥卯未)·인묘진(寅卯辰) 목국(木局)이 득세(得勢)한 것을 말하다. 목(木)이 용신(用神)이니 금(金)이 있으면 파격(破格)되고, 수목화(水木火)운은 길하고, 금(金)운은 대흉하다.

己	乙	甲	戊	辛	庚	己	戊	丁	丙	乙
卯	酉	寅	辰	酉	申	未	午	巳	辰	卯

이 사주는 을(乙)일 묘(卯)월생으로 인묘진(寅卯辰) 목국(木局)에 갑목(甲木)이 투출(透出)하여 인수곡직격(仁壽曲直格)이다. 일지(日支) 유금(酉金)으로 목기(木氣)를 제압하기에는 너무 무력하니 오히려 병(病)이 된다.

초년 을묘(乙卯)·병(丙)대운에 부잣집에서 태어나 순탄했고 진(辰)대운에 진유합(辰酉合)으로 사주의 병(病)을 생조(生助)하니 인패(人敗)와 재패(財敗)가 많았다. 정(丁)대운에 상업으로 성공하였으며 사(巳)대운은 사유합(巳酉合)으로 반흉반길했다. 오(午)운은 병(病)이 되는 유금(酉金)을 극제(剋制)하니 재물이 더욱 왕성하고, 미(未)운은 왕목(旺木)이 입묘(入墓)하여 퇴운(退運)으로 접어 들었는데, 경신(庚申)대운은 왕목(旺木)을 극제(剋制)하니 더 위태로울 것이다.

☞ 작명요령 : 이 사주는 목(木)이 용신(用神)이니 인묘(寅卯)에 해당하는 한자로 작명한다.

癸	乙	己	乙	壬	癸	甲	乙	丙	丁	戊
未	亥	卯	未	申	酉	戌	亥	子	丑	寅

이 사주는 을(乙)일생이 묘(卯)월 왕절(旺節)에 태어나 해묘미(亥卯未) 목국(木局)이 되고, 금기(金氣)가 없으니 곡직진격(曲直眞格)이다. 북방 수(水)운에 부귀했으나 서방 금(金)운은 불운하다.

☞ 작명요령 : 이 사주는 목(木)이 용신(用神)이니 인묘(寅卯)에 해당하는 한자로 작명한다.

(2) 염상격(炎上格)

염상격(炎上格)은 화기(火氣)가 득세(得勢)하여 사주가 너무 조열하여 화(火)에 종(從)하는 격을 말한다. 염상격(炎上格)은 병정(丙丁)일생이 인오술(寅午戌)·사오미(巳午未) 화국(火局)을 이루는 것인데 화(火)를 거스르는 수(水)가 없어야 귀격이 된다. 염상격(炎上格)은 화(火)가 용신(用神)이니 목화토(木火土)운은 길하고 수(水)운은 대흉하다.

丁	丁	戊	戊		乙	甲	癸	壬	辛	庚	己
巳	未	午	午		丑	子	亥	戌	酉	申	未

이 사주는 정(丁)일 오(午)월생이 사오미(巳午未) 방국(方局)을 이루고 화왕(火旺) 득세(得勢)한데 수기(水氣)가 없어 염상격(炎上格)이다. 목화토(木火土)운이 길하고 수(水)운은 흉하다.

기미(己未)·경신(庚申)·신유(辛酉)대운은 부귀한 가정에서 태어나 평탄했으나 임(壬)대운에 재산 손실이 있었고, 계(癸)대운은 무계합(戊癸合)하여 화(火)왕세를 도와 평탄했으나 자(子)대운에 자오충(子午沖)으로 화(火)를 거슬러 칼에 비명횡사했다.

이 사주는 단순히 신왕(身旺)하여 무토(戊土) 식신(食神)을 용신(用神)으로 삼아 내격(內格)으로 판단하기 쉬우나 원국에 금(金)이 있어야 가능하다. 그러나 무토(戊土)는 사주의 기세를 유기(流氣)하는 희신(喜神)이 틀림없다. 경신(庚申)·신유(辛酉) 재성(財星)운은 대개 흉하지만 원국의 무토(戊土)가 군겁쟁재(群劫爭財)로 막아 흉을 모면했다. 임수(壬水)운은 대개 흉이나 정임합목(丁壬合木)이니 화(火)를 거스르지 않아 무탈했다. 계수(癸水)운은 이 사주가 염상격(炎上格)임을 알려주는 단서인데 내격(內格) 상관(傷官) 무토(戊土)를 설기(泄氣)하는 용신(用神)으로 잡았다면 무계합거(戊癸合去)하여 용신기반(用神羈絆)으로 매우 불리했을 것이다.

☞ 작명요령 : 이 사주는 화(火)가 용신(用神)이니 사오(巳午)에 해당하는 한자로 작명한다.

甲	丙	丁	戊	甲	癸	壬	辛	庚	己	戊
午	寅	巳	午	子	亥	戌	酉	申	未	午

이 사주는 병(丙)일 사(巳)월에 태어나고 인오합화(寅午合化)하고 화(火)가 득세(得勢)한데 수기(水氣)가 하나도 없으니 염상격(炎上格)이다. 초년 무오(戊午)·기미(己未)운까지는 부잣집에서 태어나

귀하게 자랐으나 금수(金水) 서방운에 가정이 몰락하여 곤고하게 지냈다. 해(亥)운에 왕화(旺火)를 사해충(巳亥沖)으로 충극(沖剋)하니 사망했다.

☞ 작명요령 : 이 사주는 화(火)가 용신(用神)이니 사오(巳午)에 해당하는 한자로 작명한다.

(3) 가색격(稼穡格)

가색격(稼穡格)은 곡식을 심고 거둔다는 의미에서 오행상 토(土)를 따르는 격을 말한다. 가색격(稼穡格)은 무기(戊己)일생이 진술축미(辰戌丑未)월에 태어나거나 토(土)가 득세(得勢)해야 하고, 목(木)이 있으면 파격(破格)이 된다. 가색격(稼穡格)은 토(土)가 용신(用神)이니 화토금(火土金)운은 길하고 목(木)운은 흉하다.

己	戊	辛	己		甲	乙	丙	丁	戊	己	庚
未	辰	未	未		子	丑	寅	卯	辰	巳	午

이 사주는 무(戊)일 미(未)월 토왕절(土旺節)에 태어나고 토(土)가 득세(得勢)하여 가색격(稼穡格)이다. 화토금(火土金)운이 길한데 인수(印綬)는 지지(地支)는 길하나 신금(辛金)을 극하는 천간(天干) 인수(印綬)운을 꺼린다.

초운 경오(庚午)・기사(己巳)・무진(戊辰)대운은 왕토(旺土)에 순응하여 길했고, 정묘(丁卯)·병인(丙寅)대운은 기세가 유통되는 신금(辛金)을 화극금(火克金)하여 고초가 심했다.

☞ 작명요령 : 이 사주는 토(土)가 용신(用神)이니 진술축미(辰戌丑未)에 해당하는 한자로 작명한다.

己	戊	丙	戊		癸	壬	辛	庚	己	戊	丁
未	戌	辰	戌		亥	戌	酉	申	未	午	巳

이 사주는 무(戊)일 진(辰)월에 태어나고 토다득세(土多得勢)하니 가색격(稼穡格)이다. 대운은 화토(火土)운은 길하고 금수(金水)운은 꺼린다. 그러나 병화(丙火)가 없고 금(金)이 있으면 금(金)운도 무방하다.

정사(丁巳)·무오(戊午)·기미(己未) 대운에 국방부 요직에서 이름을 떨쳤으나 경신(庚申)·신유(辛酉) 금(金)운으로 향하여 왕토(旺土)가 설기(泄氣)되어 가산을 파하고 곤고함을 면하지 못했다. 임(壬)대운은 희신(喜神) 병화(丙火)를 상충(相沖)하고, 군토(群土)가 수재(水財)를 만나 쟁재(爭財)하니 군겁쟁재(群劫爭財)하여 사망했다.

☞ 작명요령 : 이 사주는 토(土)가 용신(用神)이니 진술축미(辰戌丑未)에 해당하는 한자로 작명한다.

(4) 종혁격(從革格)

종혁격(從革格)은 경신(庚申)일생이 사유축(巳酉丑)·신유술(申酉戌) 금국(金局)을 이루거나 왕금(旺金)을 따르는 것을 말한다. 사주에 금(金)을 거스르는 화기(火氣)가 있으면 파격이 된다. 토금수(土金水)운은 길하고 화(火)운은 흉하다.

庚	庚	丙	辛		癸	壬	辛	庚	己	戊	丁
辰	申	申	酉		卯	寅	丑	子	亥	戌	酉

이 사주는 경(庚)일생이 신(申)월 금왕절(金旺節)에 태어나 만국(滿局)이 금(金)이니 종혁격(從革格)인데 병화(丙火)가 투출(透出)하여 병(病)이 되었다. 다행히 병신합(丙辛合)으로 제거되니 큰 흠은 없다. 토금수(土金水)운은 길하고 목화(木火)운은 대흉하다.

무술(戊戌)·기해(己亥)·경자(庚子)대운에 승승장구했으나 축(丑)운 왕신(旺神)이 입묘(入墓)에 들어 죽고 말았다. 만약 축(丑)운을 넘겼다면 인(寅)대운에 사망했을 것이다.

☞ 작명요령 : 이 사주는 금(金)이 용신(用神)이니 신유(申酉)에 해당하는 한자로 작명한다.

乙	庚	庚	癸		癸	甲	乙	丙	丁	戊	己
酉	戌	申	酉		丑	寅	卯	辰	巳	午	未

이 사주는 경(庚)일 신(申)월생이 신유술(申酉戌) 금국(金局)을 이루어 종혁격(從革格)이 되었다. 사오미(午未) 남방 화(火)운에 용신(用神)을 극해되는 일이 없이 고초가 따랐으나 진(辰)운에 들어 생금(生金)하니 관직에서 출세하여 부귀를 누리다가 을묘(乙卯)대운은 을경합금(乙庚合金)하여 무난했는데 갑인(甲寅)운에 들면서 왕지(旺地)를 인신(寅申) 상충(相沖)하여 사망했다.

☞ 작명요령 : 이 사주는 금(金)이 용신(用神)이니 신유(申酉)에 해당하는 한자로 작명한다.

(5) 윤하격(潤下格)

윤하격(潤下格)은 임계(壬癸)일생이니 해자축(亥子丑)·신자진(申子辰) 수국(水局)을 이루는 것을 말한다. 왕수(旺水)를 거스르는 토(土)가 있으면 파격(破格)이 된다. 금수목(金水木)운은 길하고, 화토(火土)운은 흉하다.

壬	癸	辛	壬		戊	丁	丙	乙	甲	癸	壬
子	丑	亥	子		午	巳	辰	卯	寅	丑	子

이 사주는 계(癸)일생이 해자축(亥子丑) 수국(水局)을 이루어 윤하격(潤下格)이 되었다. 초년에는 임자(壬子)·계축(癸丑)운으로 흘러 부귀한 집안에서 호화롭게 성장했고, 갑을(甲乙)·을묘(乙卯)

운은 왕수(旺水)가 설기순세(洩氣順勢)하여 명망이 있었고, 진(辰)운은 왕수(旺水)가 입묘(入墓)에 들어 사망했다.

☞ 작명요령 : 이 사주는 수(水)가 용신(用神)이니 해자(亥子)에 해당하는 한자로 작명한다.

壬	壬	辛	壬	戊	丁	丙	乙	甲	癸	壬
寅	子	亥	子	午	巳	辰	卯	寅	丑	子

임(壬)일 해왕절(亥旺節)에 태어나고 금수(金水)가 태왕(太旺)하여 윤하격(潤下格)이다. 시지(時支) 인목(寅木)이 수기(水氣)를 유통시켜 총명하다. 물은 위에서 아래로 흐르는 것이 이치이니 시지(時支)로 귀결됨은 순리에 응하는 귀명이다. 인목(寅木)이 년지(年支)에 있으면 물이 거꾸로 흐르는 것이니 귀명이 되지 못한다.

임자(壬子)·계축(癸丑)대운에 부잣집에서 장생하여 갑인을묘(甲寅乙卯)운에 대길했고, 병진(丙辰)대운에는 왕수(旺水)가 입묘(入墓)했으나 무탈한 것은 병신합수(丙辛合水)하고 자진합수(子辰合水)하여 수기(水氣)가 멈추지 않고 흐르기 때문이다. 만약 시지(時支)에 인목(寅木)이 없다면 수기(水氣)의 흐름이 끊어져 대흉했을 것이다. 앞의 사주와 차이를 분별할 수 있을 것이다. 사(巳)운에 사망했는데 사해충(巳亥沖)으로 왕자충극(旺字沖剋)했기 때문이다.

☞ 작명요령 : 이 사주는 수(水)가 용신(用神)이니 해자(亥子)에 해당하는 한자로 작명한다.

10) 양기성상격(兩氣成象格)

양기성상격(兩氣成象格)은 2가지 오행으로만 국을 이루는 것을 말한다. 목화(木火)·화토(火土)·토금(土金)·금수(金水)·수목(水木) 양기성상격(兩氣成象格) 등이 있다. 상생으로 국을 이루는 것이 진격(眞格)이고, 상극으로 국을 이루는 경우에는 일반 내격(內格)과 같은 방법으로 용신을 잡는다. 양기성상격(兩氣成象格)은 기세를 좇아 순응하는 운이 길하니 종격(從格)과 용신을 잡는 방법과 비슷하다. 가령 목화(木火) 양기성상격(兩氣成象格)이라면 목화(木火)를 극하는 금수(金水)운을 꺼린다.

丁 甲 丁 甲
卯 午 卯 午

이 사주는 갑(甲)일 묘(卯)월에 태어나고 목화(木火) 기운으로만 구성되어 목화(木火) 양기성상격(兩氣成象格)이다. 목화(木火)운은 길하고 금수(金水)운은 흉하다.

☞ 작명요령 : 이 사주는 목화(木火)가 희용신(喜用神)이니 인묘사

오(寅卯巳午)에 해당하는 한자로 작명한다.

甲 甲 甲 甲
午 午 午 午

이 사주도 목화(木火) 양기성상격(兩氣成象格)이다. 기세를 좇아 목화(木火)운은 길하고 금수(金水)운은 꺼린다.

☞ 작명요령 : 이 사주는 목화(木火)가 희용신(喜用神)이니 인묘사오(寅卯巳午)에 해당하는 한자로 작명한다.

10장. 이름으로 보는 대권운

천지만물은 모두 고유의 이름이 있다. 수화목금토(水火木金土)라는 상징적 부호가 만물을 대표하는 이름이다. 대통령은 하늘에서 내린다는 말이 있듯이 나랏님은 하늘에서 선택한다. 흔히 천운이라고 하는데 천운을 타고난 사람은 이름만으로도 알 수가 있다. 즉 천기를 담은 이름이어야 대통령이 될 수 있는 것이다.

과연 천운을 안다는 것은 무엇인가? 천운이란 바로 하늘에서 움직이는 마음을 아는 것이다. 하늘에서 선택한 인물을 아는 것이 바로 천운을 안다고 할 수 있는 것이다. 천운을 알려면 천도(天道)를 알아야 한다. 도(道)를 두 글자로 음양이라 한다. 음양을 안다고 도(道)를 아는 것이 아니다. 역학에 입문하는 사람은 음양을 안다고 하지만 천도가 담겨있는 음양의 본질을 알아야 한다. 음양이 오행을 낳는다. 천지가 만물을 탄생시키는 이치가 음양이 오행을 낳는다고 하는 것이다. 천운은 음양오행의 이치로 변하는 것이다. 변하지만 절대 변하지 않는 것이 있다. 이를 주역에서는 변역(變易)·불역(不易)이라고 한다.

도(道)라는 한자는 쉬엄쉬엄갈착(辶)+머리수(首)인데 머리수(首)는 단순히 인체의 머리가 아니고 하나(一)를 상징한다. 도(道)가 사시(四時)로 운행하고 한도가 차면 다시 하나(日)에서 시작한다는 이치를 도(道)라는 한 글자로 표현한 것이다. 도(道)란 나아가다 멈추고 또 나아가는 속성이 있다.

12지로 말하면 인묘(寅卯)에 나아가 진(辰)에서 멈추고, 사오(巳午)에 나아가 미(未)에서 멈추고, 신유(申酉)에 나아가 술(戌)에서 멈추고, 해자(亥子)에 나아가 축(丑)에서 멈춘다. 그리고 결국 다시 처음으로 돌아가는데 이를 원시반본(元始反本)이라 한다.

진술축미(辰戌丑未)란 사계절이 순환하다 멈추었다 전진하는 것으로 열고 닫히는 천문(天門)이다. 진술축미(辰戌丑未)는 1년 중 각 18일인데 십팔놈이란 말에 천기를 담고 있다. 사람들이 사용하는 말 중에도 천기의 이치가 숨어 있는 것이다.

1년의 운회(運回)는 360일이고, 각 절기마다 90일을 관장한다. 90일 중 인묘(寅卯)가 72일이고 진(辰)이 18일을 관장한다. 진술축미(辰戌丑未)는 5·10土인데 4×90=360일의 1년 360일 운회수가 다 차면 5·10은 새롭게 시작하는 천원수(天元數)가 된다.

알기 쉽게 4·9는 끝이요, 5·10은 시작을 의미한다. 끝나고 시작하는 이치를 알아야 때를 알고, 때를 모르는 사람을 철부지라 한다.

음양이 오행(水火木金土)을 낳은 것처럼 천도는 바로 수화목금토(水火木金土)로 운행하는 것이다. 수화목금토(水火木金土)는 수리상의 순행이고, 사계절의 순환지리로 보면 목화금수(木火金水)이다. 즉 봄 → 여름 → 가을 → 겨울 → 봄으로 운행한다.

지구가 태양을 중심으로 돌면서 사계절이 생기듯 태양은 만물을 생성하는 핵이 되는 것이다. 이를 역경에서는 무극(無極) → 태극(太極) → 양의(兩儀) → 사상(四像) → 팔괘(八卦)라 설명한다. 이를 알기 쉽게 정리하면 다음과 같다.

① 1 → 2 → 3 → 4 → 5 → 6 → 7 → 8 → 9 → 10
② 수(水) → 화(火) → 목(木) → 화(火) → 화(火)
③ 목(木) → 화(火) → 화(火) → 화(火) → 수(水)
④ 춘 → 하 → 추 → 동 → 맹춘
⑤ 무극(無極) → 태극(太極) → 양의(兩儀) → 사상(四像) → 팔괘(八卦)
⑥ 일제36년 → 이승만(윤보선) → 박정희(최규하) → 전두환 → 노태우 → 김영삼 → 김대중 → 노무현 → ?

역학을 공부하는 사람은 무릇 천도의 이치를 알아야 한다. 천도는 누구나 알고 있는 음양오행의 이치에 담겨 있다. 본론으로 들어가서 성명에 어떻게 천기가 담겨 있는지 역대 대통령들의 이름을 살펴보고, 앞으로는 어떤 이름이 대통령이 되는가를 살펴본다.

① 일제36년은 오행으로는 수극(水剋)의 시대이다. 36은 360일이며 사계절의 끝을 의미한다. 겨울은 오행으로 수(水)이다. 그러니 일제36년이 끝나고 해방이 되니 봄이 왔다고 노래하는 것이다.

② 수(水)에서 화(火)가 나오니 화극(火剋)의 시대는 이(李)씨 성인 사람이 대통령이 된다. 이(李)씨는 자(子)+목(木)인데, 자(子)는 천개어자(天開於子)의 시작을 의미한다. 즉 일제36년인 겨울이 가고 봄에 싹이 나오는 이치이다.

③ 을유(乙酉 : 1945)년에 해방이 되고, 이승만이 대통령이 된 것은 바로 수(水 : 밤)에서 화(火 : 빛)가 나왔기 때문이다. 즉 암울한 시대가 가고 광명의 시대가 열린 것이다. 이승만(李承晩)의 만(晩 : 저물만) 자는 해가 저물었다는 의미이며, 오행으로는 화(火) 를 상징한다. 승(承 : 받들승) 자 또한 높여 받들다는 의미로 만(晩) 자와 연결하면 태양을 의미한다. 태양은 서쪽으로 저무는 법이니 이승만의 망명은 이름에서 예고되었다고 할 수 있다. 또한 하루는 24시간이고 해가 뜨고 질 때까지는 12시간이니, 그의 임기가 12년임을 암시한다.

④ 화(火)에서 다시 목(木)이 나온다. 목(木)의 대통령이 바로 박정희(朴正熙)이다. 박(朴)은 목(木)+복(卜)이니 목(木)운의 시대가 열린 것이다. 또한 목(木)은 십(十)+팔(八)이니 그의 임기 역시 18년을 암시한다.

⑤ 박정희가 나오기 전에 목(木)운의 시대를 먼저 밝힌 사람은 윤보선(尹潽善)이다. 대통령의 집무실인 경무대를 청와대(靑瓦臺)

로 바꾼 것이 목(木)운을 암시하는데, 푸를청(靑) 자는 동방 목(木)을 상징한다.

⑥ 목화(水火) 상극은 목(木)운이 나와 수생목(水生木)·목생화(木生火)의 상생을 열게 된다. 목금(木金) 상극을 상생으로 이어준 사람이 최규하(崔圭夏)이다. 최규하라는 이름은 화토(火土)를 상징한다. 규(圭 : 土+土)는 오행으로는 토(土)이고, 하(夏)는 화(火)이다. 목금(木金) 사이에 화토(火土)가 들어가면 목생화(木生火)·화생토(火生土)·토생금(土生金)의 상생이 된다. 이는 오행의 속성상 생극이 공존하는 이치를 나타낸 것이다. 부연하면 상극을 통해 상생이 나오는데, 수화(水火) 상극은 목(木)을 낳고, 목금(木金) 상극은 토(土)를 낳는다. 수화(水火) 상극은 목(木)이 나와 상생을 돕고, 목금(木金) 상극은 화토(火土)가 나와 상생을 돕는다. 목화(木火) 양(陽)에서 금수(金水) 음(陰)으로 넘어가려면 반드시 토(土)가 있어야 한다. 그래야만 목생화(木生火)·화생토(火生土)·토생금(土生金)·금생수(金生水)·수생목(水生木)의 상생이 된다. 토(土)가 없으면 목화(木火)에서 금수(金水)로 넘어가는 과정에서 화극금(火克金)이 있어야 한다. 화금(火金)이 쉽게 금화(金火) 교역을 이루기 위해서는 반드시 중앙토(土)가 있어야 하는 것이다(火→生→土→生→金). 그래서 중앙 5·10토(土)는 목화금수(木火金水 : 춘하추동)의 사계를 조화하여 새롭게 열고 불완전한 상극을 상생으로 이끄는 완성의 수리를 의미한다. 종교의 상징인 기독교의 십자

가(十)나 불교의 만(卍)이나 선도의 십승지(十勝地)는 이러한 이치를 내포한다. 역학과 종교는 본질적으로 동질의 철학을 담고 있다고 볼 수 있다.

⑦ 목(木)에서 금(金)이 나오는데 전두환(全斗煥)이 금(金)운의 시대를 열었다. 두환은 별(斗)이 빛난다(빛날환 : 煥)는 뜻이니 금성(金星)이 강한 이름이다. 전두환이란 이름은 북두칠성이 반짝이는 것을 의미하고, 북두칠성은 거문(巨門)・녹존(祿存)・문곡(文曲)・염정(廉貞)・무곡(武曲)・파군(破軍) 등 7개의 별이 있듯이 그의 임기가 7년인 것도 천도의 이치이다.

⑧ 금(金)에서 토(土)가 나오는데 토(土)운의 시대는 노태우(盧泰愚)가 열었다. 노(盧) 자에는 밭전(田) 자가 들어 있고, 밭은 오행으로는 토(土)이고, 토(土)는 팔괘의 완성이다. 이후로는 영원히 5・10 토성(土星)의 시대가 될 것이다. 1988년 노태우 정권부터 5년단임제가 시행된 것 또한 천도의 이치이다. 1988년 노태우 대통령의 당선을 시점으로 4계절이 가고 제5계절로 맹춘의 시대가 열렸다. 사계절이 순환하여 원시반본(元始反本)으로 돌아간 것이다. 이 때부터는 사시장춘(四時長春)의 무극시대요, 영원한 토극(土極)의 시대이니 이후의 대통령은 모두 중앙 5・10토(土)의 이치를 담은 사람이 될 것이다. 토(土)의 시대는 중화의 시대요 중용의 시대이다. 천지인(天地人) 삼원(三元)이 완성되고, 희역(羲易) → 주역(周易) → 정역(正易)으로 역(易)의 완성을 이루며, 천지가 지천태(地天泰)로 뒤바뀐 시대이다.

⑨ 그 다음 대통령인 김영삼(金永三)의 삼(三) 자는 중앙 토(土)를 나타낸다. 일(一)은 천수(天數), 이(二)는 지수(地數), 삼(三)은 인수(人數)이며 중앙을 의미한다.

⑩ 그 다음 대통령인 김대중(金大中)은 가운데중(中) 자가 중앙 토(土)를 암시한다.

⑪ 다음 대통령인 노무현도 노태우처럼 노(盧)씨에 밭전(田) 자가 있어 토(土)를 담고 있다. 이와 같은 이치대로 천운이 흐른다면 다음 대통령도 당연히 토성(土星)이 있는 사람이 될 것이다.

⑫ 그럼, 최근 거론되는 유력한 후보 중에서 살펴보자. 박근혜(朴槿惠)는 무궁화나무근(槿) 자가 목성(木星)이 강하여 천운이 없고, 이명박(李明博)은 밝은명(明) 자가 화성(火星)이 강하여 천운이 없다. 손학규(孫鶴圭)는 규(圭 : 土+土) 자의 토성(土星)이 강하여 천운이 있음을 암시한다. 그가 범여권의 후보가 된다면 필경 다음 대통령이 될 것이다. 또한 그가 탈당을 한 것도 학(鶴) 자에서 이미 암시한다고 본다.

과거 노무현 대통령의 당선을 적중하여 언론에서 이슈가 된 것도 모두 이러한 이치로 보았기 때문이다. 이번 대선에서도 거듭 적중하여 동양철학의 오묘함을 확인시켜 줄 것이다.

필자는 2004년에 10월 경에 집필하여 2005년 1월에 출간한 『사주특강』에서 다음 대통령은 손학규가 될 것이라고 예언하였다. 당시 손학규는 실세는 아니었다. 허나 필자는 그의 이름 석 자만으로 예감

했고, 2005년 1월 현대백화점 신년특강에서도 그의 당선을 소개하였다. 최근 여러 언론에서 소개하는 유명 역술인들의 대권예언을 보면 대부분 이명박과 박근혜를 점치고 있다. 그러나 이것은 천운을 바로 보지 못하는 것이다. 역술인이라면 최소한 역리에 맞는 근거와 합당한 당위성을 세워야지 여론조사에 편승하여 예언해서야 되겠는가? 역학의 기본원리만 깨우쳐도 이명박과 박근혜는 아니기 때문에 그들을 주장하지 않을 것이다.

어쨌든 역술계의 명망 있는 분들이 허망한 예언을 일삼는 것은 역학적 빈곤을 드러내는 일이다. 머지않아 부끄러운 행위를 반성할 것이다. 필자 또한 시비에 휘말릴 여지가 있어 방관하고 싶지만 역술인들의 무분별한 예언으로 역학의 불신을 초래할까 염려되어 이치를 밝히는 것이다. 이후로는 근거 없는 논리로 예언을 일삼거나 신기(神氣)를 빌려 틀리면 다 신에게 뒤집어 씌우는 무속인들의 허언을 경계하기를 바란다.

독자들이여! 역학을 제대로 이해하면 미래를 알 수 있다. 앞으로는 역학을 공부하여 스스로 답을 찾아라. 답답하면 필자에게 찾아와 배움을 청하라. 필자 또한 우물이 깊지는 않지만 정도(正道)를 분별할 수 있는 이치는 안다.

역학은 오직 진실만을 말한다. 다만 학인들이 역학을 바로 보지 못하는 것이다. 대통령은 하늘이 정하니 천도의 이치에 따라 나타날 것이다. 천도의 이치를 알아야 천심을 알 수 있다. 필자도 천하의 이치를 다 알지 못한다. 그러나 걸음마 단계만 깨우쳐도 누가 대통령이 될 것인지는 알 수 있다. 사실 개개인의 운명을 예측하는 것이 더 어렵지 한 나라의 임금이 나오는 이치는 두드러지기 때문에 어렵지 않다. 그러니 필자가 아는 것도 자랑할 것은 못된다.

사심을 버리고 역학의 참뜻을 공부하라. 그리고 세상을 보라. 미래가 거울처럼 투명하게 보이지 않는가. 그러면 자신이 가야할 바를 알 수 있을 것이다.

부록1. 우리나라 성씨 본관 내역표

ㄱ	
가(賈)	소주(蘇州)
간(簡)	가평(加平)
갈(葛)	남양(南陽)
감(甘)	회산(檜山)
강(姜)	금천(衿川) 진주(晉州)
강(康)	순천(順天) 신천(信川) 영강(永康) 용인(龍仁) 재령(載寧) 진주(晉州)
강(彊)	진주(晉州)
개(介)	여주(驪州)
견(甄)	황간(黃磵)
견(堅)	천녕(川寧)
경(慶)	청주(淸州)
경(景)	태인(泰仁) 해주(海州)
계(桂)	수안(遂安)
고(高)	개성(開城) 고흥(高興) 안동(安東) 용담(龍潭) 장흥(長興) 전주(全州) 제주(濟州) 횡성(橫城)
곡(曲)	면천(沔川) 용궁(龍宮)
공(孔)	곡부(曲阜)
공(公)	김포(金浦)
곽(郭)	선산(善山) 의령(宜寧) 청주(淸州) 해미(海美) 현풍(玄風)

구(丘)	평해(平海)
구(具)	능성(綾城) 창원(昌原)
구(邱)	은진(恩津)
국(鞠)	담양(潭陽)
궉(鴌)	순창(淳昌) 선산(善山)
권(權)	안동(安東) 예천(醴泉)
근(斤)	청주(淸州)
금(琴)	봉화(奉化)
기(奇)	남원(南原) 덕양(德陽) 행주(幸州)
길(吉)	선산(善山) 해평(海平)
김(金)	강릉(江陵) 강서(江西) 강진(康津) 강화(江華) 개성(開城) 경산(慶山) 경주(慶州) 고령(高靈) 고성(固城) 공주(公州) 광산(光山) 광양(光陽) 광주(廣州) 교하(交河) 금산(錦山) 금산(金山) 금화(金化) 김제(金堤) 김해(金海) 나주(羅州) 낙안(樂安) 남양(南陽) 남평(南平) 당악(唐岳) 당진(唐津) 대구(大邱) 덕수(德水) 도강(道康) 도주(道州) 동래(東萊) 명주(溟州) 무장(茂長) 문화(文化) 밀양(密陽) 배천(白川) 보령(保寧) 보은(報恩) 부안(扶安) 부평(富平) 분성(盆城) 사천(泗川) 삼척(三陟) 상산(商山) 상주(尙州) 서흥(瑞興) 선산(善山) 선성(宣城) 설성(雪城)

	수안(遂安) 수원(水原) 순천(順天) 시흥(始興) 신주(愼州) 신천(信川) 아산(牙山) 안동(安東) 안로(安老) 안산(安山) 안성(安城) 안악(安岳) 양근(楊根) 양산(梁山) 양주(楊州) 언양(彦陽) 여수(麗水) 연기(燕岐) 연안(延安) 영광(靈光) 영덕(盈德) 영동(永同) 영암(靈巖) 영양(英陽) 영월(寧越) 영천(永川) 영해(寧海) 예안(禮安) 예천(醴泉) 오성(筽城) 오천(烏川) 옥천(沃川) 용궁(龍宮) 용담(龍潭) 우록(友鹿) 우봉(牛峰) 울산(蔚山) 웅천(熊川) 원주(原州) 월성(月城) 은율(殷栗) 의성(義城) 장연(長淵) 전의(全義) 전주(全州) 정산(定山) 정주(貞州) 진도(珍島) 진례(進禮) 진잠(鎭岑) 진주(晉州) 진천(鎭川)
ㄴ	
나(羅)	군위(軍威) 금성(錦城) 나주(羅州) 능성(綾城) 수성(壽城) 안정(安定)
남(南)	고성(固城) 영양(英陽) 영양(潁陽) 의령(宜寧)
내(乃)	개성(開城)
노(盧)	곡산(谷山) 광산(光山) 교하(交河) 만경(萬頃) 밀양(密陽) 신창(新昌) 안강(安康) 안동(安東) 의주(義州) 장연(長淵) 파주(坡州) 풍천(豊川) 해주(海州)

노(魯)	강화(江華) 광주(廣州) 밀양(密陽) 함평(咸平)
노(路)	개성(開城)
뇌(雷)	교동(喬桐)
ㄷ	
단(段)	연안(延安)
당(唐)	밀양(密陽)
대(大)	밀양(密陽)
도(都)	성주(星州) 팔거(八莒)
도(道)	고성(固城)
도(陶)	풍양(豊壤)
돈(頓)	목천(木川)
동(董)	광천(廣川)
두(杜)	두릉(杜陵) 만경(萬頃)
ㄹ	
류(柳)	경주(慶州) 고흥(高興) 문화(文化) 서산(瑞山) 선산(善山) 영광(靈光) 유주(儒州) 전주(全州) 정주(貞州) 진주(晉州) 풍산(豊山) 흥양(興陽)
ㅁ	
마(馬)	목천(木川) 장흥(長興)
마(麻)	영평(永平)
만(萬)	강릉(江陵) 강화(江華) 개성(開城) 광주(廣州) 영풍(永豐) 익곡(翼谷) 진강(鎭江) 홍주(洪州)

매(梅)	충주(忠州)
맹(孟)	신창(新昌)
명(明)	서촉(西蜀)
모(牟)	함평(咸平)
목(睦)	사천(泗川)
묵(墨)	광령(廣寧) 요동(遼東)
문(文)	감천(甘泉) 강릉(江陵) 개령(開寧) 남평(南平) 명주(溟州) 안동(安東) 장연(長淵) 정선(旌善) 창원(昌原) 취성(鷲城)
미(米)	재령(載寧)
민(閔)	여흥(驪興)
ㅂ	
박(朴)	강릉(江陵) 개성(開城) 경주(慶州) 고령(高靈) 고성(固城) 공주(公州) 광주(廣州) 구산(龜山) 군위(軍威) 나주(羅州) 노성(魯城) 면천(沔川) 무안(務安) 문의(文義) 밀양(密陽) 반남(潘南) 봉산(鳳山) 비안(比安) 사천(泗川) 삼척(三陟) 상산(商山) 상주(尙州) 선산(善山) 성주(星州) 순창(淳昌) 순천(順天) 여주(驪州) 영암(靈巖) 영해(寧海) 운봉(雲峰) 울산(蔚山) 웅진(熊津) 월성(月城) 은풍(殷豊) 음성(陰城) 음죽(陰竹) 의창(義昌) 의흥(義興) 인제(麟蹄) 전주(全州)

	정선(旌善) 죽산(竹山) 진원(珍原) 창원(昌原) 춘천(春川) 충주(忠州) 태안(泰安) 태인(泰仁) 평산(平山) 평주(平州) 평택(平澤) 함안(咸安) 함양(咸陽)
반(潘)	거제(巨濟) 광산(光山)
반(班)	개성(開城) 고성(固城) 평해(平海)
방(房)	남양(南陽) 수원(水原) 용성(龍城)
방(方)	상주(尙州) 온양(溫陽)
방(龐)	갈양(褐陽) 개성(開城) 대원(大原)
배(裵)	경산(京山) 경주(慶州) 곤산(昆山) 김해(金海) 남해(南海) 달성(達城) 대구(大丘) 분성(盆城) 성주(星州) 영암(靈巖) 협계(俠溪) 흥해(興海)
백(白)	남포(藍浦) 대흥(大興) 수성(隋城) 수원(水原) 양산(梁山) 임천(林川) 직산(稷山) 태인(泰仁) 해미(海美)
범(范)	금성(錦城)
변(卞)	개성(開城) 밀양(密陽) 초계(草溪) 팔계(八溪)
변(邊)	원주(原州) 장연(長淵) 황주(黃州)
복(卜)	면천(沔川)
봉(奉)	하음(河陰)
봉(鳳)	경주(慶州)
부(夫)	제주(濟州)

빈(彬)	담양(潭陽) 대구(大丘)
빙(氷)	경주(慶州)
ㅅ	
사(史)	거창(居昌) 임강(臨江) 장사(長沙) 전주(全州) 진주(晋州) 청주(靑州)
상(尙)	목천(木川)
서(徐)	남양(南陽) 남평(南平) 달성(達城) 당성(唐城) 대구(大丘) 부여(扶餘) 연산(連山) 이천(利川) 장성(長城) 절강(浙江) 평당(平當)
석(石)	충주(忠州) 해주(海州) 개성(開城) 결성(結城) 경주(慶州) 광주(廣州) 남원(南原) 대구(大丘) 밀양(密陽) 양주(楊州) 원주(原州) 전주(全州) 청주(淸州) 파평(坡平) 화원(花園) 성주(星州) 석천(石天) 태안(泰安) 통진(通津)
석(昔)	월성(月城)
선(宣)	보성(寶城)
설(卨)	경주(慶州)
설(偰)	경주(慶州)
설(薛)	경주(慶州) 순창(淳昌)
섭(葉)	경주(慶州)
성(成)	창녕(昌寧)

소(蘇)	진주(晉州)
소(邵)	가량(加良) 경주(慶州) 공주(公州) 남양(南陽) 인천(仁川) 전주(全州) 청산(靑山) 평산(平山)
손(孫)	경주(慶州) 나주(羅州) 밀양(密陽) 부평(富平) 수주(樹州) 안동(安東) 월성(月城) 일직(一直) 청주(淸州) 평해(平海)
송(宋)	김해(金海) 남양(南陽) 덕산(德山) 문경(聞慶) 서산(瑞山) 신평(新平) 야성(冶城) 양주(楊州) 여산(礪山) 연안(延安) 영주(榮州) 용성(龍城) 은진(恩津) 진천(鎭川) 청주(淸州) 합천(陜川) 홍산(鴻山) 홍주(洪州)
송(松)	화순(和順)
수(水)	김해(金海) 운제(雲梯)
순(舜)	임천(林川) 파주(坡州)
순(荀)	연곡(連谷) 임천(林川) 창원(昌原) 홍산(鴻山)
승(承)	광산(光山) 연일(延日)
승(昇)	송도(松都)
시(施)	절강(浙江)
시(柴)	금화(金化) 능향(綾鄕) 태인(泰仁)
신(愼)	거창(居昌)
신(申)	고령(高靈) 아주(鵝洲) 영월(寧越) 영천(永川) 영해(寧海) 은풍(殷豊) 죽산(竹山) 천안(天安)

	평산(平山)
신(辛)	영산(靈山) 영월(寧越) 창녕(昌寧)
심(沈)	부유(富有) 삼척(三陟) 청송(青松) 풍산(豊山)
ㅇ	
안(安)	공산(公山) 광주(廣州) 동주(洞州) 순흥(順興) 안산(安山) 안성(安城) 죽산(竹山) 지곡(池谷) 충주(忠州) 탐진(耽津) 태원(太原) 흥녕(興寧)
야(夜)	개성(開城) 봉성(峯城) 석천(石淺) 원평(原平)
양(梁)	남원(南原) 남해(南海) 제주(濟州) 청주(淸州) 충주(忠州)
양(楊)	남원(南原) 밀양(密陽) 제주(濟州) 중화(中和) 청주(淸州) 하음(河陰)
양(樑)	남양(南陽)
어(魚)	충주(忠州) 함양(咸陽) 함종(咸從)
엄(嚴)	경원(慶源) 영월(寧越)
여(呂)	곡산(谷山) 성주(星州) 함양(咸陽)
여(余)	의령(宜寧)
연(連)	나주(羅州) 전주(全州)
연(延)	곡산(谷山)
연(燕)	곡산(谷山) 덕원(德原) 영평(永平) 전주(全州) 정평(定平) 평주(平州)
염(廉)	곡성(曲城) 봉성(峰城) 서원(瑞原) 파주(坡州)

영(永)	평해(平海)
예(芮)	남양(南陽) 부계(缶溪) 수원(水原) 의흥(義興) 청풍(淸風)
오(吳)	고창(高敞) 군위(軍威) 금성(金城) 나주(羅州) 낙안(樂安) 동복(同福) 두원(荳原) 보성(寶城) 연일(延日) 울산(蔚山) 장흥(長興) 전주(全州) 평해(平海) 함양(咸陽) 함평(咸平) 해주(海州) 화순(和順) 흥양(興陽)
옥(玉)	의령(宜寧)
온(溫)	봉성(鳳城)
옹(雍)	옹진(甕津) 파평(坡平)
옹(邕)	순창(淳昌) 옥천(玉川)
왕(王)	강릉(江陵) 개성(開城) 안동(安東) 제남(濟南) 청주(淸州) 해주(海州)
요(姚)	휘주(徽州) 수원(水原) 충주(忠州) 서원(西原)
용(龍)	홍천(洪川)
우(禹)	단양(丹陽)
우(于)	목천(木川)
원(元)	원주(原州)
원(袁)	비안(比安)
위(韋)	강화(江華)
위(魏)	장흥(長興)

유(劉)	강릉(江陵) 강화(江華) 거창(居昌) 문화(文化) 배천(白川) 중원(中原) 충주(忠州) 한양(漢陽)
유(兪)	강진(康津) 고령(高靈) 금산(金山) 기계(杞溪) 무안(務安) 인동(仁同) 창원(昌原) 천녕(川寧)
유(庾)	무송(茂松)
육(陸)	옥천(沃川)
윤(尹)	기계(杞溪) 나주(羅州) 남원(南原) 무송(茂松) 서흥(瑞興) 양주(楊州) 영천(永川) 예천(醴泉) 옥과(玉果) 칠원(漆原) 파평(坡平) 포주(抱州) 함안(咸安) 해남(海南) 해주(海州) 해평(海平)
은(殷)	행주(幸州)
음(陰)	죽산(竹山)
이(李)	가평(加平) 가평(嘉平) 강릉(江陵) 강양(江陽) 강진(康津) 강화(江華) 강흥(江興) 개성(開城) 견주(見州) 결성(結城) 경산(京山) 경원(慶源) 경주(慶州) 고령(高靈) 고부(古阜) 고성(固城) 공주(公州) 광산(光山) 광양(光陽) 광주(廣州) 금구(金溝) 금마(金馬) 금산(金山) 길주(吉州) 김포(金浦) 나주(羅州) 남평(南平) 농서(隴西) 단성(丹城) 단양(丹陽) 담양(潭陽) 대흥(大興) 덕산(德山) 덕수(德水) 덕영(德永) 덕은(德恩) 도안(道安) 문의(文義) 벽진(碧珍) 보령(保寧)

봉산(鳳山)	부안(扶安)	부여(扶餘)	부평(富平)
사천(泗川)	상산(商山)	서림(西林)	서산(瑞山)
서천(舒川)	설성(雪城)	성주(星州)	수안(遂安)
수원(水原)	수주(樹州)	순천(順天)	신평(新平)
아산(牙山)	안산(安山)	안성(安城)	안악(安岳)
양산(梁山)	양성(陽城)	양주(楊州)	여주(驪州)
여흥(驪興)	연안(延安)	염주(鹽州)	영성(靈城)
영월(寧越)	영주(永州)	영주(瀛州)	영천(寧川)
영천(永川)	영해(寧海)	예안(禮安)	옥구(沃溝)
온양(溫陽)	완산(完山)	용구(龍駒)	용궁(龍宮)
용인(龍仁)	우계(羽溪)	우봉(牛峰)	울산(蔚山)
원율(原栗)	원주(原州)	월성(月城)	음죽(陰竹)
익산(益山)	익양(益陽)	인제(麟蹄)	인주(仁州)
인천(仁川)	임강(臨江)	장기(長鬐)	장수(長水)
장천(長川)	재령(載寧)	적성(積城)	전의(全義)
전주(全州)	정선(旌善)	정읍(井邑)	지평(砥平)
진보(眞寶)	진성(眞城)	진안(鎭安)	진위(振威)
진주(晉州)	진천(鎭川)	차성(車城)	창녕(昌寧)
천안(天安)	철성(鐵城)	청송(青松)	청안(淸安)
청양(青陽)	청주(淸州)	청해(青海)	초산(楚山)
충주(忠州)	태안(泰安)	태원(太原)	통진(通津)
평산(平山)	평양(平壤)	하빈(河濱)	함안(咸安)

	함평(咸平) 홍주(洪州) 흥양(興陽)
이(伊)	은천(銀川) 태원(太原)
이(異)	밀양(密陽)
인(印)	교동(喬洞) 연안(延安)
임(任)	관산(冠山) 장흥(長興) 정안(定安) 평산(平山) 풍산(豊山) 풍천(豊川)
임(林)	경주(慶州) 금성(錦城) 길안(吉安) 나주(羅州) 보주(甫州) 부안(扶安) 선산(善山) 안동(安東) 안음(安陰) 안의(安義) 예천(醴泉) 옥구(沃溝) 옥야(沃野) 울진(蔚珍) 은진(恩津) 익산(益山) 장흥(長興) 전주(全州) 조양(兆陽) 진천(鎭川) 평택(平澤) 풍천(豊川) 회진(會津)
ㅈ	
장(張)	결성(結城) 구례(求禮) 나주(羅州) 단양(丹陽) 대원(大元) 덕수(德水) 목천(木川) 무안(務安) 부안(扶安) 순천(順天) 안동(安東) 예산(禮山) 옥구(沃溝) 옥산(玉山) 울진(蔚珍) 인동(仁同) 장연(長淵) 전주(全州) 지례(知禮) 진안(鎭安) 진천(鎭川) 청송(青松) 평양(平壤) 풍덕(豊德) 해주(海州) 홍천(洪川) 흥덕(興德) 흥양(興陽) 흥해(興海)
장(章)	거창(居昌)

장(莊)	금천(衿川) 장연(長連)
장(蔣)	아산(牙山)
전(全)	감천(甘泉) 경산(慶山) 경주(慶州) 기장(機張) 나주(羅州) 부여(扶餘) 성주(星州) 옥산(玉山) 옥천(沃川) 완산(完山) 용궁(龍宮) 정선(旌善) 죽산(竹山) 천안(天安) 팔거(八莒) 평강(平康) 함창(咸昌) 황간(黃澗)
전(田)	개성(開城) 남양(南陽) 남원(南原) 담양(潭陽) 연안(延安) 영광(靈光) 우봉(牛峰) 태산(泰山) 평택(平澤)
전(錢)	문경(聞慶)
점(占)	한산(韓山)
정(程)	하남(河南)
정(丁)	금성(錦城) 나주(羅州) 압해(押海) 영광(靈光) 창녕(昌寧) 창원(昌原)
정(鄭)	경주(慶州) 고성(固城) 광산(光山) 금성(錦城) 김포(金浦) 나주(羅州) 동래(東萊) 봉화(奉化) 삼가(三嘉) 서산(瑞山) 야성(野城) 연일(延日) 영덕(盈德) 영일(迎日) 온양(溫陽) 장기(長鬐) 장흥(長興) 전주(全州) 진주(晉州) 창녕(昌寧) 철산(鐵山) 청산(靑山) 청주(淸州) 초계(草溪) 팔계(八溪) 하동(河東) 함평(咸平) 합천(陜川)

	해주(海州)
제(諸)	칠원(漆原)
조(趙)	광주(廣州) 김제(金堤) 배천(白川) 상주(尙州) 순창(淳昌) 양주(楊州) 옥과(玉果) 옥천(玉川) 임천(林川) 직산(稷山) 진보(眞寶) 창녕(昌寧) 태원(太原) 평산(平山) 평양(平壤) 평일(平一) 풍양(豊壤) 한산(韓山) 한양(漢陽) 함안(咸安) 횡성(橫城)
조(曺)	가흥(嘉興) 옥천(玉川) 용담(龍潭) 장흥(長興) 창녕(昌寧) 탐진(耽津)
종(鍾)	두원(荳原) 영암(靈岩) 정의(旌義) 천안(天安) 통진(通津) 풍덕(豊德) 하음(河陰)
종(宗)	니파(泥彼) 모압(毛押) 인의(仁義) 임진(臨律) 통진(通津) 황원(黃原)
좌(左)	청주(淸州)
주(朱)	나주(羅州) 능성(綾城) 신안(新安) 장수(長水) 전주(全州)
주(周)	상산(商山) 상주(尙州) 안의(安義) 철원(鐵原) 초계(草溪)
준(俊)	청주(淸州)
지(智)	봉산(鳳山)
지(池)	청주(淸州) 충주(忠州)

진(秦)	중원(中原) 진주(晉州) 풍기(豊基)
진(晋)	기계(杞溪) 남원(南原)
진(陳)	광동(廣東) 양산(梁山) 여양(驪陽) 청주(淸州)
ㅊ	
차(車)	연안(延安)
창(昌)	강릉(江陵) 공주(公州) 아산(牙山) 여산(礪山) 장성(畏城)
창(倉)	아산(牙山) 여산(礪山) 장성(長城)
채(蔡)	인천(仁川) 진천(鎭川) 평강(平康)
채(采)	여산(礪山)
채(菜)	영양(穎陽)
천(天)	연안(延安) 우봉(午峯)
천(千)	금계(金溪) 영양(穎陽)
초(楚)	파릉(巴陵)
초(肖)	제주(濟州)
최(崔)	간성(杆城) 강릉(江陵) 강화(江華) 개성(開城) 경성(鏡城) 경주(慶州) 계림(鷄林) 고부(古阜) 곡강(曲江) 공주(公州) 광주(廣州) 괴산(槐山) 나주(羅州) 낭주(郎州) 동주(東州) 등주(登州) 명주(溟州) 무주(茂朱) 부안(扶安) 삭녕(朔寧) 상원(祥原) 상주(尙州) 수성(隋城) 수원(水原) 승령(僧嶺) 아산(牙山) 양주(楊州) 양천(陽川)

	여수(麗水) 연풍(延豊) 영암(靈巖) 영주(永州) 영천(永川) 영흥(永興) 완산(完山) 용강(龍崗) 용궁(龍宮) 용주(龍州) 우봉(牛峰) 원주(原州) 월성(月城) 전의(全義) 전주(全州) 직산(稷山) 창원(昌原) 천녕(川寧) 청송(靑松) 청주(淸州) 초계(草溪) 충원(忠原) 충주(忠州) 탐진(耽津) 통천(通川) 하동(河東) 한남(漢南) 해주(海州) 화순(和順) 황주(黃州) 회령(會寧) 흥해(興海)
추(秋)	전주(全州) 추계(秋溪)
ㅍ	
판(判)	해주(海州)
팽(彭)	용강(龍崗) 절강(浙江)
편(片)	금천(衿川) 절강(浙江)
평(平)	충주(忠州)
포(包)	풍덕(豊德)
표(表)	신창(新昌)
풍(馮)	임구(臨朐)
피(皮)	괴산(槐山) 홍천(洪川)
필(弼)	대흥(大興)
ㅎ	
하(河)	진주(晉州)
하(夏)	달성(達城)

한(漢)	충주(忠州)
한(韓)	곡산(谷山) 단주(湍州) 당진(唐津) 대흥(大興) 삼화(三和) 서원(西原) 신평(新平) 안변(安邊) 정평(定平) 청주(淸州) 한양(漢陽)
함(咸)	강릉(江陵) 양근(楊根) 항양(恒陽)
해(海)	김해(金海)
허(許)	공암(孔巖) 김해(金海) 양천(陽川) 태인(泰仁) 하양(河陽)
현(玄)	남원(南原) 성주(星州) 수원(水原) 순천(順天) 연주(延州) 창원(昌原) 천녕(川寧) 팔거(八莒)
형(邢)	진주(晉州)
호(胡)	토산(兎山) 파릉(巴陵)
호(扈)	보안(保安) 전주(全州)
홍(洪)	남양(南陽) 당성(唐城) 부계(缶溪) 염주(鹽州) 청주(淸州) 풍산(豊山) 회인(懷仁)
화(化)	진주(晉州)
황(黃)	단양(丹陽) 덕산(德山) 상주(尙州) 성주(星州) 우주(紆州) 의창(義昌) 장수(長水) 제안(濟安) 창원(昌原) 평해(平海) 항주(杭州) 황주(黃州) 회덕(懷德)

복성씨	
남궁(南宮)	함열(咸悅)

독고(獨孤)	남원(南原)
동방(東方)	진주(晉州)
사공(司空)	효령(孝令)
서문(西門)	안음(安陰)
선우(鮮于)	태원(太原)
제갈(諸葛)	남양(南陽)
황보(皇甫)	영천(永川) 황주(黃州)

부록2. 대법원 발표 인명용 한자 4,794

ㄱ

伽 절 가 7
佳 아름다울 가 8
假 거짓 가 11
價 값 가 15
加 더할 가 5
可 옳을 가 5
呵 꾸짖을 가 8
哥 형 가 10
嘉 아름다울 가 14
嫁 시집갈 가 13
家 집 가 10
暇 겨를 가 13
枷 도리깨 가 9
柯 자루, 가지 가 9
架 시렁 가 9
歌 노래 가 14
珂 옥이름 가 10
痂 헌데딱지 가 10
稼 곡식심을 가 15
苛 잔풀, 가혹할 가 11
茄 가지 가 11
街 거리 가 12
袈 가사 가 11
訶 꾸짖을 가 12
賈 성, 값 가 13
軻 굴대 가 12
跏 책상다리할 가 12
迦 부처이름 가 12
駕 멍에 가 15
刻 새길 각 8
却 물리칠 각 7
各 각각 각 6
恪 공경할 각 10
慤 삼갈 각 15
殼 껍질 각 12
珏 쌍옥 각 10
脚 종아리 각 13
覺 깨달을 각 20
角 뿔 각 7
閣 다락집 각 14
侃 강직할 간 8

刊 새길 간 5
墾 개간할 간 16
奸 간음할 간 6
姦 간사할 간 9
干 방패 간 3
幹 줄기 간 13
懇 지성스러울 간 17
揀 가릴 간 13
杆 산뽕나무 간 7
柬 가릴 간 9
桿 몽둥이 간 11
栞 표할, 나무쪼갤 간 10
澗 시내 간 16
玕 예쁜돌 간 8
癎 간기 간 17
看 볼 간 9
磵 시내 간 17
稈 볏짚 간 12
竿 대줄기 간 9
簡 편지, 대쪽 간 18
肝 간 간 9
艮 그칠, 간방 간 6
艱 어려울 간 17
諫 간할 간 16
間 사이 간 12
乫 땅이름 갈 6
喝 꾸짖을 갈 12
曷 어찌 갈 9
渴 목마를 갈 13
碣 비석 갈 14
竭 다할 갈 14
葛 칡 갈 15
蝎 전갈 갈 15
褐 털옷 갈 15
鞨 말갈나라 갈 18
勘 마감할 감 11
坎 구덩이 감 7
堪 견딜 감 12
嵌 산골짜기 감 12
感 느낄 감 13
憾 한할 감 17
戡 이길 감 13
敢 구태여 감 12
柑 감귤 감 9

橄 감람나무 감 16
減 덜 감 13
甘 달 감 5
疳 감질 감 10
監 볼 감 14
瞰 굽어볼 감 17
紺 감색 감 11
邯 땅이름 감 12
鑑 거울 감 22
鑒 거울감 22
龕 감실 감 22
匣 궤 갑 7
岬 산기슭 갑 8
甲 갑옷 갑 5
胛 어깨쭉지 갑 11
鉀 갑옷 갑 13
閘 물문 갑 13
剛 굳셀 강 10
堈 독강 11
姜 성 강 9
岡 산등성이 강 8
崗 산등성이 강 11

康 편안할 강 11
强 강할 강 12
強 강할 강 11
彊 강할 강 16
慷 강개할 강 15
杠 깃대 강 7
橿 박달나무, 감탕나무 강 17
江 강 강 7
畺 지경 강 13
疆 지경 강 19
糠 겨 강 17
絳 진홍 강 12
綱 벼리 강 14
羌 오랑캐 강 8
腔 속빌 강 14
舡 오나라배 강 9
薑 생강 강 19
襁 포대기강 17
繈 포대기 강 18
講 강론할 강 17
鋼 강철 강 16
降 내릴 강 14

鱇 아귀, 꺽저기 강 22
介 낄 개 4
价 착할 개 6
個 낱 개 10
凱 화할, 이길 개 12
塏 밝을, 높은땅 개 13
愾 성낼 개 14
愷 편안한 개 14
改 고칠 개 7
槪 대개 개 15
漑 물댈 개 15
疥 옴 개 9
皆 다 개 9
盖 덮을 개 11
箇 낱 개 14
芥 겨자 개 10
蓋 덮을 개 16
豈 승전악, 즐길 개 10
鎧 갑옷,무장할 개 18
開 열,개척할 개 12
喀 기침할, 토할 객 12
客 손 객 9

坑 구덩이 갱 7
更 다시 갱 7
粳 메벼 갱 13
羹 국 갱 19
醵 추렴할 갹 20
倨 거만할 거 10
去 갈 거 5
居 살 거 8
巨 클 거 5
拒 막을 거 9
据 일할, 길거할 거 12
據 웅거할 거 17
擧 들 거 18
渠 도랑 거 13
炬 횃불 거 9
祛 물리칠 거 10
距 떨어질 거 12
踞 걸터앉을, 웅크릴 거 15
車 수레 거 7
遽 급할 거 20
鉅 클 거 13
鋸 톱 거 16

乾 하늘 건 11
件 조건 건 6
健 굳셀 건 11
巾 수건 건 3
建 세울 건 9
愆 허물 건 13
楗 문빗장 건 13
腱 힘줄 건 15
虔 공경할 건 10
蹇 절 건 17
鍵 열쇠 건 17
騫 이지러질 건 20
乞 빌 걸 3
傑 호걸 걸 12
杰 호걸 걸 8
桀 사나울, 홰 걸 10
儉 검소할 검 15
劍 칼 검 15
劒 칼 검 16
檢 교정할 검 17
瞼 눈꺼풀 검 18
鈐 비녀장 검 12

黔 검을 검 16
劫 겁탈할, 위협할 겁 7
怯 겁낼 겁 9
迲 자래 겁 12
偈 쉴, 범어 게 11
憩 쉴 게 16
揭 높이들 게 13
擊 칠 격 17
格 격식 격 10
檄 격문 격 17
激 급할 격 17
膈 횡격막, 명치 격 16
覡 박수 격 14
隔 막을 격 18
堅 굳을 견 11
牽 이끌 견 11
犬 개 견 4
甄 질그릇 견 14
絹 깁 견 13
繭 누에고치 견 19
肩 어깨 견 10
見 볼 견 7

譴 꾸짖을 견 21
遣 보낼 견 17
鵑 두견새 견 18
抉 긁을 결 8
決 결단할 결 8
潔 맑을 결 16
結 맺을 결 12
缺 이지러질 결 10
訣 비결 결 11
兼 겸할 겸 10
慊 앙심먹을 겸 14
箝 재갈 겸 14
謙 겸손할 겸 17
鉗 목사슬 겸 13
鎌 낫 겸 18
京 서울 경 8
俓 곧을 경 9
倞 굳셀 경 10
傾 기울어질 경 13
儆 경계할 경 15
冏 빛날 경 7
勁 굳셀 경 9
勍 굳셀 경 10
卿 벼슬 경 12
坰 들 경 8
境 지경 경 14
庚 천간 경 8
徑 지름길 경 10
慶 경사 경 15
憬 깨달을 경 16
擎 들 경 17
敬 공경할 경 13
景 볕 경 12
暻 밝을 경 16
更 고칠 경 7
梗 곧을, 도라지 경 11
檠 등잔대 경 17
涇 통할 경 11
炅 빛날 경 8
烱 무더울, 빛날 경 11
熲 불빛 경 15
璄 옥광채날 경 17
璥 옥이름 경 18
瓊 붉은옥 경 20

痙 경련경 12
硬 굳을경 12
磬 경쇠경 16
竟 마칠경 11
競 다툴경 20
絅 홑옷경 11
經 경서경 13
耕 밭갈경 10
耿 빛날경 10
脛 정강이경 13
莖 줄기경 13
警 경계할경 20
輕 가벼울경 14
逕 동안뜰, 길 경 14
鏡 거울경 19
頃 이랑경 11
頸 목경 16
驚 놀랄경 23
鯨 고래경 19
係 이을계 9
啓 열계 11
堺 지경계 12
契 계약할계 9
季 끝계 8
溪 시내계 14
屆 이를계 8
悸 두근거릴 계 12
戒 경계할계 7
桂 계수나무계 10
械 기계계 11
棨 창계 12
烓 화덕계 10
界 지경계 9
癸 북방계 9
磎 시내계 15
稽 상고할계 15
系 맬계 7
繫 맬계 19
繼 이을계 20
計 셀계 9
誡 경계할계 14
谿 시내계 17
階 섬돌계 17
鷄 닭계 21

叩 두드릴 고5
古 예 고5
告 알릴 고7
呱 아이울음소리 고8
固 굳을 고8
姑 시어머니 고8
孤 외로울 고8
尻 꽁무니고5
庫 곳집 고10
拷 두드릴 고10
攷 상고할 고6
故 연고 고9
敲 두드릴 고14
枯 마를 고9
槁 마를, 마른나무 고14
沽 팔 고9
痼 고질 고13
睾 불알 고14
稿 볏짚 고15
羔 새끼양 고10
考 상고할 고8
股 다리 고10
膏 기름 고16
皐 언덕 고11
苦 괴로울 고11
菰 교미, 줄 고11
菰 교미, 줄 고14
藁 짚 고20
翯 흴 고14
蠱 뱃속벌레 고23
袴 바지 고12
誥 고할 고14
賈 장사 고13
辜 허물 고12
錮 땜질할 고16
雇 품살 고12
顧 돌아볼 고21
高 높을 고10
鼓 북 고13
哭 울 곡10
斛 휘 곡11
曲 굽을 곡6
梏 수갑 곡11
穀 곡식 곡15

谷 골 곡7
鵠 고니 곡18
困 곤할 곤7
坤 땅 곤8
崑 산이름 곤11
昆 맏 곤8
梱 문지방 곤11
棍 곤장 곤12
滾 흐를 곤15
琨 아름다운옥 곤13
袞 곤룡포 곤11
錕 붉은금 곤16
鯤 곤어 곤19
汨 다스릴 골8
滑 어지러울, 흐릴 골14
骨 뼈 골10
供 이바지할 공8
公 공변될, 귀 공4
共 한가지 공6
功 공 공5
孔 구멍 공4
工 장인 공3
恐 두려울 공10
恭 공손할 공10
拱 두손맞잡을 공10
控 당길 공12
攻 칠 공7
珙 크고둥근옥 공11
空 빌 공8
蚣 지네 공10
貢 바칠 공10
鞏 가죽테, 묶을 공15
串 땅이름 곶7
寡 적을 과14
戈 창 과4
果 과실 과8
瓜 외 과5
科 과거 과9
菓 과실 과14
誇 자랑할 과13
課 시험할, 차례 과15
跨 걸터앉을 과13
過 지날 과16
鍋 냄비 과17

顆 낟알, 흙덩이 과 17
廓 클 곽 14
槨 덧관 곽 15
藿 콩잎 곽 22
郭 성곽 곽 15
串 익힐 관 7
冠 갓 관 9
官 벼슬 관 8
寬 너그러울 관 15
慣 익숙할 관 15
梡 네발도마, 제기 관 11
棺 널 관 12
款 정성스러울 관 12
灌 물댈 관 22
琯 옥저 관 13
瓘 구슬, 서옥 관 23
管 대롱 관 14
罐 두레박 관 24
舘 객사 관 16
菅 왕골 관 14
觀 볼 관 25
貫 꿸 관 11
錧 보습 관 16
館 객사 관 17
關 빗장 관 19
刮 긁을 괄 8
恝 걱정없을 괄 10
括 헤아릴 괄 10
适 빠를 괄 13
侊 클 광 8
光 빛 광 6
匡 바를 광 6
壙 광중 광 18
広 넓을 광 5
廣 넓을 광 15
曠 밝을 광 19
桄 광랑나무, 베틀 광 19
洸 물솟을 광 10
狂 미칠 광 8
昳 밝을, 비칠 광 8
珖 옥이름 광 11
筐 광주리 광 12
胱 오줌통 광 12
鑛 쇳덩이 광 23

卦 점괘 괘 8
掛 걸 괘 12
罫 줄 괘 14
乖 어그러질 괴 8
傀 꼭두각시 괴 12
塊 흙덩이 괴 13
壞 무너뜨릴 괴 19
怪 괴이할 괴 9
愧 부끄러울 괴 14
拐 속일 괴 9
槐 홰나무 괴 14
魁 으뜸,우두머리 괴 14
宏 클 굉 7
紘 넓을, 갓끈 굉 10
肱 팔 굉 10
轟 울릴 굉 21
交 사귈 교 6
僑 우거할 교 14
咬 새지저귈 교 9
喬 높을 교 12
嬌 아리따울 교 15
嶠 높을, 산길 교 15
巧 공교할 교 5
攪 어지럽힐, 손놀릴 교 24
敎 가르칠 교 11
教 가르칠 교 11
校 학교 교 10
橋 다리 교 16
狡 교활할 교 10
皎 달빛 교 11
矯 바로잡을 교 17
絞 목맬 교 12
翹 들, 꽁지 교 18
膠 아교 교 17
蕎 메밀 교 18
蛟 교룡 교 12
較 비교할 교 13
轎 가마 교 19
餃 경단 교 15
郊 들 교 13
驕 교만할 교 22
鮫 상어 교 17
丘 언덕 구 5
久 오랠 구 3

九 아홉 구9
仇 원수 구4
俱 함께 구10
勾 글귀절 구4
區 구역 구11
口 입 구3
句 글귀절 구5
咎 허물 구8
嘔 토할 구14
坵 언덕 구8
垢 때 구9
寇 도둑 구11
嶇 산험준할 구14
廐 마구 구14
懼 두려워할 구22
拘 잡을 구9
救 구원할 구11
枸 호깨나무, 구기자 구9
柩 관 구9
構 집세울, 지을 구14
歐 토할 구15
毆 칠 구15
毬 제기, 공 구11
求 구할 구7
溝 개천 구14
灸 지질, 뜸 구7
狗 개 구9
玖 옥돌 구8
球 공, 둥글 구12
瞿 놀라볼 구18
矩 곡척 구10
究 궁구할 구7
絿 급할 구13
耇 늙을, 명길 구11
臼 절구 구6
舅 시아비 구13
舊 옛 구18
苟 진실로 구11
衢 네거리 구24
謳 노래할 구18
購 살 구17
軀 몸 구18
逑 짝 구14
邱 언덕 구12

鉤 갈고리 구 13
銶 끌 구 15
駒 망아지 구 15
驅 몰 구 21
鳩 비둘기 구 13
鷗 갈매기 구 22
龜 나라이름 구 16
国 나라 국 8
國 나라 국 11
局 판 국 7
菊 국화 국 14
鞠 기를 국 8
鞫 문초할 국 18
麴 누룩 국 19
君 임금 군 7
窘 군색할 군 12
群 무리 군 13
裙 치마 군 13
軍 군사 군 9
郡 고을 군 14
堀 굴 굴, 팔 굴 11
屈 굽을날 굴 8

掘 팔 굴 12
窟 굴 굴 13
宮 궁궐 궁 10
弓 활 궁 3
穹 하늘 궁 8
窮 다할 궁 15
芎 궁궁이 궁 9
躬 몸 궁 10
倦 게으를 권 10
券 문서 권 8
勸 권할 권 20
卷 책 권 8
圈 우리, 등글 권 11
拳 주먹 권 10
捲 거들 권 12
權 권세 권 22
淃 물돌아흐를 권 12
眷 돌아볼 권 11
厥 그 궐 12
獗 날뛸 궐 16
蕨 고사리 궐 18
蹶 넘어질 궐 19

闕 대궐 궐 18
机 책상 궤 6
櫃 궤, 함 궤 18
潰 흩어질 궤 16
詭 속일 궤 13
軌 굴대 궤 9
饋 먹일,대접할 궤 21
句 글귀 귀 5
晷 해그림자,햇빛 귀 12
歸 돌아올 귀 18
貴 귀할 귀 12
鬼 귀신 귀 10
龜 거북 귀 16
叫 부르짖을 규 5
圭 서옥 규 6
奎 별이름 규 9
揆 헤아릴 규 13
槻 느티나무 규 15
珪 서옥 규 11
硅 규소 규 11
窺 엿볼 규 16
竅 구멍 규 18
糾 삼겹노 규 8
葵 해바라기 규 15
閨 부인, 색시 규 14
規 법 규 11
赳 헌걸찰 규 9
逵 큰길 규 15
勻 고를 균 4
均 고를 균 7
畇 발개간할 균 9
筠 대껍질 균 13
菌 세균, 버섯 균 14
鈞 서른근 균 12
龜 얼어터질 균 16
橘 귤 귤 16
克 이길 극 7
剋 이길 극 9
劇 심할 극 15
戟 갈래진창 극 12
棘 가시나무 극 12
極 다할 극 13
隙 틈 극 18
僅 겨우 근 13

劤 힘많을 근6
勤 부지런할 근13
墐 진흙 근14
嫤 고울 근14
懃 은근할 근17
斤 근 근4
根 뿌리 근10
槿 무궁화 근15
瑾 맑을 근15
瑾 붉은옥 근16
筋 힘줄,기운 근12
芹 미나리 근10
菫 제비꽃 근14
覲 뵐 근18
謹 삼갈 근18
近 가까울 근11
饉 흉년들 근20
契 나라이름 글9
今 이제 금4
妗 외숙모 금7
擒 사로잡을 금17
昑 밝을 금8
檎 능금 금17
琴 거문고 금13
禁 금할 금13
禽 새 금13
芩 금풀 금10
衿 옷깃 금9
衾 이불 금10
襟 옷깃 금19
金 쇠 금8
錦 비단 금16
伋 생각할 급6
及 미칠 급4
急 급할 급9
扱 취급할 급7
汲 물길을 급8
級 등급 급10
給 줄 급12
亘 뻗칠 긍6
亙 뻗칠 긍6
兢 조심할 긍14
矜 자랑할 긍9
肯 즐길 긍10

企 바랄 기 6
伎 재주 기 6
其 그 기 8
冀 바랄 기 16
嗜 즐길 기 13
器 그릇 기 16
圻 지경 기 7
埼 낭떨어지 기 11
基 터 기 11
夔 외발짐승, 조심할 기 17
奇 기이할 기 8
妓 기생 기 7
寄 부칠 기 11
岐 높을 기 7
崎 산길험할 기 11
己 몸 기 3
幾 몇 기 12
忌 꺼릴 기 7
技 재주 기 8
旗 기 기 14
旣 이미 기 11
暣 볕기운 기 14
期 기약할 기 12
朞 돌 기 12
杞 구기자 기 7
棋 바둑 기 12
棄 버릴 기 12
機 베틀 기 16
欺 속일 기 12
氣 기운 기 10
汽 물끓는김 기 8
沂 물이름 기 8
淇 물이름 기 12
玘 패옥 기 8
琦 옥이름 기 13
琪 옥이름 기 13
璂 고깔꾸미개 기 16
璣 구슬 기 17
畸 뙈기밭 기 13
畿 경기 기 15
碁 바둑 기 13
磯 물속자갈 기 17
祁 클 기 8
祇 지신 기 9

祈 기도할 기 9
祺 길할 기 13
箕 키 기 14
紀 벼리 기 9
綺 비단무늬 기 14
羈 말굴레 기 25
耆 늙은이 기 10
機 발갈 기 18
肌 살 기 8
記 기록할 기 10
譏 나무랄 기 19
豈 어찌 기 10
起 일어날 기 10
錤 호미 기 16
錡 세발가마 기 16
飢 주릴 기 11
饑 주릴 기 21
騎 말탈 기 18
騏 천리마 기 18
驥 천리마 기 27
麒 기린 기 19
緊 긴요할 긴 14
佶 바를 길 8
吉 길할 길 6
姞 성 길 9
拮 일할 길 10
桔 도라지 길 10
金 성 김 8
喫 먹을, 마실 끽 12

ㄴ

儺 역귀쫓을 나 21
喇 나팔 나 12
奈 어찌 나 8
娜 아리따울 나 10
懦 나약할 나 18
拏 끌, 잡을 나 9
拿 붙잡을 나 10
柰 어찌 나 9
那 어찌 나 11
諾 대답할 낙 16
暖 따뜻할 난 13
煖 더울 난 13

難 어려울 난 19
捏 이길 날 11
捺 손으로누를 날 12
南 남녘 남 9
枏 녹나무 남 8
楠 들메나무 남 13
湳 물이름 남 13
男 사내 남 7
納 들일 납 10
衲 기울 납 10
囊 주머니 낭 22
娘 아가씨 낭 10
乃 이에 내 2
内 안 내 4
奈 어찌 내 8
柰 어찌, 사과 내 9
耐 견딜 내 9
女 계집 녀 3
年 해 년 6
撚 잡을, 비빌 년 16
秊 해 년 8
念 생각할 념 8
恬 편안할 념 10
拈 집을 념 9
捻 비빌, 비틀 념 12
寗 편안할 녕 13
寧 편안할 녕 14
獰 영악할 녕 18
努 힘쓸 노 7
奴 종 노 5
弩 쇠뇌 노 8
怒 성낼 노 9
瑙 마노 노 14
駑 노둔할 노 15
濃 짙을 농 17
膿 고름 농 19
農 농사 농 13
惱 번뇌할 뇌 13
腦 머릿골 뇌 15
尿 오줌뇨 7
撓 요란할 뇨 16
鬧 시끄러울뇨 15
嫩 어릴 눈 15
訥 말더듬을 눌 11

杻 감탕나무 뉴 8
紐 맺을 뉴 10
鈕 인꼭지 뉴 12
能 능할 능 12
尼 여승 니 5
泥 진흙 니 9
匿 숨을 닉 11
溺 빠질 닉 14

ㄷ

多 많을 다 6
茶 차 다 12
丹 붉을 단 4
亶 믿음 단 13
但 다만 단 7
單 홑 단 12
團 둥글 단 14
壇 제터 단 16
彖 결단할 단 9
斷 끊을 단 18
旦 아침 단 5
檀 박달나무 단 17
段 조각 단 9
湍 여울 단 13
短 짧을 단 12
端 끝 단 14
簞 광주리, 바구니 단 18
緞 비단 단 15
蛋 새알 단 11
袒 웃통벗을 단 11
鄲 땅이름 단 19
鍛 쇠불릴, 단련할 단 17
撻 매질할 달 17
澾 미끄러울 달 17
獺 수달 달 20
疸 황달 달 10
達 통달할 달 16
啖 먹을 담 11
坍 물이언덕칠 담 7
憺 편안할 담 17
擔 멜 담 17
曇 흐릴 담 16
淡 맑을 담 12

湛 즐길 담 13
潭 깊을 담 16
澹 담박할 담 17
痰 가래 담 13
聃 귀바퀴없을 담 11
膽 쓸개 담 19
蕁 지모 담 18
覃 미칠 담 12
談 말씀 담 15
譚 이야기 담 19
錟 긴창 담 16
沓 거듭 답 8
畓 논 답 9
答 대답 답 12
踏 밟을 답 15
遝 뒤섞일 답 17
唐 당나라 당 10
堂 집 당 11
塘 못 당 13
幢 기 당 15
戇 어리석을 당 28
撞 칠 당 16
棠 팥배나무 당 12
當 마땅할 당 13
糖 엿, 사탕 당 16
螳 버마재비, 사마귀 당 17
鐺 쇠사슬 당 21
黨 무리 당 20
代 대신할 대 5
垈 집터 대 8
坮 돈대 대 8
大 큰 대 3
對 대답할 대 14
岱 태산 대 8
帶 띠 대 11
待 기다릴 대 9
戴 일 대 18
擡 들 대 18
旲 햇빛 대 7
玳 대모 대 10
臺 대 대 14
袋 자루 대 11
貸 빌릴 대 12
隊 떼 대 17

黛 눈썹그릴 대 17
宅 집 댁 6
德 큰 덕 15
悳 큰 덕 12
倒 거꾸러질 도 10
刀 칼 도 2
到 이를 도 8
圖 그림 도 14
堵 담 도 12
塗 진흙 도 13
導 인도할 도 16
屠 죽일 도 12
島 섬 도 10
嶋 섬 도 14
度 법도 도 9
徒 무리 도 10
悼 슬퍼할 도 12
挑 돋을 도 10
掉 흔들 도 12
擣 찧을 도 14
桃 복숭아 도 10
棹 노 도 12
櫂 노 도 18
淘 쌀일 도 12
渡 건널 도 13
滔 물넘칠 도 14
濤 큰물결 도 18
燾 덮일 도 18
盜 도둑 도 12
睹 볼 도 14
禱 빌 도 19
稻 벼 도 15
萄 포도 도 14
覩 볼 도 16
賭 내기 도 16
跳 뛸 도 13
蹈 밟을 도 17
逃 달아날 도 13
途 길 도 14
道 길 도 16
都 도읍 도 16
鍍 도금할 도 17
陶 질그릇 도 16
韜 감출 도 19

毒 독 독8
瀆 도랑 독19
牘 편지, 서판 독19
犢 송아지 독19
獨 홀로 독17
督 감독할 독13
禿 대머리 독7
篤 도타울 독16
纛 둑 독25
讀 읽을 독22
墩 돈대 돈15
惇 도타울 돈12
敦 도타울 돈12
旽 밝을 돈8
暾 돋는해 돈16
沌 어둘 돈8
焞 어스름할 돈12
燉 불성할 돈16
豚 돼지 돈11
頓 조아릴 돈13
乭 사람이름 돌6
突 부딪칠 돌9
仝 한가지 동5
冬 겨울 동5
凍 얼 동10
同 한가지 동6
垌 동둑, 항아리 동9
憧 그리워할 동16
東 동녘 동8
桐 오동나무 동10
棟 마룻대, 들보 동12
洞 골 동10
潼 물결높을 동16
疼 아플 동10
瞳 눈동자 동17
童 아이 동12
胴 큰창자 동12
董 동독할 동15
蝀 무지개 동14
銅 구리 동14
兜 투구 두11
斗 말 두4
杜 막을 두7
枓 기둥머리 두8

痘 마마 두 12
竇 구멍 두 20
荳 콩 두 13
讀 구두점 두 22
豆 콩 두 7
逗 머무를 두 14
頭 머리 두 16
屯 모일 둔 4
臀 볼기 둔 19
芚 둔나물 둔 10
遁 달아날 둔 16
遯 피할 둔 18
鈍 둔할 둔 12
得 얻을 득 11
嶝 고개 등 15
橙 등자나무 등 16
燈 등잔 등 16
登 오를 등 12
等 무리 등 12
藤 등나무 등 21
謄 베낄 등 17
鄧 등나라 등 19
騰 오를 등 20

ㄹ

喇 나팔 라 12
懶 게으를 라 20
癩 문둥병 라 21
羅 벌릴, 그물 라 20
蘿 무우 라 25
螺 소라 라 17
裸 벌거벗을 라 14
邏 돌, 순행할 라 26
樂 즐길 락 15
洛 물이름 락 10
烙 지질 락 10
珞 구슬목걸이 락 11
絡 연락할 락 12
落 떨어질,마을 락 15
酪 소젖 락 13
駱 낙타 락 16
丹 모란 란 4
亂 어지러울 란 13

卵 알 란 7
欄 난간 란 21
欒 나무이름 란 23
瀾 큰물결 란 21
爛 익을 란 21
瓓 옥무늬 란 22
蘭 난초 란 23
鸞 난새 란 30
剌 어그러질 랄 9
辣 몹시매울 랄 14
嵐 아지랑이, 남기 람 12
擥 잡을 람 19
攬 잡을 람 25
欖 감람나무 람 25
濫 넘칠 람 18
籃 광주리, 바구니 람 20
纜 배닻줄 람 27
藍 쪽 람 20
襤 누더기, 해진옷 람 20
覽 볼 람 21
拉 꺾을 랍 9
臘 납향제 랍 21

蠟 밀랍 21
廊 월랑 랑 13
朗 달밝을 랑 11
浪 물결 랑 11
狼 이리 랑 11
琅 낭간 랑 12
瑯 법랑 랑 15
螂 버마재미 랑 16
郞 사내 랑 14
來 올 래 8
崍 산이름 래 11
徠 산이름 래 11
来 올 래 7
萊 명아주 래 14
冷 찰 랭 7
掠 노략할 략 12
略 간략할 략 11
亮 밝을 량 9
倆 공교할 량 10
兩 둘 량 8
凉 서늘할 량 10
梁 들보 량 11

樑 들보 량 15
涼 서늘할 량 12
粮 양식 량 13
粱 기장 량 13
糧 양식 량 18
良 어질 량 7
諒 믿을 량 15
輛 수레 량 15
量 헤아릴 량 12
侶 짝 려 9
儷 짝 려 21
勵 힘쓸 려 17
呂 음률 려 7
廬 풀집 려 19
慮 생각할 려 15
戾 어그러질 려 8
旅 나그네 려 10
櫚 종려나무 려 19
濾 거를 려 19
礪 숫돌 려 20
藜 명아주 려 21
蠣 굴 려 21
閭 이문 려 15
驢 나귀 려 26
驪 검은말 려 29
麗 고울 려 19
黎 검을 려 15
力 힘쓸 력 2
曆 책력 력 16
歷 지날 력 16
礫 조약돌,자갈 력 20
瀝 스밀 력 20
礫 자갈 력 20
轢 삐걱거릴, 칠 력 22
靂 벼락 력 24
憐 사랑할 련 16
戀 생각할 련 23
攣 맬 련 23
漣 물문채 련 15
煉 쇠불릴 련 13
璉 종묘제기 련 16
練 익힐 련 15
聯 연할 련 17
蓮 연꽃 련 17

輦 손수레,연 련 15
連 연할 련 14
鍊 쇠불릴 련 17
冽 맵게추울 렬 8
列 베플, 벌릴 렬 6
劣 용렬할 렬 6
洌 맑을 렬 10
烈 매울 렬 10
裂 찢을 렬 12
廉 청렴할 렴 13
斂 거둘 렴 17
殮 염할 렴 17
濂 엷을 렴 17
簾 발 렴 19
獵 사냥할 렵 19
令 하여금 령 5
伶 영리할, 광대 령 7
囹 옥 령 8
姈 여자이름 령 8
岺 산깊을 령 8
嶺 산고개 령 17
怜 영리할 령 9
昤 날빛영롱할 령 9
玲 옥소리 령 10
笭 종다래끼 령 11
羚 영양 령 11
翎 새깃 령 11
聆 들을 령 11
逞 통할, 쾌할 령 14
鈴 방울 령 13
零 떨어질 령 13
靈 신령 령 24
領 거느릴 령 14
齡 나이 령 20
例 법식, 견줄 례 8
澧 물이름 례 17
礼 예도 례 6
禮 예도 례 18
醴 단술 례 20
隷 종 례 16
隸 종 례 17
勞 수고로울 로 12
撈 건져낼, 잡을 로 16
擄 노략질할, 사로잡을 로 17

櫓 노, 방패 로 19
潞 물이름 로 17
瀘 물이름 로 20
爐 화로 로 20
盧 술집, 검을 로 16
老 늙을 로 6
蘆 갈대 로 22
虜 사로잡을 로 12
路 길 로 13
輅 수레 로 13
露 이슬 로 20
魯 노둔할 로 15
鷺 해오라기, 백로 로 23
鹵 염전 로 11
彔 나무깎을 록 8
碌 푸른돌 록 13
祿 복록 록 13
綠 초록빛 록 14
菉 녹두 록 14
錄 기록할 록 16
鹿 사슴 록 11
麓 산기슭 록 19
論 의논할 론 15
壟 밭두둑 롱 19
弄 희롱할 롱 7
朧 달빛흐릴 롱 20
瀧 젖실 롱 20
瓏 환할 롱 21
籠 농 롱 22
聾 귀머거리 롱 22
儡 꼭두각시 뢰 17
瀨 여울 뢰 20
牢 우리 뢰 7
磊 돌첩첩할 뢰 15
賂 뇌물 뢰 13
賚 줄 뢰 15
賴 힘입을 뢰 16
雷 우뢰 뢰 13
了 마칠 료 2
僚 동관 료 14
廖 고요할, 빌 료 14
寮 작은창, 벼슬아치 료 15
料 헤아릴 료 10
燎 비칠, 횃불 료 16

燎 병고칠 료17
瞭 눈밝을 료17
聊 힘입을, 귀울 료11
蓼 여뀌 료17
遼 멀 료19
竜 용 룡10
龍 용 룡16
壘 진 루18
婁 끌 루11
屢 여러 루14
樓 다락 루15
淚 눈물 루12
漏 샐 루15
瘻 곱사이들이 루16
累 얽힐 루11
縷 실 루17
蔞 물쑥 루17
褸 옷해질 루17
鏤 새길 루19
陋 더러울 루14
劉 성, 죽일 류15
旒 깃발 류13
柳 버들 류9
榴 석류나무 류14
流 흐를 류11
溜 처마물 류14
瀏 물맑을 류19
琉 유리 류12
瑠 유리 류15
留 머무를 류10
瘤 혹 류15
硫 유황 류12
謬 어긋날 류18
類 무리 류19
六 여섯 륙6
戮 죽일륙15
陸 뭍 륙16
侖 뭉치 륜8
倫 인륜 륜10
崙 산이름 륜11
淪 빠질 륜12
綸 벼리 륜14
輪 수레바퀴 륜15
律 법 률9

慄 두려울 률 14
栗 밤 률 10
率 헤아릴,비율 률 11
隆 높을 륭 17
勒 자갈 륵 11
肋 갈빗대 륵 8
凜 찰 름 15
凌 업신여길 릉 10
楞 모 릉 13
稜 서슬, 모서리 릉 13
綾 비단 릉 14
菱 마름 릉 14
陵 큰언덕 릉 16
俐 영리할 리 9
俚 속될 리 9
利 이할 리 7
厘 리 리 9
吏 아전 리 6
理 다스릴 리 12
唎 가는소리 리 10
履 밟을 리 15
悧 영리할 리 11

李 오얏 리 7
梨 배 리 11
浬 물이수 리 11
犁 얼룩소 리 12
狸 살쾡이 리 11
璃 유리 리 16
痢 설사, 이질 리 12
离 밝을 리 11
籬 울타리 리 25
罹 걸릴 리 17
羸 파리할 리 19
莉 말리꽃 리 13
裏 속 리 13
裡 옷속 리 13
里 마을 리 7
釐 다스릴 리 18
離 떠날 리 19
鯉 잉어 리 18
吝 아낄 린 7
潾 물맑을 린 16
燐 도깨비불 린 16
璘 옥빛 린 17

藺 뇌양이 린 22
躪 짓밟을 린 27
隣 이웃 린 20
鱗 비늘 린 23
麟 기린 린 23
林 수풀 림 8
淋 물댈 림 12
琳 아름다운옥 림 13
臨 임할 림 17
霖 장마 림 16
砬 약돌 립 10
立 설 립 5
笠 삿갓 립 11
粒 낟알 립 11

ㅁ

摩 비빌, 갈 마 15
瑪 마노 마 15
痲 저릴 마 13
碼 마노, 야드 마 15
磨 갈 마 16
馬 말 마 10
魔 마귀 마 21
麻 삼 마 11
寞 쓸쓸할 막 14
幕 장막 막 14
漠 아득할, 사막 막 15
膜 홀떼기, 막 막 17
莫 말 막 13
邈 멀 막 21
万 일만 만 3
卍 만 만 6
娩 해산할 만 10
巒 산봉우리 만 22
彎 당길 만 22
慢 거만할 만 15
挽 당길 만 11
晩 저물 만 11
曼 길 만 11
滿 찰 만 15
漫 흩어질 만 15
灣 물굽이 만 26
瞞 흐릴, 속일 만 16

萬 일만 만 15
蔓 덩굴 만 17
蠻 오랑캐 만 25
輓 수레끌 만 14
鏋 금 만 19
饅 만두 만 20
鰻 뱀장어 만 22
尜 끗 말 10
抹 바를 말 9
末 끝 말 5
沫 거품 말 9
襪 버선 말 21
靺 오랑캐이름 말 14
亡 망할 망 3
妄 망령될 망 6
忘 잊을 망 7
忙 바쁠 망 7
望 바랄 망 11
網 그물 망 14
罔 그물, 없을 망 9
芒 까끄라기 망 9
茫 아득할 망 12
莽 풀우거지 망 14
輞 바퀴테 망 15
邙 북망산 망 10
埋 묻을 매 10
妹 아래누이 매 8
媒 중매할 매 12
寐 잠잘 매 12
昧 어두울 매 9
枚 줄기 매 8
梅 매화나무 매 11
每 매양 매 7
煤 그을음 매 13
罵 욕할, 꾸짖을 매 16
買 살 매 12
賣 팔 매 15
邁 멀리갈 매 20
魅 도깨비 매 15
脈 맥 맥 12
貊 오랑캐 맥 13
陌 밭두둑길 맥 14
驀 말탈 맥 21
麥 보리 맥 11

孟 맏 맹 8
氓 백성 맹 8
猛 사나울 맹 12
盟 맹세할 맹 13
盲 어둘 맹 8
萌 싹 맹 14
冪 덮을 멱 16
覓 찾을 멱 11
免 면할 면 7
冕 면류관 면 11
勉 힘쓸 면 9
棉 솜 면 12
沔 가득할 면 8
眄 곁눈질할 면 9
眠 잠잘 면 10
綿 솜 면 14
緬 멀 면 15
面 낯 면 9
麵 국수, 밀가루 면 20
滅 멸할 멸 14
蔑 업신여길 멸 17
冥 어두울 명 10
名 이름 명 6
命 목숨 명 8
明 밝을 명 8
暝 날어두울 명 14
椧 홈통 명 12
溟 바다 명 14
皿 그릇 명 5
瞑 눈감을 명 15
茗 차싹 명 12
蓂 책력풀, 명협 명 16
螟 떠루명 16
酩 술취할 명 13
銘 새길 명 14
鳴 새소리, 울 명 14
袂 소매메 10
侮 업신여길 모 9
冒 무릅쓸 모 9
募 부를 모 13
姆 여스승 모 8
帽 모자 모 12
慕 사모할 모 15
摹 베낄 모 15

摸 본뜰 모 15
暮 저물 모 15
某 아무 모 9
模 법 모 15
母 어미 모 5
毛 터럭 모 4
牟 클 모 6
牡 수컷 모 7
瑁 옥홀, 대모 모 14
眸 눈동자 모 11
矛 세모진창 모 5
耗 덜릴 모 10
芼 나물 모 10
茅 띠 모 11
謀 꾀할 모 16
謨 꾀 모 18
貌 모양 모 14
木 나무 목 4
沐 목욕할 목 8
牧 기를 목 8
目 눈 목 5
睦 화목할 목 13
穆 화할 목 16
鶩 집오리 목 20
歿 죽을 몰 8
沒 빠질 몰 8
夢 꿈 몽 14
朦 풍성할 몽 20
蒙 어릴 몽 16
卯 토끼 묘 5
畝 밭이랑 묘 10
墓 무덤 묘 14
妙 묘할 묘 7
廟 사당 묘 15
描 그릴 묘 13
昴 별이름 묘 9
杳 아득할 묘 8
渺 물질편할 묘 13
猫 고양이 묘 13
玅 묘할 묘 9
苗 싹 묘 11
錨 닻 묘 17
務 힘쓸 무 11
巫 무당 무 7

憮 어루만질, 예쁠 무 16
懋 힘쓸 무 17
戊 천간 무 5
拇 엄지손가락 무 9
撫 어루만질 무 16
无 없을 무 4
楙 성할 무 13
武 호반 무 8
毋 말 무 4
無 없을 무 12
珷 무부 무 12
畝 밭이랑 무 10
繆 실천오리 무 17
舞 춤출 무 14
茂 무성 무 11
蕪 거칠 무 18
誣 속일 무 14
貿 무역할 무 12
霧 안개 무 19
鵡 앵무새 무 18
墨 먹 묵 15
默 잠잠할 묵 16
們 무리 문 10
刎 목찌를, 목벨 문 6
吻 입술 문 7
問 물을 문 11
文 글월 문 4
汶 물이름 문 8
炆 연기날 문 8
紋 무늬 문 10
紊 얽힐 문 10
聞 들을 문 14
蚊 모기 문 10
門 문 문 8
雯 구름문채 문 12
勿 말 물 4
沕 아득할 물 8
物 만물 물 8
味 맛 미 8
媚 아첨할 미 12
媄 빛고울 미 12
尾 꼬리 미 7
嵋 산이름 미 12
嵄 깊은산 미 12

弥 그칠 미 8
彌 그칠 미 17
微 작을 미 13
未 아닐 미 5
梶 나무끝 미 11
楣 인중방 미 13
渼 물결무늬 미 13
湄 물가 미 13
眉 눈썹 미 9
米 쌀 미 6
美 아름다울 미 9
薇 고비 미 19
謎 수수께끼 미 17
迷 미혹할 미 13
靡 쓰러질 미 19
黴 곰팡이 미 23
岷 산이름 민 8
忞 힘쓸 민 8
悶 민망할 민 12
愍 슬플 민 13
慜 총명할 민 15
憫 불쌍히여길 민 16

敃 강할 민 9
敏 민첩할 민 11
旻 가을하늘 민 8
旼 화할 민 8
暋 강할 민 13
民 백성 민 5
潣 물흐를 민 16
泯 민멸할 민 9
玟 옥돌 민 9
珉 옥돌 민 10
砇 옥돌 민 9
緡 낚싯줄 민 15
閔 걱정할 민 12
頣 강할 민 14
密 빽빽할 밀 11
蜜 꿀 밀 14
謐 고요할 밀 17

ㅂ

剝 벗길 박 10
博 넓을 박 12

拍 칠 박9
撲 부딪칠 박16
朴 순박할 박6
樸 질박할 박16
泊 배댈, 쉴 박9
珀 호박 박10
璞 옥덩어리 박17
箔 발 박14
粕 지게미 박11
縛 얽을 박16
膊 어깨 박16
舶 큰배 박11
薄 얇을 박19
迫 핍박할 박12
鉑 금박 박13
雹 우박 박13
駁 얼룩말 박14
伴 짝 반7
半 반 반5
反 돌이킬 반4
叛 배반할 반9
拌 버릴 반9

搬 운반할 반14
攀 잡아당길 반19
斑 얼룩질 반12
槃 쟁반 반14
泮 반궁 반9
潘 물이름 반16
班 나눌 반11
畔 밭두둑 반10
瘢 흠집 반15
盤 소반 반15
盼 눈매예쁠, 돌아볼 반9
磐 반석 반15
磻 시내이름 반17
礬 백반 반20
絆 끈, 얽아맬 반11
般 돌, 돌아올 반10
蟠 서릴 반18
返 돌아올 반11
頒 반포할 반13
飯 밥 반13
勃 변색할 발9
拔 뺄 발9

撥 다스릴 발 16
渤 바다이름 발 13
潑 활발할 발 16
發 필, 일어날 발 12
跋 밟을 발 12
醱 술괴일 발 19
鉢 바리때 발 13
髮 터럭 발 15
魃 가물 발 15
倣 본받을 방 10
傍 곁 방 12
坊 동네 방 7
妨 해로울 방 7
尨 삽살개 방 7
幇 도울 방 12
彷 방황할 방 7
房 방 방 8
放 놓을 방 8
方 모질, 방위 방 4
旁 곁, 두루 방 10
昉 밝을 방 8
枋 단목 방 8
榜 방목 방 14
滂 비퍼부을 방 14
磅 소리 방 15
紡 길쌈 방 10
肪 기름 방 10
膀 오줌통 방 16
舫 배연결할 방 10
芳 꽃다울 방 10
蒡 우엉 방 16
蚌 조개 방 10
訪 찾을, 물을 방 11
謗 헐뜯을 방 17
邦 나라 방 11
防 막을 방 12
龐 어수선할 방 19
俳 광대 배 10
倍 갑절 배 10
北 패주할 배 5
培 북돋울 배 11
徘 어정거릴 배 11
拜 절 배 9
排 물리칠 배 12

杯 잔 배 8
湃 물소리 배 13
焙 불에말릴 배 12
盃 잔 배 9
背 등 배 11
胚 아이밸 배 11
裵 치렁치렁할 배 14
裴 치렁치렁할 배 14
褙 배자, 속적삼 배 15
賠 물어줄 배 15
輩 무리 배 15
配 짝 배 10
陪 모실 배 16
伯 맏 백 7
佰 우두머리, 어른 백 8
帛 비단 백 8
柏 잣 백 9
栢 잣 백 10
白 흰 백 5
百 일백 백 6
魄 넋 백 15
幡 기 번 15
樊 새장, 울타리 번 15
煩 번거로울 번 13
燔 구울 번 16
番 차례 번 12
磻 물이름 번 17
繁 성할 번 17
翻 뒤집힐 번 17
蕃 번성할 번 18
藩 울타리 번 21
飜 뒤집힐, 날 번 21
伐 칠 벌 6
筏 떼 벌 12
罰 벌줄 벌 15
閥 가문 벌 14
凡 무릇 범 3
帆 돛 범 6
机 나무이름 범 7
梵 불경 범 11
汎 뜰 범 7
氾 물넘칠 범 6
泛 뜰 범 9
犯 범할 범 6

範 법 범 15
范 벌 범 11
法 법 법 9
琺 법랑 법 13
僻 편벽할 벽 15
劈 쪼갤 벽 15
壁 벽 벽 16
擘 나눌 벽 17
檗 황벽나무 벽 17
璧 둥근옥 벽 18
癖 버릇 벽 18
碧 푸를 벽 14
蘗 황경피나무 벽 23
闢 열 벽 21
霹 벼락 벽 21
便 문득 변 9
卞 법 변 4
弁 고깔 변 5
變 변할 변 23
辨 분별할 변 16
辯 말잘할 변 21
邊 가, 변방 변 22
別 다를 별 7
瞥 언뜻볼 별 17
鱉 자라 별 23
鼈 자라 별 25
丙 남녘 병 5
並 아우를 병 8
倂 나란할 병 10
兵 군사 병 7
屛 병풍 병 11
并 아우를 병 6
幷 아우를 병 8
昞 밝을 병 9
昺 밝을 병 9
柄 자루 병 9
棅 자루 병 12
炳 밝을 병 9
甁 병 병 13
病 병들 병 10
秉 잡을 병 8
竝 아우를 병 10
輧 수레 병 15
鉼 불린금덩이 병 16

餠 떡 병 17
騈 땅이름 병 18
保 도울 보 9
堡 작은성 보 12
報 갚을 보 12
宝 보배 보 8
寶 보배 보 20
普 넓을 보 12
步 걸음 보 7
洑 보 보 10
湺 물이름 보 13
潽 물이름 보 16
珤 보배 보 11
甫 클 보 7
菩 보살 보 14
補 기울 보 13
褓 포대기 보 15
譜 족보 보 20
輔 도울 보 14
伏 엎드릴 복 6
僕 종 복 14
匐 길 복 11
卜 점칠 복 2
宓 엎드릴 복 8
復 돌아올 복 12
服 입을 복 8
福 복 복 14
腹 배 복 15
茯 복령 복 12
蔔 무우 복 17
複 겹옷 복 15
覆 뒤집힐 복 18
輹 바퀴통 복 16
輻 바퀴살 복 16
鍑 가마솥 복 17
馥 향기 복 18
鰒 전복 복 20
本 근본 본 5
乶 볼 볼 8
俸 녹 봉 10
奉 받들 봉 8
封 봉할 봉 9
峯 산봉우리 봉 10
峰 산봉우리 봉 10

捧 받들 봉 12
棒 몽둥이 봉 12
烽 봉화 봉 11
熢 연기서릴 봉 15
琫 칼집장식 봉 13
縫 꿰맬 봉 17
蓬 쑥 봉 17
蜂 벌 봉 13
逢 만날 봉 14
鋒 칼날 봉 15
鳳 새 봉 14
不 아닌가 부 4
付 줄 부 5
俯 구부릴 부 10
傅 스승 부 12
剖 쪼갤 부 10
副 버금 부 11
否 아닐 부 7
咐 분부할 부 8
埠 선창 부 11
夫 지아비 부 4
婦 며느리 부 11
孚 믿을 부 7
孵 알깔 부 14
富 부자 부 12
府 마을 부 8
復 다시 부 12
扶 붙들 부 8
敷 베풀 부 15
斧 도끼 부 8
浮 뜰 부 11
溥 클 부 14
父 아비 부 4
符 병부 부 11
簿 문서 부 19
缶 장군 부 6
腐 썩을 부 14
腑 장부 부 14
膚 피부 부 17
艀 거룻배 부 13
芙 연꽃 부 10
莩 갈청 부 13
訃 부음 부 9
負 짐질 부 9

賦 구실, 부세 부 15
賻 부의 부 17
赴 달릴 부 9
趺 책상다리할 부 11
部 나눌 부 15
釜 가마 부 10
阜 언덕 부 8
附 붙일, 붙을 부 13
駙 곁말 부 15
鳧 물오리 부 13
北 북녘 북 5
分 나눌 분 4
吩 분부할 분 7
噴 뿜을 분 15
墳 무덤 분 15
奔 달아날 분 8
奮 떨칠 분 16
忿 분할 분 8
憤 분할 분 16
扮 꾸밀 분 8
昐 날빛 분 8
汾 물이름 분 8
焚 불사를 분 12
盆 동이 분 9
粉 가루 분 10
糞 똥 분 17
紛 어지러울 분 10
芬 향기 분 10
賁 클 분 12
雰 안개 분 12
不 아닐 불 4
佛 부처 불 7
弗 말 불 5
彿 비슷할 불 8
拂 떨칠 불 9
崩 산무너질 붕 11
朋 벗 붕 8
棚 시렁 붕 12
硼 붕사 붕 13
繃 묶을 붕 17
鵬 붕새 붕 19
丕 클 비 5
備 갖출 비 12
匕 비수 비 2

匪 아빌 비 10

卑 낮을 비 8

妃 왕비 비 6

婢 여자종 비 11

庇 덮을 비 7

悲 슬플 비 12

憊 고달플 비 16

扉 사립문 비 12

批 손으로칠 비 8

斐 문채날 비 12

枇 비파 비 8

榧 비자나무 비 14

比 견줄 비 4

毖 삼갈 비 9

毗 도울 비 9

毘 도울 비 9

沸 끓을 비 9

泌 샘물졸졸흐를 비 9

琵 비파 비 13

痺 저릴, 암메추라기 비 13

砒 비상 비 9

碑 비석 비 13

祕 비밀할 비 10

秕 쭉정이 비 9

秘 비밀할 비 10

粃 쭉정이 비 10

緋 붉은빛 비 14

翡 물총새 비 14

肥 살찔 비 10

脾 지라 비 14

臂 팔 비 19

菲 엷을 비 14

蜚 바퀴 비 14

裨 도울 비 14

誹 비방할 비 15

譬 비유할 비 20

費 허비할 비 12

鄙 더러울 비 18

非 아닐 비 8

飛 날 비 9

鼻 코 비 14

儐 인도할 빈 16

嚬 찡그릴 빈 19

嬪 궁녀, 아내 빈 17

彬 빛날 빈 11
斌 빛날 빈 12
檳 빈랑나무 빈 18
殯 염할 빈 18
浜 물가 빈 11
濱 물가 빈 18
瀕 물가 빈 20
牝 암컷 빈 6
玭 진주 빈 9
璸 진주이름, 옥무늬 빈 19
穦 향기 빈 19
貧 가난할 빈 11
賓 손님 빈 14
頻 자주 빈 16
憑 의지할 빙 16
氷 얼음 빙 5
聘 청할 빙 13
騁 달릴 빙 17

人

乍 잠깐 사 5
事 일 사 8
些 적을 사 7
仕 벼슬할 사 5
伺 살필 사 7
似 같을 사 7
使 하여금 사 8
俟 기다릴 사 9
僿 부술 사 15
史 사기 사 5
司 맡을 사 5
唆 부추길 사 10
嗣 이을 사 13
四 넉 사 4
士 선비 사 3
奢 사치할 사 12
娑 춤추는모양 사 10
寫 베낄, 글씨쓸 사 15
寺 절 사 6
射 쏠 사 10
巳 뱀 사 3
師 스승 사 10
徙 옮길 사 11

思 생각할 사9
捨 버릴 사12
斜 비낄 사11
斯 이 사12
査 사실할 사9
柶 숟가락, 윷 사9
梭 북 사11
死 죽을 사6
沙 모래 사8
泗 물이름 사9
渣 찌끼 사13
瀉 쏟을 사19
獅 사자 사14
砂 모래 사9
社 모일 사8
祀 제사 사8
祠 사당 사10
私 사사 사7
篩 체 사16
糸 실 사6
紗 깁 사10
絲 실 사12
肆 방자할 사13
舍 집 사8
莎 사초 사13
蓑 도롱이 사16
蛇 뱀 사11
裟 가사 사13
詐 속일 사12
詞 말씀 사12
謝 사례할 사17
賜 줄 사15
赦 죄사할 사11
辭 말씀 사19
邪 간사할 사11
飼 먹일 사14
駟 사마 사15
麝 사향노루 사21
削 깎을 삭9
數 자주 삭15
朔 초하루 삭10
索 노 삭10
傘 일산 산12
刪 깎을 산7

山 뫼 산 3
散 흩을 산 12
汕 통발 산 7
珊 산호 산 10
產 낳을 산 11
疝 산증 산 8
算 셈놓을 산 14
蒜 마늘 산 16
酸 실 산 14
霰 싸라기눈 산 20
乷 살 살 8
撒 뿌릴, 흩을 살 16
殺 죽일 살 11
煞 죽일 살 13
薩 보살 살 20
三 석 삼 3
參 석 삼 11
杉 삼나무 삼 7
森 나무빽빽할 삼 12
滲 스밀 삼 15
芟 풀을벨 삼 10
蔘 인삼 삼 17
衫 적삼 삼 9
揷 꽂을 삽 13
澁 껄그러울, 떫을 삽 16
鈒 창 삽 12
颯 바람소리 삽 14
上 위 상 3
傷 상처 상 13
像 형상 상 14
償 갚을 상 17
商 장사 상 11
喪 망할, 잃을 상 12
嘗 맛볼 상 14
塽 높은땅 상 14
孀 과부 상 20
尙 오히려 상 8
常 항상 상 11
床 평상 상 7
峠 산고개 상 9
庠 태학, 학교 상 9
廂 결채 상 12
想 생각할 상 13
桑 뽕나무 상 10

橡 상수리나무 상 16
湘 삶을, 물이름 상 13
爽 시원할 상 11
牀 평상 상 8
狀 형상 상 8
相 서로 상 9
祥 상서 상 11
箱 상자 상 15
翔 돌아날 상 12
裳 치마 상 14
觴 술잔 상 18
詳 자세할 상 13
象 코끼리 상 12
賞 상줄 상 15
霜 서리 상 17
塞 변방 새 13
璽 옥새 새 19
賽 굿할, 겨룰 새 17
嗇 인색할 색 13
塞 막을 색 13
穡 거둘 색 18
索 찾을 색 10

色 빛 색 6
牲 희생 생 9
生 날 생 5
甥 생질 생 12
省 덜 생 9
笙 생황 생 11
敍 베풀, 차례 서 9
敘 베풀, 차례 서 11
墅 농막 서 14
壻 사위 서 12
嶼 섬 서 17
序 차례 서 7
庶 뭇 서 11
徐 천천히 서 10
恕 용서할 서 10
惰 지혜 서 13
抒 끄집어낼 서 8
捿 깃들일 서 12
敍 차례 서 11
暑 더울 서 13
曙 새벽 서 18
書 글 서 10

棲 쉴 서 10
棲 쉴 서 12
犀 물소 서 12
瑞 상서 서 14
筮 시초점 서 13
絮 헌솜 서 12
緖 실마리 서 15
署 마을, 관청 서 15
胥 서로 서 11
舒 펼 서 12
薯 마 서 20
西 서녘 서 6
誓 맹세할 서 14
諝 슬기 서 16
逝 갈 서 14
鋤 호미, 김맬 서 15
黍 기장 서 12
鼠 쥐 서 13
夕 저녁 석 3
奭 클 석 15
席 자리 석 10
惜 아낄 석 12
昔 옛 석 8
晳 밝을 석 12
析 나눌 석 8
汐 썰물, 조수 석 7
淅 쌀일 석 12
潟 개펄 석 16
石 돌 석 5
碩 클 석 14
祏 섬 석 10
釋 해석할 석 20
蓆 자리, 클 석 16
鉐 놋쇠 석 13
錫 주석 석 16
仙 신선 선 5
僊 신선 선 13
先 먼저 선 6
善 착할 선 12
墡 백토선 선 15
嬋 고울 선 15
嫙 예쁠 선 14
宣 베풀 선 9
愃 쾌할 선 13

扇 부채 선 10
敾 다스릴 선 16
旋 돌이킬 선 11
渲 물적실 선 13
煽 불붙일 선 14
珗 옥돌 선 11
琁 옥돌 선 12
瑄 둥근옥 선 14
璇 구슬 선 16
璿 아름다운옥 선 19
癬 옴 선 22
禪 전위할 선 17
線 실 선 15
繕 기울 선 18
羨 부러워할 선 13
腺 샘 선 15
膳 반찬 선 18
船 배 선 11
蘚 이끼 선 23
蟬 매미 선 18
詵 많을 선 13
跣 맨발 선 13
選 가릴 선 19
銑 무쇠 선 14
鐥 복자 선 20
饍 반찬 선 21
鮮 생선 선 17
卨 사람이름 설 11
屑 가루 설 10
楔 문설주 설 13
泄 샐 설 9
洩 샐 설 10
渫 칠 설 13
舌 혀 설 6
薛 다북쑥 설 19
褻 더러울, 속옷 설 17
設 베풀 설 11
說 말씀 설 14
雪 눈 설 11
齧 깨물 설 21
剡 고을이름 섬 10
暹 해돋을 섬 16
殲 다죽일 섬 21
纖 가늘 섬 23

蟾 두꺼비 섬 19
贍 넉넉할 섬 20
閃 번쩍일 섬 10
陝 고을이름 섬 15
攝 잡을 섭 22
涉 물건널 섭 11
燮 화할, 불꽃 섭 17
葉 고을이름 섭 15
城 재 성 10
姓 성 성 8
娍 아름다울 성 10
宬 서고 성 10
性 성품 성 9
惺 깨달을 성 13
成 이룰 성 7
星 별 성 9
晟 밝을 성 11
晠 밝을 성 11
猩 성성이 성 13
珹 옥이름 성 12
瑆 옥빛 성 14
盛 성할 성 12
省 살필 성 9
筬 바디 성 13
聖 성인 성 13
聲 소리 성 17
腥 날고기 성 15
誠 정성 성 14
醒 술깰 성 16
世 인간 세 5
勢 권세 세 13
歲 해 세 13
洗 씻을 세 10
稅 부세 세 12
笹 가는대 세 11
細 가늘 세 11
說 달랠 세 14
貰 세낼 세 12
召 부를 소 5
嘯 휘파람불 소 16
塑 흙인형 소 13
宵 밤 소 10
小 작을 소 3
少 젊을 소 4

巢 새집 소 11
所 바 소 8
掃 쓸 소 12
搔 긁을 소 14
昭 밝을 소 9
柖 나무흔들릴 소 9
梳 빗 소 11
沼 늪 소 9
消 사라질 소 11
泝 거스를 소 14
瀟 빗소리, 강이름 소 20
炤 밝을 소 9
燒 불사를 소 16
玿 아름다운옥 소 10
甦 쉴 소 12
疏 성길 소 12
疎 성길 소 12
瘙 피부병 소 15
笑 웃을 소 10
篠 가는대 소 17
簫 퉁소 소 19
素 흴 소 10
紹 이을 소 11
蔬 풋나물 소 17
蕭 쑥 소 19
蘇 차조기 소 22
訴 하소연할 소 12
逍 노닐 소 14
遡 거스를 소 17
邵 고을이름 소 12
銷 녹일 소 15
韶 순의풍류 소 14
騷 소동할 소 20
俗 풍속 속 9
屬 무리 속 21
束 묶을 속 7
涑 빨 속 11
粟 조 속 12
續 이을 속 21
謖 일어날 속 17
贖 속바칠 속 22
速 빠를 속 14
孫 손자 손 10
巽 부드러울 손 12

損 덜 손14
飧 밥 손11
蓀 향초 손16
遜 겸손할 손17
帥 거느릴 솔9
率 거느릴 솔11
宋 송나라 송7
悚 두려울 송11
松 솔 송8
淞 강이름 송12
訟 송사할 송11
誦 욀 송14
送 보낼 송13
頌 칭송할 송13
刷 문지를 쇄8
殺 감할 쇄11
灑 물뿌릴 쇄23
碎 부술 쇄13
鎖 자물쇠 쇄18
鎻 자물쇠 쇄18
釗 쇠 쇠10
衰 쇠할 쇠10

修 닦을 수10
受 받을 수8
嗽 기침할 수14
囚 가둘 수5
垂 드릴 수8
壽 목숨 수14
嫂 형수 수13
守 지킬 수6
寿 목숨 수7
岫 산구멍 수8
峀 산구멍 수8
帥 장수 수9
愁 근심 수13
戍 수자리 수6
手 손 수4
授 줄 수12
搜 찾을 수14
收 거둘 수6
數 셀 수15
樹 나무 수16
殊 다를 수10
水 물 수4

洙 물가 수 10
漱 양치질할 수 15
燧 부싯돌 수 17
狩 사냥할 수 10
獸 짐승 수 19
琇 옥돌 수 12
璲 서옥 수 18
瘦 파리할 수 15
睡 졸 수 13
秀 빼어날 수 7
穗 벼이삭 수 15
穗 벼이삭 수 17
竪 세울 수 13
粹 순수할 수 14
綏 편안할 수 13
綬 인끈 수 14
繡 수놓을 수 18
羞 부끄러울 수 11
脩 포, 닦을 수 13
茱 수유 수 12
蓚 식물독즙 수 16
藪 큰늪 수 21
蒐 꼭두서니 수 16
袖 소매 수 11
誰 누구 수 15
讐 원수 수 23
輸 보낼 수 16
遂 마침내 수 16
邃 깊을 수 21
酬 갚을, 술권할 수 13
銖 저울눈 수 14
銹 동록 수 15
隋 수나라 수 17
隧 길 수 21
隨 따를 수 21
雖 비록 수 17
需 음식 수 14
須 모름지기 수 12
首 머리 수 9
髓 골수 수 23
鬚 수염 수 22
叔 아재비 숙 8
塾 서당 숙 14
夙 일찍 숙 6

孰 누구 숙 11
宿 잘 숙 11
橚 밋밋할 숙 17
淑 맑을 숙 12
潚 성 숙 17
熟 익을 숙 15
琡 옥이름 숙 13
璹 옥그릇 숙 19
肅 엄숙할 숙 13
菽 콩 숙 14
巡 돌 순 7
徇 두루 순 9
循 돌 순 12
恂 믿을 순 10
旬 열흘 순 6
栒 순나무 순 10
楯 난간 순 13
橓 무궁화나무 순 16
殉 따라죽을 순 10
洵 믿을 순 10
淳 순박할 순 12
焞 밝을 순 12
珣 옥그릇 순 11
盾 방패 순 9
筍 죽순 순 12
瞬 눈깜짝할 순 17
純 순전할 순 10
脣 입술 순 13
舜 순임금 순 12
荀 풀이름 순 12
蓴 순나물 순 17
蕣 무궁화 순 18
詢 물을 순 13
諄 정성스러울 순 15
醇 진할 순 15
錞 사발종 순 16
順 순할 순 12
馴 길들일 순 13
戌 개 술 6
術 재주 술 11
述 지을 술 12
鉥 긴바늘 술 13
崇 높을 숭 11
嵩 높을 숭 13

崧 우뚝솟을 숭 11
瑟 비파 슬 14
璱 푸른진주 슬 18
膝 무릎 슬 17
蝨 이 슬 15
拾 주을 습 10
濕 젖을 습 18
習 익힐 습 11
褶 주름, 사마치 습 17
襲 엄습할 습 22
丞 도울 승 6
乘 탈 승 10
僧 중 승 14
勝 이길 승 12
升 되 승 4
承 이을 승 8
昇 오를 승 8
繩 노 승 19
蠅 파리 승 19
陞 오를 승 15
侍 모실 시 8
匙 숟가락 시 11

嘶 말울 시 15
始 비로소 시 8
媤 시집 시 12
尸 주검 시 3
屍 주검시 9
屎 똥 시 9
市 저자 시 5
弑 윗사람죽일 시 12
恃 믿을 시 10
施 베풀 시 9
是 이 시 9
時 때 시 10
柹 감 시 9
柴 땔나무 시 9
猜 의심낼 시 12
矢 화살 시 5
示 보일 시 5
翅 날개 시 10
蒔 모종낼 시 16
蓍 시초 시 16
視 볼 시 12
詩 귀글 시 13

試 시험할 시 13
諡 시호 시 16
豕 돝 시 7
豺 승냥이 시 10
埴 진흙 식 11
寔 이 식 12
式 법 식 6
息 쉴 식 10
拭 씻을 식 10
栻 점판 식 10
植 심을 식 12
殖 불을 식 12
湜 물맑을 식 13
熄 꺼질 식 14
篒 땅이름 식 15
蝕 갉아먹을 식 15
識 알 식 19
軾 수레앞턱가로나무 식 13
食 밥 식 9
飾 꾸밀 식 14
伸 펼 신 7
侁 떼지어갈 신 8
信 믿을 신 9
呻 끙끙거릴 신 8
娠 애밸 신 10
宸 대궐 신 10
愼 삼갈 신 14
新 새 신 13
晨 새벽 신 11
燼 탄나머지 신 18
申 펼 신 5
神 귀신 신 10
紳 큰띠 신 11
腎 콩팥 신 14
臣 신하 신 6
莘 약이름 신 13
薪 섶 신 19
藎 조개풀 신 20
蜃 큰조개 신 13
訊 물을 신 10
身 몸 신 7
辛 매울 신 7
辰 별 신 7
迅 빠를 신 10

失 잃을 실 5
実 열매 실 8
實 열매 실 14
悉 다, 알, 갖출 실 11
審 살필 심 15
尋 찾을 심 12
心 마음 심 4
沁 물이름 심 8
沈 성 심 8
深 깊을 심 12
瀋 즙 심 19
甚 심할 심 9
芯 골풀 심 10
諶 참, 믿을 심 16
什 열사람 십 4
十 열 십 10
拾 열 십 10
雙 쌍 쌍 18
氏 각시 씨 4

ㅇ

亜 버금 아 7
亞 버금 아 8
俄 잠시 아 9
児 아이 아 7
兒 아이 아 8
啞 벙어리 아 11
娿 고울 아 8
娥 예쁠 아 10
峨 산높을 아 10
我 나 아 7
牙 어금니 아 4
芽 싹 아 10
莪 쑥 아 13
蛾 나방 아 13
衙 마을 아 13
訝 맞을 아 11
阿 언덕 아 13
雅 맑을 아 12
餓 굶을 아 16
鴉 까마귀, 검을 아 15

鵝 거위 아 18
堊 백토 악 11
岳 큰산 악 8
嶽 큰산 악 17
幄 휘장 악 12
惡 악할 악 12
愕 놀랄 악 13
握 쥘 악 13
樂 풍류 악 15
渥 젖을 악 13
鄂 땅이름 악 16
鍔 칼날 악 17
顎 턱 악 18
鰐 악어 악 20
齷 악착할 악 24
安 편안할 안 6
岸 언덕 안 8
按 누를 안 10
晏 늦을 안 10
案 책상 안 10
眼 눈 안 11
雁 기러기 안 12
鞍 안장 안 15
顔 얼굴 안 18
鮟 아귀 안 17
鴈 기러기 안 15
斡 돌이킬 알 14
謁 뵈올 알 16
軋 삐걱거릴 알 8
閼 막을 알 16
唵 움켜먹을 암 11
岩 바위 암 8
巖 바위 암 23
庵 암자 암 11
暗 어두울 암 13
癌 암 암 17
菴 우거질, 암자 암 14
闇 어두울 암 17
壓 누를 압 17
押 눌러놀 압 9
狎 익숙할 압 9
鴨 집오리 압 16
仰 우러를 앙 6
央 가운데 앙 5

怏 원망할 앙 9
昻 밝을 앙 8
殃 재앙 앙 9
秧 모 앙 10
鴦 원앙새 앙 16
厓 언덕 애 8
哀 슬플 애 9
埃 티끌 애 10
崖 벼랑 애 11
愛 사랑 애 13
曖 날흐릴 애 17
涯 물가 애 12
碍 막을 애 13
艾 쑥 애 8
隘 좁을 애 18
靄 아지랑이 애 24
厄 재앙 액 4
扼 누를 액 8
掖 낄 액 12
液 진액 액 12
縊 목맬 액 16
腋 겨드랑이 액 14
額 이마 액 18
櫻 앵두나무 앵 21
罌 항아리 앵 20
鶯 꾀꼬리 앵 21
鸚 앵무새 앵 28
也 어조사 야 3
倻 나라이름 야 11
冶 쇠불릴 야 7
夜 밤 야 8
惹 이끌 야 13
揶 빈정거릴 야 13
椰 야자나무 야 13
爺 아비 야 13
耶 어조사 야 9
若 반야 야 11
野 들 야 11
弱 약할 약 10
約 맺을 약 9
若 같을 약 11
葯 약, 어수리 약 15
蒻 구약풀 약 16
藥 약 약 21

躍 뛸 약 21
佯 거짓 양 8
壤 흙덩이 양 20
孃 아씨 양 20
恙 병 양 10
揚 들날릴 양 13
攘 물리칠 양 21
敭 날릴 양 13
暘 해돋는곳 양 13
楊 버들 양 13
樣 본보기 양 15
洋 큰바다 양 10
漾 출렁거릴 야 15
瀁 물이름 양 19
煬 녹일 양 13
痒 병들 양 11
瘍 종기 양 14
禳 기도할 양 22
穰 벼줄기 양 22
羊 양 양 6
襄 도울 양 17
讓 사양할 양 24
釀 술빚을 양 24
陽 볕 양 17
養 기를 양 15
圄 옥 어 10
御 모실 어 11
於 어조사 어 8
漁 고기잡을 어 15
瘀 어혈질 어 13
禦 막을 어 16
語 말씀 어 14
馭 말부릴 어 12
魚 물고기 어 11
齬 어긋날 어 22
億 억 억 15
憶 기억할 억 17
抑 누를 억 8
檍 감탕나무 억 17
臆 가슴 억 19
偃 자빠질 언 11
堰 방죽 언 12
彦 선비 언 9
焉 어찌 언 11

言 말씀 언 7
諺 상말 언 16
孼 서자 얼 19
蘖 그루터기 얼 23
俺 나 엄 10
儼 근엄할 엄 22
嚴 엄할 엄 20
奄 문득 엄 8
掩 거들 엄 12
淹 담글 엄 12
嶪 험준할 업 16
業 업 업 13
円 일본돈 엔 4
予 나 여 4
余 나 여 7
如 같을 여 6
歟 어조사 여 18
汝 너 여 7
璵 보배옥 여 19
礖 여돌 여 19
與 줄 여 14
艅 나룻배 여 13
茹 먹을 여 12
輿 차체, 수레 여 17
轝 수레 여 21
餘 남을 여 16
亦 또 역 6
域 지경 역 11
役 부릴 역 7
易 바꿀 역 8
晹 볕날 역 12
疫 염병 역 9
繹 다스릴 역 19
譯 통변할 역 20
逆 거스를 역 13
驛 역말 역 23
嚥 삼킬 연 19
堧 빈터 연 12
姸 고울 연 9
娟 예쁠 연 10
娫 빛날 연 10
宴 잔치 연 10
延 미칠 연 7
挻 당길 연 11

捐 버릴 연 11
椽 서까래 연 13
沇 물흐를 연 8
沿 물따라내려갈 연 9
涓 물방울 연 11
涎 침 연 11
淵 못 연 12
演 펼, 흐를 연 15
烟 연기 연 10
然 그럴 연 12
煙 연기 연 13
燃 불탈 연 16
燕 제비 연 16
瑌 옥돌 연 14
硏 갈 연 11
硯 벼루 연 12
筵 대자리 연 13
緣 인연 연 15
縯 길 연 17
衍 넓을 연 9
軟 부드러울 연 11
鉛 납 연 13

鳶 솔개 연 14
咽 목멜 열 9
悅 기쁠 열 11
熱 더울 열 15
說 기쁠 열 14
閱 지낼, 읽을 열 15
厭 싫을 염 14
染 물들 염 9
炎 불꽃 염 8
焰 불꽃 염 12
琰 비취옥 염 13
艷 고울 염 24
艶 고울 염 19
苒 풀우거질 염 11
閻 이문 염 16
髥 구렛나루 염 14
鹽 소금 염 24
曄 빛날 엽 16
燁 번쩍거릴 엽 16
葉 잎 엽 15
咏 읊을 영 8
塋 무덤 영 13

嬰 어릴 영 17
嶸 산높을 영 17
影 그림자 영 15
映 비칠 영 9
暎 비칠 영 13
榮 영화 영 14
栄 영화영 9
楹 기둥 영 13
永 길 영 5
泳 헤엄칠 영 9
渶 물맑을 영 13
潁 물이름 영 15
濴 물돌아나갈 영 18
瀯 물소리 영 21
瀛 큰바다 영 20
煐 빛날 영 13
營 지을 영 17
瑛 옥광채 영 14
瑩 밝을 영 15
瓔 옥돌 영 22
盈 찰 영 9
穎 이삭 영 16
纓 갓끈 영 23
英 꽃부리 영 11
詠 읊을 영 12
迎 맞을 영 11
鍈 방울소리 영 17
霙 진눈깨비 영 17
乂 다스릴 예 2
倪 어릴 예 10
刈 풀벨 예 4
睿 밝을 예 14
叡 밝을 예 16
曳 끌 예 6
汭 물굽이 예 8
濊 깊을 예 17
猊 사자 예 12
穢 더러울 예 18
芮 물가 예 10
藝 재주 예 21
蘂 꽃술 예 22
裔 후손 예 13
詣 이를 예 13
譽 기릴 예 21

豫 미리 예 16
銳 날카로울 예 15
霓 무지개 예 16
預 미리 예 13
五 다섯 오 5
伍 다섯사람 오 6
俉 맞을 오 9
傲 거만할 오 13
午 낮 오 4
吾 나 오 7
吳 오나라 오 7
嗚 탄식할 오 13
塢 마을 오 13
墺 물가 오 16
奧 깊을 오 13
娛 즐거울 오 10
寤 잠깰 오 14
悟 깨달을 오 11
惡 미워할 오 12
懊 한할 오 17
敖 놀 오 11
旿 대낮 오 8
晤 밝을 오 11
梧 오동나무 오 11
汚 더러울 오 7
澳 깊을 오 17
烏 까마귀 오 10
熬 볶을 오 15
獒 맹견 오 15
珸 옥돌 오 12
筽 버들고리 오 13
蜈 지네 오 13
誤 그릇할 오 14
鰲 큰자라 오 22
鼇 큰자라 오 24
屋 집 옥 9
沃 기름질 옥 8
獄 옥 옥 14
玉 구슬 옥 5
鈺 보배 옥 13
媼 할미 온 13
溫 따뜻할 온 14
瑥 사람이름 온 15
瘟 염병 온 15

穩 편안할 온 19
縕 헌솜 온 16
蘊 쌓을 온 22
兀 우뚝할 올 3
壅 막을 옹 16
擁 안을 옹 17
瓮 독 옹 9
甕 독 옹 18
癰 등창, 종기 옹 23
翁 늙은이 옹 10
邕 막을 옹 10
雍 화할 옹 13
饔 아침밥 옹 22
渦 소용돌이 와 13
瓦 기와 와 5
窩 움 와 14
窪 깊을 와 14
臥 누울 와 8
蛙 개구리 와 12
蝸 달팽이 와 15
訛 그릇될 와 11
垸 바를 완 10
婉 예쁠 완 11
婠 몸예쁠 완 11
完 완전할 완 7
宛 굽을, 완연 완 8
椀 주발 완 12
梡 네발도마 완 11
浣 옷빨 완 11
玩 희롱할 완 9
琓 구슬 완 12
琬 서옥 완 13
碗 그릇 완 13
緩 더딜 완 15
翫 갖고놀 완 15
脘 밥통 완 13
腕 팔목 완 14
莞 빙그레웃을 완 13
豌 완두완 15
阮 완나라, 성 완 12
頑 완고할 완 13
曰 가로되, 말할 왈 4
往 갈 왕 8
旺 왕성할 왕 8

枉 굽을 왕 8
汪 깊고넓을 왕 8
王 임금 왕 5
倭 나라 왜 10
娃 아름다운계집 왜 7
歪 비뚤 왜 9
矮 작을 왜 13
外 바깥 외 5
嵬 높을 외 13
巍 높고클 외 21
猥 더러울, 망녕될 외 13
畏 두려워할 외 9
僥 요행 요 14
凹 오목할 요 5
堯 요임금 요 12
夭 일찍죽을 요 4
妖 아리따울 요 7
姚 예쁠 요 9
嶢 산높을 요 15
拗 꺾을 요 9
搖 흔들 요 14
擾 어지러울 요 19
曜 요일, 빛날 요 18
樂 좋아할 요 15
橈 짧은노 요 16
燿 비칠 요 18
瑤 아름다운옥 요 15
窈 고요할 요 10
窯 가마 요 15
繇 우거질 요 17
繞 얽힐 요 18
耀 빛날 요 20
腰 허리 요 15
蟯 요충 요 18
要 구할 요 9
謠 노래 요 17
遙 멀 요 17
邀 맞을 요 20
饒 넉넉할 요 21
慾 욕심 욕 15
欲 하고자할 욕 11
浴 목욕할 욕 11
縟 채색 욕 16
褥 요 욕 16

辱 욕될 욕 10
俑 목인, 인형 용 9
傭 품팔이 용 13
冗 쓸데없을 용 4
勇 날랠 용 9
埇 길돋울 용 10
墉 담 용 14
容 얼굴 용 10
庸 떳떳할 용 11
慂 권할 용 14
榕 용나무 용 14
涌 물솟을 용 11
溶 녹을 용 14
熔 녹일 용 14
瑢 패옥소리 용 14
用 쓸 용 5
甬 길, 휘 용 7
聳 솟을 용 17
茸 풀날, 녹용 용 12
蓉 연꽃 용 16
踊 뛸 용 14
鎔 녹일 용 18
鏞 큰쇠북 용 19
于 어조사 우 3
佑 도울 우 7
偶 우연 우 11
優 넉넉할 우 17
又 또 우 2
友 벗 우 4
右 오른쪽 우 5
堣 모퉁이 우 12
宇 집 우 6
寓 부칠 우 12
尤 더욱 우 4
愚 어리석을 우 13
憂 근심 우 15
旴 해돋을 우 7
牛 소 우 4
玗 옥돌 우 8
瑀 옥돌 우 14
盂 바리 우 8
祐 도울 우 10
禑 복 우 14
禹 우임금씨 우 9

紆 얽힐 우9
羽 깃 우6
芋 토란 우9
藕 연뿌리 우21
虞 염려할 우13
迂 굽을 우10
遇 만날 우16
郵 우편 우15
釪 풍류그릇 우11
隅 모퉁이 우17
雨 비 우8
雩 기우제 우11
霸 물소리 우14
勖 힘쓸 욱11
彧 문채날 욱10
旭 빛날 욱6
昱 밝을 욱9
栯 산앵두 욱10
煜 빛날 욱13
稶 기장성할 욱15
郁 문채날 욱13
頊 사람이름 욱13

云 이를 운4
沄 높을 운7
暈 해와달무리 운13
橒 나무무늬 운16
殞 죽을 운14
澐 끓을 운8
澐 큰물결 운16
熉 누런빛 운14
耘 김맬 운10
芸 향풀 운10
蕓 평지 운18
賱 넉넉할 운16
運 돌 운16
隕 떨어질 운18
雲 구름 운12
韻 운치 운19
乫 울 울4
蔚 고을이름 울17
鬱 답답할 울29
熊 곰 웅14
雄 수컷 웅12
元 으뜸 원4

原 근본 원 10
員 관원 원 10
圓 둥글 원 13
園 동산 원 13
垣 낮은담 원 9
婉 순할 원 11
媛 예쁜계집 원 12
嫄 후직의어머니 원 13
寃 원통할 원 11
怨 원망할 원 9
愿 정성 원 14
援 구원할 원 13
沅 물이름 원 8
洹 흐를 원 10
湲 물소리 원 13
源 근원 원 14
爰 이에 원 9
猿 원숭이 원 14
瑗 구멍큰옥 원 14
苑 나라동산 원 11
袁 옷긴모양 원 10
轅 진문 원 17
遠 멀 원 17
阮 나라이름 원 12
院 집, 담 원 15
願 원할 원 19
鴛 원앙새 원 16
月 달 월 4
越 넘을 월 12
鉞 도끼 월 13
位 자리 위 7
偉 클 위 11
僞 거짓 위 14
危 위태할 위 6
圍 둘릴 위 12
委 맡길 위 8
威 위엄 위 9
尉 벼슬이름 위 11
慰 위로할 위 15
暐 빛날 위 13
渭 물이름 위 13
爲 할 위 12
瑋 옥이름 위 14
緯 경위 위 15

胃 밥통 위 11
萎 시들 위 14
葦 갈대 위 15
蔿 애기풀 위 18
蝟 고슴도치 위 15
衛 호위할 위 15
衞 호위할 위 16
褘 장막 위 15
謂 이를 위 16
違 어길 위 16
韋 가죽 위 9
魏 위나라 위 18
乳 젖 유 8
侑 도울 유 8
儒 선비 유 16
兪 그러할 유 9
唯 오직 유 11
喩 깨우칠 유 12
孺 젖먹이 유 17
宥 너그러울 유 9
幼 어릴 유 5
幽 깊을 유 9
庾 노적 유 12
悠 멀 유 11
惟 생각할 유 12
愈 나을 유 13
愉 기뻐할 유 10
揄 끌 유 13
攸 바 유 7
有 있을 유 6
柚 유자 유 9
柔 부드러울 유 9
楡 느릅나무 유 13
楢 졸참나무 유 13
油 기름 유 9
洧 물이름 유 10
游 헤엄칠 유 13
濡 젖을 유 18
猷 꾀 유 13
猶 같을 유 13
琟 옥돌 유 13
瑜 미옥 유 14
由 말미암을 유 5
癒 병이나을 유 18

秞 벼와기장무성할 유10
維 이을 유14
臾 잠깐 유8
萸 수유 유14
裕 넉넉할 유13
誘 인도할 유14
諛 아첨할 유16
諭 깨우칠 유16
踰 넘을 유16
蹂 밟을 유16
逾 넘을 유16
遊 놀 유16
遺 끼칠 유19
酉 닭 유7
釉 빛낼 유12
鍮 놋쇠 유17
堉 기름진땅 육11
毓 기를 육14
肉 고기 육6
育 기를 육10
允 진실로 윤4
奫 물깊고넓을 윤15
尹 믿을 윤4
潤 젖을, 윤택할 윤16
玧 귀막이옥 윤9
胤 이를 윤11
贇 예쁠 윤19
鈗 창 윤12
閏 윤달 윤12
阭 높을 윤12
聿 붓, 마침내 율6
戎 병장기, 군사 융6
瀜 깊을 융20
絨 삶은실 융12
融 화할 융16
垠 언덕 은9
恩 은혜 은10
慇 은근할 은14
殷 은나라 은10
溵 물소리 은14
珢 옥돌 은11
誾 화평할 은15
銀 금은 은14
隱 숨을 은22

乙 새 을 1
吟 읊을 음 7
淫 음란할 음 12
蔭 그늘 음 17
陰 그늘 음 16
音 소리 음 9
飮 마실 음 13
揖 읍할 읍 13
泣 울 읍 9
邑 고을 읍 7
凝 엉길 응 16
應 응할 응 17
膺 가슴 응 19
鷹 매 응 24
依 의지할 의 8
倚 믿을 의 10
儀 거동 의 15
宜 마땅할 의 8
意 뜻 의 13
懿 아름다울 의 22
擬 비길 의 18
椅 의나무 의 12
毅 굳셀 의 15
疑 의심할 의 14
矣 어조사 의 7
義 옳을 의 13
艤 배댈 의 19
薏 율무 의 19
蟻 개미 의 19
衣 옷 의 6
誼 옳을 의 15
議 의논할 의 20
醫 의원 의 18
二 두 이 2
以 써 이 5
伊 저 이 6
夷 오랑캐 이 6
姨 이모 이 9
已 이미 이 3
弛 늦출 이 6
彛 떳떳할 이 16
彝 떳떳할 이 18
怡 화할 이 9
易 쉬울 이 8

爾 너 이 14
珥 귀고리 이 11
異 다를 이 11
痍 다칠 이 11
移 옮길 이 11
而 말이을 이 6
耳 귀 이 6
肄 익힐 이 13
苡 질경이 이 11
荑 흰비름 이 12
貽 끼칠 이 12
貳 두 이 12
邇 가까울 이 21
頤 턱 이 15
飴 엿 이 14
瀷 스며흐를 익 21
益 더할 익 10
翌 다음날 익 11
翊 도울 익 11
翼 날개 익 18
謚 웃을 익 17
人 사람 인 2
仁 어질 인 4
刃 칼날 인 3
印 도장 인 6
咽 목구멍 인 9
因 인할 인 6
姻 혼인할 인 9
寅 동방 인 11
引 이끌 인 4
忍 참을 인 7
湮 빠질 인 13
絪 자리 인 12
茵 깔개, 사철쑥 인 12
蚓 지렁이 인 10
認 알 인 14
靭 질길 인 12
靷 가슴걸이 인 13
一 한 일 1
佚 편안, 허물 일 7
佾 춤추는줄수효 일 8
壹 하나 일 12
日 날 일 4
溢 넘칠 일 14

逸 편안할 일 15
鎰 스물넉량 일 18
馹 역마 일 14
任 맡길 임 6
壬 북방 임 4
妊 아이밸 임 7
姙 아이밸 임 9
恁 생각할 임 10
稔 곡식익을 임 13
荏 들깨 임 12
賃 품삯, 품팔 임 13
入 들 입 2
廿 스물 입 4
仍 인할 잉 4
剩 남을 잉 12
孕 아이밸 잉 5
芿 움돋은풀 잉 10

ㅈ

仔 자세할 자 5
刺 찌를 자 8
咨 탄식할 자 9
姉 맏누이 자 8
姊 맏누이 자 8
姿 맵시 자 9
子 아들 자 3
字 글자 자 6
孜 부지런할 자 7
恣 방자할 자 10
慈 사랑 자 14
滋 불을 자 13
滋 불을 자 14
炙 고기구울 자 8
煮 삶을 자 13
茲 이 자 12
玆 이 자 10
瓷 오지그릇 자 11
疵 흠자 10
磁 자석 자 14
磁 자석 자 15
紫 자주빛 자 11
者 놈 자 10
自 스스로 자 6

茨 지붕일, 가시나무 자 12
蔗 사탕수수 자 17
藉 깔 자 20
諮 물을 자 16
作 지을 작 7
勺 구기 작 3
嚼 씹을 작 21
斫 쪼갤 작 9
昨 어제 작 9
灼 구울 작 7
炸 터질 작 9
爵 벼슬 작 18
綽 너그러울 작 14
芍 작약 작 9
酌 술따를 작 10
雀 참새 작 11
鵲 까치 작 19
孱 잔약할 잔 12
棧 사다리 잔 12
殘 쇠잔할 잔 12
潺 물졸졸흐를 잔 16
盞 술잔 잔 13
岑 봉우리 잠 7
暫 잠시 잠 15
潛 잠길 잠 16
潜 잠길 잠 16
箴 경계할 잠 15
簪 비녀 잠 18
蠶 누에 잠 24
雜 섞일 잡 18
丈 어른 장 3
仗 병장기 장 5
匠 장인 장 6
場 마당 장 12
墻 담 장 16
壯 장할 장 7
奘 클 장 10
奬 권면할 장 14
將 장수 장 11
帳 휘장 장 11
庄 전장 장 6
張 베풀 장 11
掌 손바닥 장 12
暲 밝을 장 15

杖 지팡이 장 7
樟 녹나무 장 15
檣 돛대 장 17
欌 장롱 장 22
漿 초 장 15
漳 물이름 장 15
牆 담 장 17
狀 문서 장 8
獐 노루 장 15
璋 서옥 장 16
章 글 장 11
粧 단장할 장 12
腸 창자 장 15
臟 오장 장 24
臧 착할 장 14
莊 씩씩할 장 13
葬 장사지낼 장 15
蔣 과장풀 장 17
薔 장미 장 19
藏 감출 장 20
裝 행장 장 10
贓 장물 장 21
醬 간장 장 18
長 길 장 8
障 막힐 장 19
再 두번 재 6
哉 어조사 재 9
在 있을 재 6
宰 재상 재 10
才 재주 재 4
材 재목 재 7
栽 심을 재 10
梓 노나무 재 11
渽 맑을 재 13
滓 찌끼 재 14
災 재앙 재 7
縡 일 재 16
裁 옷마를 재 12
財 재물 재 10
載 실을 재 13
齋 재계할 재 17
齎 가질 재 21
争 다툴 쟁 8
箏 쟁 쟁 14

諍 간할 쟁 15
錚 쇳소리, 징 쟁 16
佇 우두커니설 저 7
低 낮을 저 7
儲 쌓을 저 18
咀 씹을 저 8
姐 맏누이 저 8
底 밑 저 8
抵 밀 저 9
杵 절구공이 저 8
楮 닥나무 저 13
樗 가죽나무 저 15
沮 그칠 저 9
渚 물가 저 13
狙 긴팔원숭이 저 9
猪 돼지 저 12
疽 악창, 종기 저 10
箸 젓가락 저 15
紵 모시 저 11
苧 모시 저 11
菹 김치 저 14
著 지을 저 15
藷 마, 고구마 저 22
詛 저주할 저 12
貯 쌓을 저 12
躇 머뭇거릴 저 20
這 이것 저 14
邸 집 저 12
雎 물수리 저 13
齟 이어긋날 저 20
勣 공적 적 13
吊 이를 적 7
嫡 정실 적 14
寂 고요할 적 11
摘 딸 적 15
敵 대적할 적 15
滴 물방울 적 15
炙 고기구울 적 8
狄 북녘오랑캐 적 8
的 과녁, 밝을 적 8
積 쌓을 적 16
笛 피리 적 11
籍 문서 적 20
績 길쌈 적 17

翟 꿩 적 14
荻 물억새 적 13
謫 귀양갈 적 18
賊 도둑 적 13
赤 붉을 적 7
跡 자취 적 13
蹟 사적 적 18
迪 나아갈 적 12
迹 자취 적 13
適 마침 적 18
鏑 살촉 적 19
佃 밭갈 전 7
佺 신선이름 전 8
傳 전할 전 13
全 온전 전 6
典 법 전 8
前 앞 전 9
剪 가위 전 11
塡 메울 전 13
塼 벽돌 전 14
奠 전드릴 전 12
專 오로지 전 11
展 펼 전 10
廛 전방 전 15
悛 고칠 전 11
戰 싸움 전 16
栓 나무못 전 10
殿 대궐 전 13
氈 전 전 17
澱 찌끼 전 17
煎 달일 전 13
畑 밭 전 9
琠 옥이름 전 13
田 밭 전 5
甸 경기 전 7
癲 미칠 전 24
筌 통발 전 12
箋 쪽지 전 14
箭 화살 전 15
篆 전자 전 15
纏 얽을 전 21
荃 향풀 전 12
詮 평론할 전 13
輾 구를 전 17

轉 구를 전 18
鈿 비녀 전 13
錢 돈 전 16
銓 저울질할 전 14
鐫 새길 전 21
雋 살찐고기 전 13
電 번개 전 13
顚 이마, 넘어질 전 19
顫 떨릴 전 22
餞 전송할 전 17
切 끊을 절 4
截 끊을 절 14
折 꺾을 절 8
晢 밝을 절 11
浙 강이름 절 11
癤 부스럼 절 20
竊 훔칠 절 22
節 대마디 절 15
絶 끊을 절 12
占 점칠 점 5
岾 절이름 점 8
店 가게 점 8
漸 점점 점 15
点 점 점 9
粘 끈끈할 점 11
霑 젖을 점 16
鮎 메기 점 16
點 검은점 점 17
接 접할 접 12
摺 접을 접 15
蝶 나비 접 15
丁 장정 정 2
井 우물 정 4
亭 정자 정 9
停 머무를 정 11
偵 염탐할 정 11
呈 나타날 정 7
姃 계집단정할 정 8
婷 예쁠 정 12
定 정할 정 8
幀 그림족자 정 12
庭 뜰 정 10
廷 조정 정 7
征 칠 정 8

情 뜻 정 12
挺 뺄 정 11
政 정사 정 8
整 정제할 정 16
旌 기 정 11
晶 수정 정 12
晸 해돋을 정 12
柾 나무바를 정 9
桯 걸상 정 11
楨 쥐똥나무 정 13
檉 능수버들 정 17
正 바를 정 5
汀 물가 정 6
涏 물찰정 11
淀 배댈 정 12
淨 맑을 정 12
渟 물괴일 정 13
湞 물이름 정 13
瀞 맑을 정 20
炡 빛날 정 9
玎 옥소리 정 7
珵 패옥 정 12
珽 옥이름 정 12
町 발지경 정 7
睛 눈동자 정 13
碇 배닻돌 정 13
禎 상서 정 14
程 한도 정 12
穽 함정 정 9
精 정할 정 14
綎 인끈 정 13
艇 거룻배 정 13
訂 의논할 정 9
諪 고를 정 16
貞 곧을 정 9
鄭 정나라 정 19
酊 술취할 정 9
釘 못 정 10
鉦 징 정 13
鋌 쇳덩이 정 15
錠 은화, 정제 정 16
鋥 칼날세울 정 15
霆 천둥소리 정 15
靖 편안할 정 13

靚 단장할 정 15
靜 고요할 정 14
靜 고요할 정 16
頂 이마 정 11
頲 아름다울 정 17
鼎 솥 정 13
制 억제할, 제도 제 8
劑 약지을 제 16
嚌 맛볼 제 17
堤 둑, 제방 제 12
帝 임금 제 9
弟 아우 제 7
悌 공경할 제 11
提 들 제 13
梯 사다리 제 11
濟 건널 제 18
瑅 옥이름 제 14
祭 제사 제 11
第 차례 제 11
臍 배꼽 제 20
薺 냉이 제 20
製 지을 제 14
諸 모든 제 16
蹄 굽 제 16
醍 맑은술 제 16
除 덜 제 15
際 사이 제 19
霽 갤 제 22
題 글제 제 18
齊 가지런할 제 14
俎 제기 조 9
兆 조짐 조 6
凋 시들 조 10
助 도울 조 7
弔 조상할 조 4
彫 새길 조 11
措 둘 조 12
操 잡을 조 17
早 이를 조 6
晁 아침 조 10
曺 성 조 10
曹 무리 조 11
朝 아침 조 12
條 가지 조 11

棗 대추 조 12
槽 구유통 조 15
漕 배질할 조 15
潮 조수 조 16
照 비칠 조 13
燥 마를 조 17
爪 손톱 조 4
璪 면류관드림옥 조 18
琱 독수리 조 16
眺 바라볼 조 13
祖 할아비 조 10
祚 복조 조 10
租 부세 조 10
稠 빽빽할 조 13
窕 안존할 조 11
粗 거칠 조 11
糟 술재강 조 17
組 인끈 조 11
繰 야청비단 조 19
肇 비로소 조 14
藻 마름 조 22
蚤 벼룩 조 10

詔 조서 조 12
調 고를 조 15
趙 조나라 조 14
躁 성급할 조 20
造 지을 조 14
遭 만날 조 18
釣 낚시 조 11
阻 험할 조 13
雕 독수리 조 16
鳥 새 조 11
族 겨레 족 11
簇 모일 족 17
足 발 족 7
鏃 화살촉 족 19
存 있을 존 6
尊 높을 존 12
卒 군사 졸 8
拙 옹졸할 졸 9
猝 갑작스러울 졸 12
倧 신인 종 10
宗 마루 종 8
從 좇을 종 11

悰 즐거울 종12
慫 놀랄 종15
棕 종려나무 종12
淙 물소리 종12
琮 옥홀 종13
瑽 패옥소리 종16
種 심을 종14
終 마침 종11
綜 모을 종14
縱 세로 종17
腫 부스럼 종15
踪 자취 종15
鍾 술잔 종17
鐘 쇠북 종20
佐 도울 좌7
坐 앉을 좌7
左 왼 좌5
座 자리 좌10
挫 꺾을 좌11
罪 허물 죄14
主 임금 주5
住 머무를 주7
侏 난장이 주8
做 지을 주11
周 두루 주8
呪 저주할 주8
嗾 부추길, 개부릴 주14
奏 아뢸 주9
姝 예쁠 주9
姝 아름다울 주9
宙 집 주8
州 고을 주6
廚 부엌 주15
晝 낮 주11
朱 붉을 주6
柱 기둥 주9
株 그루 주10
注 물댈 주9
洲 물가 주10
湊 물모일 주13
澍 적실, 단비 주16
炷 심지 주9
珠 구슬 주11
疇 밭 주19

籌 산가지 주20
紂 밀치끈 주9
紬 명주 주11
綢 얽을 주14
胄 맏아들 주11
舟 배 주6
蛛 거미 주12
註 주낼 주12
誅 벨 주13
走 달릴 주7
躊 머뭇거릴 주21
輳 모일 주16
迺 닥칠, 다할 주14
遒 닥칠, 다할 주16
週 주일 주15
酎 전국술 주10
酒 술 주10
鑄 쇠불릴 주22
駐 말머무를 주15
竹 대 죽6
粥 죽 죽12
俊 준걸 준9
儁 영특할 준15
准 법 준10
埈 높을 준10
埻 과녁 준11
寯 모일 준16
峻 높을 준10
晙 밝을 준11
樽 술통 준16
浚 깊을 준11
準 법 준14
濬 깊을 준18
畯 농부 준12
竣 일마칠 준12
蠢 꿈틀거릴 준21
逡 머뭇거릴 준11
遵 좇을 준19
隼 새매, 송골매 준10
雋 영특할 준13
駿 준마 준17
茁 풀싹 줄11
中 가운데 중4
仲 버금 중6

衆 무리 중12
重 무거울 중9
卽 곧 즉9
即 곧 즉7
櫛 빗 즐19
楫 노 즙13
汁 진액 즙6
葺 지붕일 즙15
增 더할 증15
憎 미워할 증16
拯 건질 증10
曾 일찍 증12
烝 김오를 증10
甑 시루 증17
症 병증세 증10
繒 비단 증18
蒸 찔 증16
證 증거 증19
贈 줄 증19
之 갈 지4
只 다만 지5
咫 여덟치 지9
地 땅 지6
址 터 지7
志 뜻 지7
持 가질 지10
指 손가락 지10
摯 잡을 지15
支 지탱할 지4
旨 뜻 지6
智 지혜 지12
枝 가지 지8
枳 탱자 지9
止 그칠 지4
池 못 지7
沚 모래톱 지8
漬 담글 지15
知 알 지8
砥 숫돌 지10
祉 복 지9
祗 공경할 지10
紙 종이 지10
肢 사지 지10
脂 기름 지12

至 이를 지 6
芝 지초 지 10
芷 구리때 지 10
蜘 거미 지 14
誌 기록할 지 14
識 기록할 지 19
贄 폐백 지 18
趾 발 지 11
遲 더딜 지 19
鋕 새길 지 15
直 곧을 직 8
稙 올벼 직 13
稷 메기장 직 15
織 짤 직 18
職 벼슬 직 18
唇 놀랄 진 10
嗔 성낼 진 13
塡 오랠 진 13
塵 티끌 진 14
抮 휘어잡을 진 9
振 떨칠 진 11
搢 꽂을 진 14
晉 진나라, 나갈 진 10
晋 진나라 진, 나갈 진 10
桭 처마 진 11
榛 개암나무 진 14
殄 끊어질 진 9
津 나루 진 10
溱 성할 진 14
珍 보배 진 10
瑱 귀막이옥 진 15
瑨 옥돌 진 15
璡 옥돌 진 15
璡 옥돌 진 17
畛 두둑 진 10
疹 홍역 진 10
盡 다할 진 14
眞 참 진 10
真 참 진 10
瞋 눈부릅뜰 진 15
禛 복받을 진 15
秦 진나라 진 10
縉 분홍빛 진 16
縝 맺을 진 16

臻 이를 진 16
蓁 사철쑥 진 17
袗 홑옷 진 11
診 볼 진 12
賑 넉넉할 진 14
軫 수레 진 12
辰 별 진 7
進 나아갈 진 15
鎭 진압할 진 18
陣 진칠 진 15
陳 베풀 진 16
震 진동할 진 15
侄 어리석을, 조카 질 8
叱 꾸짖을 질 5
姪 조카 질 9
嫉 투기할 질 13
帙 책갑 질 8
桎 차꼬 질 10
瓆 사람이름 질 20
疾 병 질 10
秩 차례 질 10
窒 막을 질 11
膣 여자음부 질 17
蛭 거머리 질 12
質 바탕 질 15
跌 넘어질 질 12
迭 갈마들 질 12
斟 짐작할 짐 13
朕 나 짐 10
什 세간 집 4
執 잡을 집 11
楫 노 집 13
潗 샘솟을 집 16
潗 샘솟을 집 16
緝 모일 집 15
輯 모을 집 16
鏶 쇳조각 집 20
集 모을 집 12
徵 부를 징 15
懲 징계할 징 19
澄 맑을 징 16

ㅊ

且 또 차 5
借 빌릴 차 10
侘 실심할 차 8
叉 두갈래 차 3
嗟 탄식할 차 13
嵯 우뚝솟을 차 13
差 어길 차 10
次 버금 차 6
此 이 차 6
瑳 옥빛깨끗할 차 15
磋 갈 차 15
箚 차차 차 14
茶 차 차 12
蹉 미끄러질 차 17
車 수레 차 7
遮 막을 차 18
捉 잡을 착 11
搾 짤 착 14
窄 좁을 착 10
着 부딪칠 착 12
錯 섞일 착 16
鑿 끌, 뚫을 착 28
齪 악착할 착 22
撰 지을 찬 16
澯 맑을 찬 17
燦 빛날 찬 17
璨 옥빛날 찬 18
瓚 옥주자 찬 24
竄 숨을 찬 18
篡 빼앗을 찬 17
粲 선명할 찬 13
纂 모을 찬 20
纘 이을 찬 25
讃 기릴 찬 22
讚 기릴 찬 26
賛 도울 찬 15
贊 도울 찬 19
鑽 뚫을 찬 27
餐 먹을 찬 16
饌 반찬 찬 21
刹 절 찰 8
察 살필 찰 14

擦 비빌 찰 18
札 패, 편지 찰 5
紮 묶을 찰 11
僭 참람할 참 14
參 참여할 참 11
塹 구덩이 참 14
慙 부끄러울 참 15
慚 부끄러워할 참 15
慘 슬플 참 15
懺 뉘우칠 참 21
斬 벨 참 11
站 우두커니설 참 10
讖 참서 참 24
讒 참소할 참 24
倉 창고 창 10
倡 광대 창 10
創 다칠, 비롯할 창 12
唱 노래부를 창 11
娼 창녀 창 11
廠 헛간 창 15
彰 나타날 창 14
敞 열 창 12
昌 창성할 창 8
昶 밝을 창 9
暢 화창할 창 14
槍 창 창 14
滄 서늘할 창 14
漲 물불을 창 15
猖 미쳐뛸 창 12
瘡 부스럼 창 15
窓 창문 창 11
脹 배부를 창 14
艙 선창 창 16
菖 창포 창 14
蒼 푸를 창 16
債 빚질 채 13
埰 사패지 채 11
寀 동관 채 11
寨 나무우리 채 14
彩 채색 채 11
採 캘 채 12
砦 진터 채 10
綵 채색비단 채 14
菜 나물 채 14

蔡 채나라 채 17
采 캘 채 8
釵 비녀 채 11
冊 책 책 5
册 책 책 5
柵 울타리 책 9
策 꾀 책 12
責 꾸짖을 책 11
凄 찰 처 10
妻 아내 처 8
悽 슬퍼할 처 12
處 곳 처 11
倜 기개있을 척 10
刺 찌를 척 8
剔 뼈발라낼 척 10
坧 기지 척 8
尺 자 척 4
慽 슬플 척 15
戚 겨레 척 11
拓 열 척 9
擲 던질 척 19
斥 내칠 척 5
滌 씻을 척 15
瘠 파리할 척 15
脊 등마루 척 12
蹠 밟을 척 18
陟 오를 척 15
隻 외짝, 하나 척 10
仟 천사람 천 5
千 일천 천 3
天 하늘 천 4
喘 숨찰 천 12
川 내 천 3
擅 제멋대로할 천 17
泉 샘 천 9
淺 얕을 천 12
玔 옥고리 천 8
穿 뚫을 천 9
舛 어그러질 천 6
薦 천거할 천 19
賤 천할 천 15
踐 밟을 천 15
遷 옮길 천 19
釧 팔찌 천 11

闡 열 천 20
阡 밭두길 천 11
韆 그네 천 24
凸 볼록할 철 5
哲 밝을 철 10
喆 밝을 철 12
徹 관철할 철 15
撤 거둘 철 16
澈 물맑을 철 16
綴 연결할 철 14
轍 바퀴자국 철 19
輟 그칠 철 15
鐵 쇠 철 21
僉 다 첨 13
尖 뾰족할 첨 6
沾 적실 첨 9
添 더할 첨 12
甛 달 첨 11
瞻 쳐다볼 첨 18
簽 쪽지, 농 첨 19
籤 제비, 점대 첨 23
詹 이를 첨 13
諂 아첨할 첨 15
妾 첩 첩 8
堞 성가퀴 첩 12
帖 문서 첩 8
捷 이길 첩 12
牒 서찰, 문서 첩 13
疊 거듭 첩 22
睫 속눈썹 첩 13
諜 염탐할 첩 16
貼 붙일 첩 12
輒 문득 첩 14
廳 관청 청 25
晴 날갤 청 12
淸 맑을 청 12
清 맑을 청 12
聽 들을 청 22
菁 우거질 청 14
請 청할 청 15
請 청할 청 15
靑 푸를 청 8
青 푸를 청 8
鯖 청어 청 19

切 온통 체 4
剃 깎을 체 9
替 대신할 체 12
涕 눈물 체 11
滯 막힐 체 15
締 맺을 체 15
諦 살필 체 16
逮 미칠 체 15
遞 갈마들 체 17
體 몸 체 23
初 처음 초 7
剿 끊을 초 13
哨 망볼 초 10
憔 수척할 초 16
抄 베낄 초 8
招 부를 초 9
梢 나무끝 초 11
椒 산초나무 초 12
楚 초나라 초 13
樵 땔나무 초 16
炒 볶을 초 8
焦 탈 초 12
硝 초석 초 12
肖 닮을 초 9
艸 풀 초 6
苕 완두 초 11
草 풀 초 12
蕉 파초 초 18
貂 담비 초 12
超 뛰어넘을 초 12
酢 초 초 12
醋 초 초 15
醮 초례제 초 19
促 재촉할 촉 9
囑 부탁할 촉 24
燭 촛불 촉 17
矗 우거질 촉 24
蜀 애벌레, 촉나라 촉 13
觸 닿을, 부딪칠 촉 20
寸 치 촌 3
忖 헤아릴 촌 7
村 마을 촌 7
邨 마을 촌 11
叢 떨기 총 18

塚 무덤 총 13
寵 사랑할 총 19
悤 바쁠 총 11
憁 실심할 총 15
摠 거느릴 총 15
總 거느릴 총 17
聰 귀밝을 총 17
聡 귀밝을 총 14
蔥 파 총 17
銃 총 총 14
撮 집을, 모을 촬 16
催 재촉할 최 13
崔 높을 최 11
最 가장 최 12
墜 떨어질 추 15
抽 뺄 추 9
推 밀 추 12
椎 몽치 추 12
楸 노나무 추 13
樞 지도리 추 15
湫 서늘할 추 13
皺 주름질 추 15
秋 가을 추 9
芻 꼴 추 10
萩 다북쑥 추 15
諏 꾀할 추 15
趨 달아날 추 17
追 쫓을 추 13
鄒 추나라 추 17
酋 우두머리 추 9
醜 추할 추 17
錐 송곳 추 16
錘 저울눈 추 16
鎚 쇠망치 추 18
雛 병아리 추 18
騶 마부 추 20
鰍 미꾸라지 추 20
丑 소 축 4
畜 기를 축 10
祝 빌 축 10
竺 대나무, 나라이름 축 8
筑 비파 축 12
築 쌓을 축 16
縮 오그라들 축 17

蓄 쌓을 축 16
蹙 오그라들 축 18
蹴 찰 축 19
軸 굴대 축 12
逐 쫓을 축 14
春 봄 춘 9
椿 참죽나무 춘 13
瑃 옥이름 춘 14
賰 넉넉할 춘 16
出 날 출 5
朮 삽주 출 5
黜 물리칠 출 17
充 채울 충 6
冲 화할 충 6
忠 충성 충 8
沖 화할 충 8
琉 귀걸이옥 충 11
虫 벌레 충 6
蟲 벌레 충 18
衝 충돌할 충 15
衷 가운데 충 10
悴 야윌, 초췌할 췌 12
膵 췌장 췌 18
萃 모을 췌 14
贅 군더더기, 혹 췌 18
取 취할 취 8
吹 불 취 7
嘴 부리 취 15
娶 장가들 취 11
就 이룰 취 12
炊 불땔 취 8
翠 비취색, 물총새 취 14
聚 모을 취 14
脆 연할 취 12
臭 냄새 취 10
趣 뜻 취 15
醉 취할 취 15
驟 별안간, 달릴 취 24
鷲 수리 취 23
仄 기울 측 4
側 곁 측 11
厠 뒷간 측 11
廁 뒷간 측 12
惻 슬퍼할 측 13

測 헤아릴 측 13
層 층 층 15
侈 사치할 치 8
値 만날 치 10
嗤 웃을 치 13
峙 산우뚝할 치 9
幟 깃대 치 15
恥 부끄러울 치 10
梔 치자나무 치 11
治 다스릴 치 9
淄 검을 치 12
熾 불성할 치 16
痔 치질 치 11
痴 어리석을 치 13
癡 어리석을 치 19
稚 어릴 치 13
穉 어릴 치 17
緇 검을 치 14
緻 고울, 찬찬할 치 15
置 둘 치 14
致 이를 치 10
致 이를 치 9

蚩 어리석을 치 10
輜 짐수레 치 15
雉 꿩 치 13
馳 달릴 치 13
齒 이 치 15
則 법칙 칙 9
勅 신칙할 칙 9
飭 신칙할, 삼갈 칙 13
親 친할 친 16
七 일곱 칠 7
柒 옻칠할 칠 9
漆 옻칠할 칠 15
侵 침노할 침 9
寢 잠잘 침 14
枕 베개 침 8
沈 잠길 침 8
浸 적실 침 11
琛 보배 침 13
砧 다듬이돌 침 10
針 바늘 침 10
鍼 침 침 17
蟄 벌레움추릴 칩 17

秤 저울 칭 10
稱 일컬을 칭 14

ㅋ

夬 결단할 쾌 4
快 쾌할 쾌 8

ㅌ

他 다를 타 5
咤 꾸짖을 타 9
唾 침 타 11
墮 떨어질 타 15
妥 편안할 타 7
惰 게으를 타 13
打 칠 타 6
拖 끌 타 9
朶 늘어질 타 6
楕 길쭉할 타 13
舵 키 타 11
陀 비탈질 타 13
馱 짐실을 타 13
駝 낙타 타 15
倬 클 탁 10
卓 높을 탁 8
啄 쪼을 탁 11
坼 터질 탁 8
度 헤아릴 탁 9
托 밀 탁 7
拓 밀칠 탁 9
擢 뽑을 탁 18
晫 밝을 탁 12
柝 열, 터질 탁 9
濁 흐릴 탁 17
濯 씻을 탁 18
琢 쪼을 탁 13
琸 사람이름 탁 13
託 부탁할 탁 10
鐸 방울 탁 21
呑 삼킬 탄 7
嘆 탄식할 탄 14
坦 평탄할 탄 8
彈 탄알 탄 15

憚 꺼릴 탄16
歎 탄식할 탄15
灘 여울 탄23
炭 숯 탄9
綻 옷솔기터질 탄14
誕 태어날 탄14
奪 빼앗을 탈14
脫 벗을 탈13
探 더듬을 탐12
眈 노려볼 탐9
耽 즐길 탐10
貪 탐할 탐11
塔 탑 탑13
榻 걸상 탑14
宕 방탕할 탕8
帑 나라곳집 탕8
湯 끓을 탕13
糖 사탕 탕16
蕩 쓸 탕18
兌 기쁠 태7
台 별이름5
太 클 태4

怠 게으를 태9
態 모양 태14
殆 위태로울 태9
汰 미끄러질 태8
泰 클 태9
笞 볼기칠 태11
胎 아이밸 태11
苔 이끼 태11
跆 밟을 태12
邰 태나라 태12
颱 태풍 태14
垞 언덕 택9
宅 집 택6
擇 가릴 택17
澤 못 택17
撑 버틸 탱16
攄 펼 터19
兎 토끼 토8
吐 토할 토6
土 흙 토3
討 칠 토10
慟 애통할 통15

桶 통 통 11
洞 꿰뚫을 통 10
痛 아플 통 12
筒 대통 통 12
統 거느릴 통 12
通 통할 통 14
堆 흙무더기 퇴 11
槌 망치, 칠 퇴 14
腿 다리 퇴 16
褪 벗을, 바랠 퇴 16
頹 무너질 퇴 16
偸 훔칠 투 11
套 클, 덮개 투 10
妬 투기할 투 8
投 던질 투 8
透 통할 투 14
鬪 싸움 투 20
慝 간특할 특 15
特 특별할 특 10
闖 엿볼 틈 18

ㅍ

坡 언덕 파 8
婆 할미 파 11
巴 땅이름 파 4
把 잡을 파 8
播 심을 파 16
擺 열 파 19
杷 비파나무 파 8
波 물결 파 9
派 갈라질 파 10
爬 긁을 파 8
琶 비파 파 13
破 깨뜨릴 파 10
罷 파할 파 16
芭 파초 파 10
跛 절뚝발이 파 12
頗 자못, 치우칠 파 14
判 가를, 판단할 판 7
坂 언덕 판 7
板 널 판 8
版 조각 판 8

瓣 외씨 판19
販 팔 판11
辦 힘쓸 판16
鈑 판금 판12
阪 산비탈 판12
八 여덟 팔8
叭 나팔 팔5
捌 깨뜨릴 팔11
佩 찰 패8
唄 염불소리 패10
悖 어그러질 패11
敗 패할 패11
沛 늪 패8
浿 물이름 패11
牌 패 패12
狽 이리 패11
稗 피 패13
覇 으뜸 패19
貝 조개 패7
彭 성 팽12
澎 물소리 팽16
烹 삶을 팽11
膨 부를 팽18
愎 팩할 퍅13
便 편할 편9
偏 치우칠 편11
扁 작을 편9
片 조각 편4
篇 책 편15
編 책편 편15
翩 훌쩍날 편15
遍 두루 편16
鞭 채찍 편18
騙 속일 편19
貶 덜 폄12
坪 들 평8
平 평평할 평5
枰 바둑판 평9
泙 물소리 평9
苹 개구리밥 평14
評 평론할 평12
吠 개짖을 폐7
嬖 사랑할 폐16
幣 폐백 폐15

廢 폐할 폐 15
弊 폐단, 해질 폐 15
斃 죽을 폐 18
肺 허파 폐 10
蔽 덮을 폐 18
閉 닫을 폐 11
陛 천자, 섬돌 폐 15
佈 펼 포 7
包 쌀 포 5
匍 길 포 9
匏 박 포 11
咆 으르렁거릴 포 8
哺 먹을 포 10
圃 채전 포 10
布 베 포 5
怖 두려워할 포 9
抛 던질 포 8
拋 던질 포 9
抱 안을 포 9
捕 잡을 포 11
暴 사나울 포 15
泡 거품 포 9
浦 물가 포 11
疱 마마 포 10
砲 대포 포 10
胞 태보 포 11
脯 포 포 13
苞 딸기 포 11
葡 포도 포 15
蒲 부들 포 16
袍 두루마기 포 11
褒 기릴, 포장할 포 15
逋 달아날 포 14
鋪 펼 포 15
飽 배부를 포 14
鮑 절인어물 포 16
幅 폭 폭 12
暴 별에말릴 폭 15
曝 별에말릴 폭 19
瀑 폭포 폭 19
爆 터질, 폭발할 폭 19
輻 바퀴살 폭 16
俵 나누어줄 표 10
剽 표독할 표 13

彪 범 표 11
慓 급할 표 15
杓 북두자루 표 7
標 표할 표 15
漂 뜰 표 15
瓢 박 표 16
票 쪽지, 표 표 11
表 겉 표 9
豹 표범 표 10
飄 회오리바람 표 20
飇 회오리바람 표 21
驃 날쌜 표 21
品 품수 품 9
稟 받을, 사뢸 품 13
楓 단풍나무 풍 13
諷 외울 풍 16
豊 풍년 풍 13
豐 풍년 풍 18
風 바람 풍 9
馮 성 풍 12
彼 저 피 8
披 해칠 피 9
皮 가죽 피 5
疲 나른할 피 10
被 입을 피 11
避 피할 피 20
陂 기울어질 피 13
佖 점잖을 필 7
匹 짝 필 4
弼 도울 필 12
必 반드시 필 5
泌 스밀 필 9
珌 칼장식옥 필 10
畢 마칠 필 11
疋 필 필 5
筆 붓 필 12
苾 향기날 필 11
鉍 창자루 필 13
馝 향기날 필 14
乏 다할 핍 5
逼 닥칠 핍 16

ㅎ

下 아래 하 3
何 어찌 하 7
夏 여름 하 10
廈 큰집 하 13
厦 큰집 하 12
昰 여름 하 9
河 물 하 9
瑕 옥티 하 14
荷 연꽃 하 13
蝦 새우, 두꺼비 하 15
賀 하례할 하 12
遐 멀 하 16
霞 노을 하 17
鰕 새우 하 20
壑 골 학 17
学 배울 학 8
學 배울 학 16
虐 사나울 학 9
謔 희롱할 학 16
鶴 학, 두루미 학 21
寒 찰 한 12
恨 한될 한 10
悍 사나울 한 11
旱 가물 한 7
汗 땀 한 7
漢 한나라 한 15
澣 빨래할 한 17
瀚 넓고클 한 20
罕 드물 한 7
翰 깃 한 16
閑 한가할, 막을 한 12
閒 편안할 한 12
限 한정 한 14
韓 한나라 한 17
割 벨 할 12
轄 비녀장, 관할할 할 17
函 함 함 8
含 머금을 함 7
咸 다 함 9
啣 재갈, 명함 함 11
喊 소리지를 함 12
檻 우리, 난간 함 18

涵 젖을 함 12
緘 봉할 함 15
艦 싸움배 함 20
銜 재갈 함 14
陷 빠질 함 16
鹹 짤 함 20
合 합할 합 6
哈 마실 합 9
盒 합 합 11
蛤 대합조개 합 12
閤 쪽문 합 14
闔 문짝 합 18
陜 고을이름 합 15
亢 목, 높을 항 4
伉 짝 항 6
姮 계집이름 항 9
嫦 항아 항 14
巷 골목 항 9
恒 항상 항 10
恆 항상 항 10
抗 항거할 항 8
杭 건널 항 8
桁 차꼬 항 10
沆 큰물 항 8
港 항구 항 13
缸 항아리 항 9
肛 똥구멍 항 9
航 배 항 10
行 항렬 항 6
降 항복할 항 14
項 목뒤 항 12
亥 돼지 해 6
偕 함께할 해 11
咳 방긋웃을, 기침 해 9
垓 땅끝 해 9
奚 어찌 해 10
孩 어린아이 해 9
害 해할 해 10
懈 게으를 해 17
楷 본뜰 해 13
海 바다 해 11
瀣 이슬기운 해 20
蟹 게 해 19
解 풀 해 13

該 그 해 13
諧 화합할 해 16
邂 만날 해 20
駭 놀랄 해 16
骸 뼈 해 16
劾 캐물을 핵 8
核 씨 핵 10
倖 요행 행 10
幸 다행 행 8
杏 살구 행 7
荇 마름풀 행 12
行 다닐 행 6
享 드릴 향 8
向 향할 향 6
嚮 지난번 향 19
珦 옥이름 향 11
鄕 시골 향 17
響 소리울릴 향 22
餉 먹일 향 15
饗 잔치할 향 22
香 향기 향 9
噓 불 허 15
墟 옛터 허 15
虛 빌 허 12
許 허락할 허 11
憲 법 헌 16
獻 드릴 헌 20
軒 초헌 헌 10
櫶 나무이름 헌 20
歇 쉴 헐 13
險 험할 험 21
驗 증험할 험 23
奕 클 혁 9
爀 빛날 혁 18
赫 빛날 혁 14
革 가죽 혁 9
俔 엿볼 현 9
呟 소리 현 8
峴 고개 현 10
弦 활시위 현 8
懸 매달 현 20
昡 햇빛 현 10
晛 햇살 현 11
泫 물깊을 현 9

炫 밝을 현 9
玄 검을 현 5
玹 옥돌 현 10
現 나타날 현 12
眩 현란할 현 10
睍 불거질눈, 고울 현12
絃 줄풍류 현 11
絢 문채날, 고울 현 12
縣 고을 현 16
舷 뱃전 현 11
衒 자랑할 현 11
見 뵈올 현 7
賢 어질 현 15
鉉 솥귀 현 13
顯 나타날 현 23
顕 나타날 현 18
孑 고독할 혈 3
穴 구멍 혈 5
血 피 혈 6
頁 머리 혈 9
嫌 싫어할 혐 13
俠 협기 협 9
協 화합할 협 8
夾 낄 협 7
峽 골짜기 협 10
挾 낄 협 11
浹 두루미칠, 사무칠 협 11
狹 좁을 협 11
脇 겨드랑이 협 12
脅 겨드랑이, 협박할 협 12
莢 콩껍질 협 13
鋏 칼, 집게 협 15
頰 뺨 협 16
亨 형통할 형 7
兄 맏형 5
刑 형벌 형 6
型 본보기 형 9
形 형상 형 7
泂 찰 형 9
滎 실개천 형 14
瀅 물맑을 형 19
瀠 이름 형 22
炯 빛날 형 9
熒 등불 형 14

珩 노리개 형 11
瑩 옥돌, 맑을 형 15
荊 모형, 가시형 12
螢 개똥벌레 형 16
衡 저울대 형 16
逈 멀 형 13
邢 나라이름 형 11
鎣 줄 형 18
馨 향기로울 형 20
兮 어조사 혜 4
憲 밝힐 혜 15
彗 비 혜 11
惠 은혜 혜 12
恵 은혜 혜 10
慧 지혜 혜 15
憓 사랑할 혜 16
暳 별반짝일 혜 15
蕙 난초 혜 15
譿 살필 혜 22
蹊 지름길 혜 17
醯 초 혜 19
鞋 신 혜 15

乎 어조사 호 5
互 서로 호 4
呼 부를 호 8
壕 해자 호 17
壺 병 호 12
好 좋을 호 6
岵 초목우거진산 호 8
弧 활 호 8
户 지게 호 4
扈 호위할 호 11
昊 여름하늘 호 8
晧 해돋을 호 11
毫 가는털 호 11
浩 넓고클 호 11
淏 맑을 호 12
湖 호수 호 13
滸 물가 호 15
澔 채색빛날 호 16
濠 해자 호 18
濩 흘러퍼질 호 18
灝 물줄기멀 호 25
狐 여우 호 9

琥 호박 호 13
瑚 산호 호 14
瓠 표주박 호 11
皓 힐 호 12
祜 복 호 10
糊 풀 호 15
縞 명주, 흰깁 호 16
胡 어찌 호 11
芦 지황 호 10
蒿 쑥 호 16
葫 마늘 호 15
虎 범 호 8
號 부르짖을 호 13
蝴 나비 호 15
護 호위할 호 21
豪 호걸 호 14
鎬 호경 호 18
頀 풍류이름 호 23
顥 클 호 21
惑 미혹할 혹 12
或 혹 혹 8
酷 혹독할 혹 14
婚 혼인할 혼 11
昏 어두울 혼 8
混 흐릴 혼 12
渾 흐릴 혼 13
琿 아름다운옥 혼 14
魂 혼 혼 14
忽 문득 홀 8
惚 황홀할 홀 12
笏 홀 홀 10
哄 떠들썩할 홍 9
弘 클 홍 5
汞 수은 홍 7
泓 물깊을 홍 9
洪 넓을 홍 10
烘 불에 쬐어말릴 홍 10
紅 붉을 홍 9
虹 무지개 홍 9
訌 어지러울 홍 10
鉷 쇠뇌고동 홍 14
鴻 기러기 홍 17
化 될 화 4
和 화할 화 8

嬅 탐스러울 화 15
樺 자작나무 화 16
火 불 화 4
畵 그림 화 13
畫 그림 화 12
禍 재화 화 14
禾 벼 화 5
花 꽃 화 10
華 빛날 화 14
話 이야기 화 13
譁 시끄러울 화 19
貨 재물 화 11
靴 가죽신 화 13
廓 클 확 14
擴 넓힐 확 19
攫 움킬 확 24
確 확실할 확 15
碻 확실할 확 15
穫 곡식거둘 확 19
丸 둥글, 탄자 환 3
喚 부를 환 12
奐 클 환 9
宦 벼슬 환 9
幻 변화할 환 4
患 근심 환 11
換 바꿀 환 13
晥 환할 환 11
桓 굳셀 환 10
歡 기뻐할 환 22
渙 흩어질 환 13
煥 빛날 환 13
環 옥고리 환 18
紈 흰깁 환 9
還 돌아올 환 20
鐶 고리 환 21
驩 기뻐할 환 28
鰥 홀아비 환 21
活 살 활 10
滑 미끄러울 활 14
濶 넓을 활 18
猾 교활할 활 14
豁 골짜기 활 17
闊 넓을 활 17
凰 암봉 황 12

堭 벽없는방 황 12	蝗 누리, 황충 황 15
媓 어머니 황 12	遑 한가할, 허둥거릴 황 16
幌 휘장 황 13	隍 해자 황 17
徨 방황할 황 12	黃 누를 황 12
恍 황홀할 황 10	匯 물돌아나갈 회 13
惶 두려워할 황 13	回 돌아올 회 6
慌 황홀할 황 14	廻 돌아올 회 9
愰 밝을 황 14	徊 배회할 회 9
晃 빛날, 밝을 황 10	恢 클, 넓을 회 10
晄 밝을 황 10	悔 뉘우칠 회 11
榥 책상 황 14	懷 품을 회 20
況 하물며 황 9	晦 그믐 회 11
湟 해자, 빨리흐를 황 13	會 모일 회 13
滉 물깊고넓을 황 14	檜 노송나무 회 17
潢 못, 깊을 황 16	淮 물이름 회 12
煌 빛날 황 13	澮 우물도랑 회 17
愰 빛날 황 14	灰 재 회 6
璜 패옥 황 17	獪 교활할 회 17
皇 임금 황 9	繪 그림 회 19
篁 대이름, 대숲 황 15	絵 그림 회 12
簧 피리혀, 피리 황 18	膾 회 회 19
荒 거칠 황 12	茴 회향 회 12

蛔 회충 회 12
誨 가르칠 회 14
賄 뇌물, 재물 회 13
劃 그을, 새길 획 14
獲 얻을 획 18
宖 집울릴 횡 8
橫 비낄, 가로 횡 16
鐄 큰쇠북 횡 20
効 본받을 효 8
效 본받을 효 10
哮 으르렁거릴 효 10
嚆 부르짖을 효 17
孝 효도 효 7
斅 가르칠 효 20
曉 새벽 효 16
梟 올빼미 효 11
涍 물가 효 11
淆 흐릴, 어지러울 효 12
爻 형상, 점괘 효 4
肴 안주 효 10
酵 술괼, 지게미 효 14
驍 날랠 효 22
侯 제후 후 9
候 기후 후 10
厚 두터울 후 9
后 임금 후 6
吼 울부짖을 후 7
喉 목구멍 후 12
嗅 냄새맡을 후 13
垕 두터울 후 9
帿 과녁 후 12
後 뒤 후 9
朽 썩을 후 6
煦 찔 후 13
珝 옥이름 후 11
逅 만날 후 13
勳 공훈 훈 16
勲 공 훈 15
勛 공 훈 12
塤 질나팔 훈 13
壎 흙풍류 훈 17
暈 해와달무리 훈 13
焄 향내 훈 11
熏 불기운 훈 14

燻 불기운성할 훈18
薰 향풀 훈20
訓 가르칠 훈10
鑂 금빛투색할 훈22
薨 죽을 훙19
喧 지껄일 훤12
暄 날따뜻할 훤13
煊 따뜻할 훤13
萱 원추리 훤15
卉 풀 훼5
喙 부리 훼12
毀 헐 훼13
毁 헐 훼13
彙 무리 휘13
徽 아름다울 휘17
揮 휘두를 휘13
暉 햇빛 휘13
煇 빛날 휘13
諱 꺼릴 휘16
輝 빛날 휘15
麾 대장기 휘15
休 쉴 휴6
携 끌 휴14
烋 아름다울 휴10
畦 밭두둑 휴11
虧 이지러질 휴17
恤 근심할, 구휼할 휼10
譎 속일 휼19
鷸 도요새, 물총새 휼23
兇 악할 흉6
凶 흉할 흉4
匈 떠들썩할, 가슴 흉6
洶 용솟음할, 물출렁일 흉10
胸 가슴 흉12
黑 검을 흑12
昕 해돋을 흔8
欣 기쁠 흔8
炘 화끈거릴 흔8
痕 흉터 흔11
吃 말더듬을, 먹을 흘6
屹 산모양, 쭈뼛할 흘6
紇 묶을, 실끌 흘9
訖 이를 흘10
欠 하품할 흠4

欽 공경할 흠 12

歆 흠양할 흠 13

吸 숨들이쉴, 마실 흡 7

恰 흡족할, 마침 흡 10

洽 화할 흡 10

翕 합할 흡 12

興 일어날 흥 15

俙 비슷할 희 9

僖 즐거울 희 14

凞 화할 희 15

喜 기쁠 희 12

噫 슬플 희 16

囍 쌍희 희 22

姬 계집 희 9

嬉 아름다울 희 15

希 바랄 희 7

憙 기쁠 희 16

憘 기쁠 희 16

戱 희롱할 희 16

戲 희롱할 희 17

晞 마를 희 11

曦 햇빛 희 20

橲 나무이름 희 16

熙 빛날 희 13

熹 밝을 희 16

熺 밝을 희 16

爔 불, 햇빛 희 20

犧 희생 희 20

禧 복 희 17

稀 드물 희 12

羲 기운 희 16

詰 힐문할 힐 13

성(姓)자의 획수

1획

을(乙)

2획

복(卜) 정(丁) 내(乃) 먀(乜)

3획

천(千) 우(于) 궁(弓) 대(大)
범(凡)

4획

왕(王) 문(文) 모(毛) 방(方)
변(卞) 원(元) 윤(尹) 공(孔)
정(井) 부(夫) 공(公) 편(片)
천(天) 윤(允) 태(太) 근(斤)
수(水) 개(介)

5획

구(丘) 백(白) 사(史) 석(石)
신(申) 옥(玉) 전(田) 피(皮)
현(玄) 포(包) 영(永) 감(甘)
평(平) 좌(左) 점(占)
을지(乙支) 사(司) 홍(弘)

6획

길(吉) 박(朴) 모(牟) 안(安)
이(伊) 임(任) 인(印) 전(全)
주(朱) 곡(曲) 미(米) 후(后)
서(西) 백(百) 수(守)

7획

송(宋) 이(李) 여(呂) 성(成)
신(辛) 오(吳) 차(車) 지(池)
연(延) 여(余) 강(江) 하(何)
군(君) 두(杜) 여(汝) 변(釆)
판(判)

8획

김(金) 임(林) 주(周) 맹(孟)
명(明) 봉(奉) 석(昔) 심(沈)
표(表) 구(具) 문(門) 기(奇)
경(京) 탁(卓) 종(宗) 방(房)
상(尙) 야(夜) 승(承) 채(采)
경(庚) 승(昇) 창(昌) 내(奈)
장(長) 고(固)

9획

강(姜) 남(南) 류(柳) 유(兪) 척(拓) 함(咸) 우(禹) 선(宣) 위(韋) 준(俊) 단(段) 하(河) 요(姚) 시(施) 추(秋) 성(星) 편(扁) 시(柴)

10획

고(高) 서(徐) 손(孫) 홍(洪) 계(桂) 마(馬) 예(芮) 원(袁) 은(殷) 진(秦) 하(夏) 조(曺) 진(晉) 옹(邕) 진(眞) 강(剛) 경(耿) 공(貢)

11획

반(班) 강(康) 양(梁) 장(張) 조(曹) 최(崔) 허(許) 장(章) 장(將) 어(魚) 설(卨) 빈(彬) 호(胡) 범(范) 국(國) 마(麻) 형(邢) 방(邦) 호(扈) 견(堅) 매(梅) 낭(浪)

12획

민(閔) 황(黃) 순(舜) 요(堯) 경(景) 구(邱) 소(邵) 순(荀) 정(程) 지(智) 순(順) 삼(森) 운(雲) 풍(馮) 이(異) 팽(彭) 유(庾) 소실(小室) 대실(大室) 동방(東方) 증(曾)

13획

양(楊) 경(敬) 금(琴) 염(廉) 우(虞) 장(莊) 초(楚) 목(睦) 옹(雍) 돈(頓) 로(路) 뇌(雷) 아(阿) 가(賈) 설(楔) 사공(司空) 영고(令狐)

14획

조(趙) 신(愼) 배(裵) 국(菊) 연(連) 온(溫) 서문(西門) 석(碩) 기(箕) 봉(鳳) 단(端) 자(慈) 견(甄) 연(鳶) 제(齊) 공손(公孫) 석말(石抹) 빈(賓)

15획

묵(墨) 엽(葉) 한(漢) 만(滿) 곽(郭) 경(慶) 갈(葛) 노(魯) 동(董) 유(劉) 만(萬) 구(歐) 탄(彈) 사마(司馬) 중실(仲室)

16획

도(都) 노(盧) 육(陸) 반(潘) 전(錢) 음(陰) 담(潭) 진(陳) 용(龍) 연(燕) 황보(皇甫) 도(陶) 제(諸) 뢰(賴) 도(道)

17획

한(韓) 채(蔡) 연(蓮) 종(鍾) 양(陽) 추(鄒) 사(謝) 손(遜) 국(鞠) 장(蔣)

18획

위(魏) 번(蕃) 간(簡) 안(顔)

19획

정(鄭) 방(龐) 설(薛) 남궁(南宮) 강(疆) 관(關) 고이(古爾) 재회(再會)

20획

하후(夏侯) 라(羅) 엄(嚴) 석(釋) 선우(鮮于)

21획

고(顧)

22획

권(權) 소(蘇) 변(邊) 은(隱) 부정(負鼎)

24획

부여(扶餘)

25획

명림(明臨) 독고(獨孤)

27획

흑치(黑齒) 조미(祖彌) 제초(齊楚)

30획

혁운(赫運)

31획

제갈(諸葛)

41획

장리(墻籬)

음파메세지(氣) 성명학

신비한 동양철학 51

새로운 시대에 맞는 새로운 성명학

지금까지의 모든 성명학은 모순의 극치를 이루고 있다. 이제 새로운 시대에 맞는 음파메세지(氣) 성명학이 탄생했으니 차근차근 읽어보고 복을 계속 부르는 이름을 지어 사랑하는 자녀가 행복하고 아름다운 삶을 살아갈 수 있도록 하는데 도움이 되었으면 한다.

· 청암 박재현 저

정법사주

신비한 동양철학 49

독학과 강의용 겸용의 책

이 책은 사주추명학을 연구하고자 하는 분들에게 심오한 주역의 이해를 돕고자 하는 의도에서 시작되었다. 음양오행의 상생상극에서부터 육친법과 신살법을 기초로 하여 격국과 용신 그리고 유년판단법을 활용하여 운명판단에 첩경이 될 수 있도록 했고, 추리응용과 운명감정의 실례를 하나 하나 들어가면서 독학과 강의용 겸용으로 엮었다.

· 원각 김구현 저

동양철학전문출판 **삼한**

찾기 쉬운 명당

신비한 동양철학 44

풍수지리의 모든 것!

이 책은 가능하면 쉽게 풀려고 노력했고, 실전에 도움이 되도록 했다. 특히 풍수지리에서 방향측정에 필수인 패철(佩鐵)사용과 나경(羅經) 9층을 각 층별로 간추려 설명했다. 그리고 이 책에 수록된 도설, 즉 오성도, 명산도, 명당 형세도 내거수 명당도, 지각(枝脚)형세도, 용의 과협출맥도, 사대혈형(穴形) 와겸유돌(窩鉗乳突) 형세도 등은 국립중앙도서관에 소장된 문헌자료인 만산도단, 만산영도, 이석당 은민산도의 원본을 참조했다.

· 호산 윤재우 저

명리입문

신비한 동양철학 41

명리학의 필독서!

이 책은 자연의 기후변화에 의한 운명법 외에 명리학도들이 궁금해 했던 인생의 제반사들에 대해서도 상세하게 기술했다. 따라서 초보자부터 심도있게 공부한 사람들까지 세심히 읽고 숙독해야 하는 책이다. 특히 격국이나 용신뿐 아니라 십신에 대한 자세한 설명, 조후용신에 대한 보충설명, 인간의 제반사에 대해서는 독보적인 해설이 들어 있다. 초보자들에게는 더할 수 없이 훌륭한 길잡이가 될 것이다.

· 동하 정지호 편역

사주대성

신비한 동양철학 33

초보에서 완성까지

이 책은 과거 현재 미래를 모두 알 수 있는 비결을 실었다. 그러나 모두 터득한다는 것은 어려울 것이다.역학은 수천 년간 동방의 석학들에 의해 갈고 닦은 철학이요 학문이며, 정신문화로서 영과학적인 상수문화로서 자랑할만한 위대한 학문이다.

· 도관 박흥식 저

해몽정본

신비한 동양철학 36

꿈의 모든 것 !

막상 꿈해몽을 하려고 하면 내가 꾼 꿈을 어디다 대입시켜야 할지 모를 경우가 많았을 것이다. 그러나 이 책은 찾기 쉽고, 명료하며, 최대한으로 많은 갖가지 예를 들었으니 꿈해몽을 하는데 어려움이 없을 것이다.

· 청암 박재현 저

동양철학전문출판 **삼한**

기문둔갑옥경

신비한 동양철학 32

가장 권위있고 우수한 학문 !

우리나라의 기문역사는 장구하지만 상세한 문헌은 전무한 상태라 이 책을 발간하기로 했다. 기문둔갑은 천문지리는 물론 인사명리 등 제반사에 관한 길흉을 판단함에 있어서 가장 우수한 학문이며 병법과 법술방면으로도 특징과 장점이 있다. 초학자는 포국편을 열심히 익혀 설국을 자유자재로 할 수 있도록 하고 개인의 이익보다는 보국안민에 일조하기 바란다.

· 도관 박흥식 저

정본·관상과 손금

신비한 동양철학 42

바로 알고 사람을 사귑시다

이 책은 관상과 손금은 인생을 행복으로 이끌기 위해 있다는 관점에서 다루었다. 그야말로 관상과 손금의 혁명이라고 할 수 있을 것이다. 여러분도 관상과 손금을 통한 예지력으로 인생의 참주인이 되기 바란다. 용기를 불어넣어 주고 행복을 찾게 하는 것이 참다운 관상과 손금술이다. 이 책으로 미래의 좋은 예지력을 한번쯤 발휘해 보기 바란다. 이 책이 일상사에 고민하는 분들에게 해결방법을 제시해 줄 것이다.

· 지창룡 감수

조화원약 평주

신비한 동양철학 35

명리학의 정통교본!

이 책은 자평진전, 난강망, 명리정종, 적천수 등과 함께 명리학의 교본에 해당하는 것으로 중국 청나라 때 나온 난강망이라는 책을 서낙오 선생께서 설명을 붙인 것이다. 기존의 많은 책들이 격국과 용신으로 감정하는 것과는 달리 십간십이지와 음양오행을 각각 자연의 이치와 춘하추동의 사계절의 흐름에 대입하여 인간의 길흉화복을 알 수 있게 했다.

· 동하 정지호 편역

龍의 穴·풍수지리 실기 100선

신비한 동양철학 30

실전에서 실감나게 적용하는 풍수지리의 길잡이 !

이 책은 풍수지리 문헌인 조선조 고무엽(古務葉) 태구승(泰九升) 부집필(父輯筆)로 된 만두산법(巒頭山法), 채성우의 명산론(明山論), 금랑경(錦囊經) 등을 알기 쉬운 주제로 간추려 풍수지리의 길잡이가 되고자 했다. 그리고 인간의 뿌리와 한 사람의 고유한 이름의 중요성을 풍수지리와 연관하여 살펴보아야 하기 때문에 씨족의 시조와 본관, 작명론(作名論)을 같이 편집했다.

· 호산 윤재우 저

동양철학전문출판 **삼한**

천직·사주팔자로 찾은 나의 직업

신비한 동양철학 34

역경없이 탄탄하게 성공할 수 있는 방법 !

잘 되겠지 하는 막연한 생각으로 의욕만 갖고 도전하는 것과 나에게 맞는 직종은 무엇이고 때는 언제인가를 알고 도전하는 것은 근본적으로 다르고, 결과 또한 다르다. 더구나 요즈음은 I.M.F.시대라 하여 모든 사람들이 정신까지 위축되어 생기를 잃어가고 있다. 이런 때 의욕만으로 팔자에도 없는 사업을 시작했다고 하자, 결과는 불을 보듯 뻔하다. 그러므로 이런 때일수록 침착과 냉정을 찾아 내 그릇부터 알고, 생활에 대처하는 지혜로움을 발휘해야 한다.

· 백우 김봉준 저

통변술해법

신비한 동양철학 ㉑

가닥가닥 풀어내는 역학의 비법 !

이 책은 역학에 대해 다 알면서도 밖으로 표출되지 않아 어려움을 겪는 사람들을 위한 실습서다. 특히 틀에 박힌 교과서적인 역술의 고정관념에서 벗어나, 한차원 높게 공부할 수 있도록 원리통달을 설명하는데 중점을 두었다. 실명감정과 이론강의라는 두 단락으로 나누어 역학의 진리를 설명했기 때문에 누구나 쉽게 이해할 수 있다. 역학계의 대가 김봉준 선생의 역서 「알기쉬운 해설 · 말하는 역학」의 후편이다.

· 백우 김봉준 저

주역육효 해설방법上·下

신비한 동양철학 38

한 번만 읽으면 주역을 활용할 수 있는 책 !

이 책은 주역을 해설한 것으로, 될 수 있는 한 여러 가지 사설을 덧붙이지 않고 주역을 공부하고 활용하는데 필요한 요건만을 기록했다. 따라서 주역의 근원이나 하도낙서, 음양오행에 대해서도 많은 설명을 자제했다. 다만 누구나 이 책을 한 번 읽어서 주역을 이해하고 활용할 수 있도록 하는데 중점을 두었다.

· 원공선사 저

사주명리학의 핵심

신비한 동양철학 ⑲

맥을 잡아야 모든 것이 보인다 !

이 책은 잡다한 설명을 배제하고 명리학자들에게 도움이 될 비법만을 모아 엮었기 때문에 초심자가 이해하기에는 다소 어려운 부분도 있겠지만 기초를 튼튼히 한 다음 정독한다면 충분히 이해할 것이다. 신살만 늘어놓으며 감정하는 사이비가 되지말기를 바란다.

· 도관 박흥식 저

동양철학전문출판 **삼한**

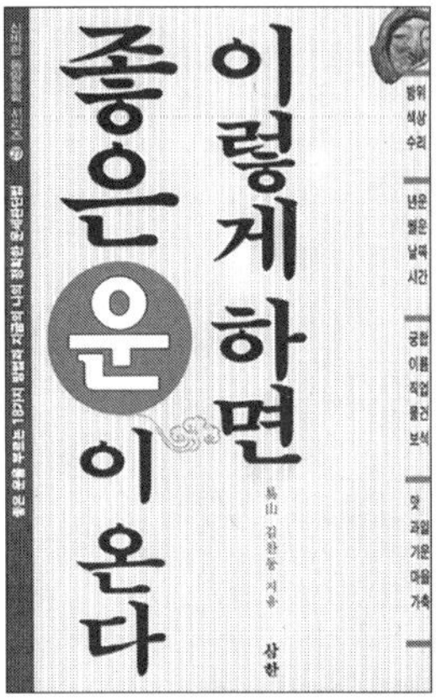

이렇게 하면 좋은 운이 온다

신비한 동양철학 ㉗

한 가정에 한 권씩 놓아두고 볼만한 책 !

좋은 운을 부르는 방법은 방위·색상·수리·년운·월운·날짜·시간·궁합·이름·직업·물건·보석·맛·과일·기운·마을·가축·성격 등을 정확하게 파악하여 자신에게 길한 것은 취하고 흉한 것은 피하면 된다. 간혹 예외인 경우가 있지만 극소수에 불과하고 대부분은 적중하기 때문에 좋은 효과를 본다. 이 책의 저자는 신학대학을 졸업하고 역학계에 입문했다는 특별한 이력을 갖고 있기 때문에 더 많은 화제가 되고 있다.

· 역산 김찬동 저

말하는 역학

신비한 동양철학 ⑪

신수를 묻는 사람 앞에서 말문이 술술 열린다!

이 책은 그토록 어렵다는 사주통변술을 이해하기 쉽고 흥미롭게 고담과 덕담을 곁들여 사실적인 인물을 궁금해 하는 사람에게 생동감있게 통변하고 있다. 길흉작용을 어떻게 표현하느냐에 따라 상담자의 정곡을 찔러 핵심을 끄집어내고 여기에 대한 정답을 내려주는 것이 통변술이다. 역학계의 대가 김봉준 선생의 역작이다.

· 백우 김봉준 저

술술 읽다보면 통달하는 사주학

신비한 동양철학 ㉗

술술 읽다보면 나도 어느새 도사 !

당신은 당신 마음대로 모든 일이 이루어지던가. 지금까지 누구의 명령을 받지 않고 내 맘대로 살아왔다고, 운명 따위는 믿지도 않고 매달리지 않는다고, 이렇게 말하는 사람들이 많다. 그러나 그것은 우주법칙을 모르기 때문에 하는 소리다.

· 조철현 저

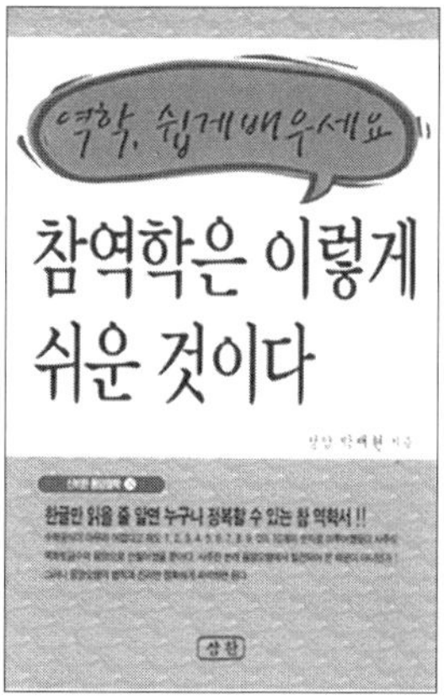

참역학은 이렇게 쉬운 것이다

신비한 동양철학 ㉔

음양오행의 이론으로 이루어진 참역학서 !

수학공식이 아무리 어렵다고 해도 1, 2, 3, 4, 5, 6, 7, 8, 9, 0의 10개의 숫자로 이루어졌듯이, 사주도 음양과 목, 화, 토, 금, 수의 오행으로 이루어졌을 뿐이다. 그러니 용신과 격국이라는 무거운 짐을 벗어버리고 음양오행의 법칙과 진리만 정확하게 파악하면 된다. 사주는 단지 음양오행의 변화일 뿐이고, 용신과 격국은 사주를 감정하는 한가지 방법에 지나지 않는다.

· 청암 박재현 저

동양철학전문출판 **삼한**

나의 천운 운세찾기

신비한 동양철학 ⑫

놀랍다는 몽골정통 토정비결 !

이 책은 역학계의 대가 김봉준 선생이 놀랍다는 몽공토정비결을 연구 ·분석하여 우리의 인습 및 체질에 맞게 엮은 것이다. 운의 흐름을 알리고자 호운과 쇠운을 강조했으며, 현재의 나를 조명해보고 판단할 수 있도록 했다. 모쪼록 생활서나 안내서로 활용하기 바란다.

· 백우 김봉준 저

쉽게푼 역학

신비한 동양철학 ❷

쉽게 배워서 적용할 수 있는 생활역학서 !

이 책에서는 좀더 많은 사람들이 역학의 근본인 우주의 오묘한 진리와 법칙을 깨달아 보다 나은 삶을 영위하는데 도움이 될 수 있도록 가장 쉬운 언어와 가장 쉬운 방법으로 풀이했다. 역학계의 대가 김봉준 선생의 역작이다.

· 백우 김봉준 저

역산성명학

신비한 동양철학 ㉕

이름은 제2의 자신이다 !

이름에는 각각 고유의 뜻과 기운이 있어서 그 기운이 성격을 만들고 그 성격이 운명을 만든다. 나쁜 이름은 부르면 부를수록 불행을 부르고 좋은 이름은 부르면 부를수록 행복을 부른다. 만일 이름이 거지 같다면 아무리 운세를 잘 만나도 밥을 좀더 많이 얻어 먹을 수 있을 뿐이다. 이 책의 저자는 신학대학을 졸업하고 역학계에 입문했다는 특별한 이력을 갖고 있기 때문에 더 많은 화제가 되고 있다.

· 역산 김찬동 저

작명해명

신비한 동양철학 ㉖

누구나 쉽게 배워서 활용할 수 있는 체계적인 작명법 !

일반적인 성명학으로는 알 수 없는 한자이름, 한글이름, 영문이름, 예명, 회사명, 상호, 상품명 등의 작명방법을 여러 사례를 들어 체계적으로 분석하여 누구나 쉽게 배워서 활용할 수 있도록 서술했다.

· 도관 박흥식 저

동양철학전문출판 **삼한**

관상오행

신비한 동양철학 ⑳

한국인의 특성에 맞는 관상법!

좋은 관상인 것 같으나 실제로는 나쁘거나 좋은 관상이 아닌데도 잘 사는 사람이 왕왕있어 관상법 연구에 흥미를 잃는 경우가 있다. 이것은 중국의 관상법만을 익히고, 우리의 독특한 환경적인 특징을 소홀히 다루었기 때문이다. 이에 우리 한국인에게 알맞는 관상법을 연구하여 누구나 관상을 쉽게 알아보고 해석할 수 있도록 자세하게 풀어놓았다.

· 송파 정상기 저

물상활용비법

신비한 동양철학 31

물상을 활용하여 오행의 흐름을 파악한다!

이 책은 물상을 통하여 오행의 흐름을 파악하고, 운명을 감정하는 방법을 연구한 책이다. 추명학의 해법을 연구하고 운명을 추리하여 오행에서 분류되는 물질의 운명 줄거리를 물상의 기물로 나들이 하는 활용법을 주제로 했다. 팔자풀이 및 운명해설에 관한 명리감정법의 체계를 세우는데 목적을 두고 초점을 맞추었다.

· 해주 이학성 저

운세십진법 · 本大路

신비한 동양철학 ❶

운명을 알고 대처하는 것은 현대인의 지혜다!

타고난 운명은 분명히 있다. 그러니 자신의 운명을 알고 대처한다면 비록 운명을 바꿀 수는 없지만 충분히 향상시킬 수 있다. 이것이 사주학을 알아야 하는 이유다. 이 책에서는 자신이 타고난 숙명과 앞으로 펼쳐질 운명행로를 찾을 수 있도록 운명의 기초를 초연하게 설명하고 있다.

· 백우 김봉준 저

국운 · 나라의 운세

신비한 동양철학 ㉒

역으로 풀어본 우리나라의 운명과 방향!

아무리 서구사상의 파고가 높다하기로 오천년을 한결같이 가꾸며 살아온 백두의 혼이 와르르 무너지는 지경에 왔어도 누구하나 입을 열어 말하는 사람이 없으니 답답하다. IMF라는 특수한 상황에서 불확실한 내일에 대한 해답을 이 책은 명쾌하게 제시하고 있다.

· 백우 김봉준

동양철학전문출판 **삼한**

명인재

신비한 동양철학 43

신기한 사주판단 비법 !

살(殺)의 활용방법을 완벽하게 제시하는 책!
이 책은 오행보다는 주로 살을 이용하는 비법이다. 시중에 나온 책들을 보면 살에 대해 설명은 많이 하면서도 실제 응용에서는 무시하고 있다. 이것은 살을 알면서도 응용할 줄 모르기 때문이다. 그러나 이 책에서는 살의 활용방법을 완전히 터득해, 어떤 살과 어떤 살이 합하면 어떻게 작용하는지를 자세하게 설명하고 있다.

· 원공선사 지음

사주학의 방정식

신비한 동양철학 18

가장 간편하고 실질적인 역서 !

이 책은 종전의 어려웠던 사주풀이의 응용과 한문을 쉬운 방법으로 터득할 수 있게 하는데 목적을 두었고, 역학의 내용이 어떤 것이며 무엇이 어디에 속하는지를 알고자 하는데 있다.

· 김용오 저

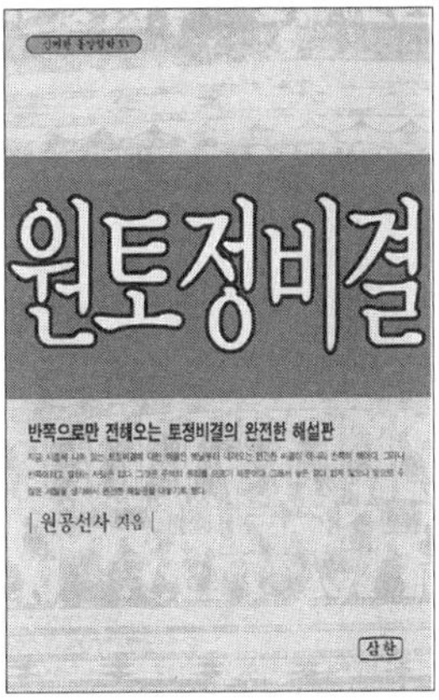

원토정비결

신비한 동양철학 53

반쪽으로만 전해오는 토정비결의 완전한 해설판

지금 시중에 나와 있는 토정비결에 대한 책들을 보면 옛날부터 내려오는 완전한 비결이 아니라 반쪽의 책이다. 그러나 반쪽이라고 말하는 사람이 없다. 그것은 주역의 원리를 모르기 때문이다. 따라서 늦은 감이 없지 않으나 앞으로의 수많은 세월을 생각하면서 완전한 해설본을 내놓기로 한 것이다.

· 원공선사 저

내가 보고 내가 바꾸는 DIY사주

신비한 동양철학 40

내가 보고 내가 바꾸는 사주비결 !

이 책은 기존의 책들과는 달리 한 사람의 사주를 체계적으로 도표화시켜 한 눈에 파악할 수 있고, DIY라는 책 제목에서 말하듯이 개운하는 방법을 제시하고 있다. 초심자는 물론 전문가도 자신의 이론을 새롭게 재조명해 볼 수 있는 케이스 스터디 북이다.

· 석오 전 광 지음

동양철학전문출판 **삼한**

남사고의 마지막 예언

신비한 동양철학 29

이 책으로 격암유록에 대한 논란이 끝나기 바란다

감히 이 책을 21세기의 성경이라고 말한다. 〈격암유록〉은 섭리가 우리민족에게 준 위대한 복음서이며, 선물이며, 꿈이며, 인류의 희망이다. 이 책에서는 〈격암유록〉이 전하고자 하는 바를 주제별로 정리하여 문답식으로 풀어갔다. 이 책으로 〈격암유록〉에 대한 논란은 끝나기 바란다.

· 석정 박순용 저

진짜부적 가짜부적

신비한 동양철학 7

부적의 실체와 정확한 제작방법

인쇄부적에서 가짜부적에 이르기까지 많게는 몇백만원에 팔리고 있다는 보도를 종종 듣는다. 그러나 부적은 정확한 제작방법에 따라 자신의 용도에 맞게 스스로 만들어 사용하면 훨씬 더 좋은 효과를 얻을 수 있다. 이 책은 중국에서 정통부적을 연구한 국내유일의 동양오술학자가 밝힌 부적의 실체와 정확한 제작방법을 소개하고 있다.

· 오상익 저

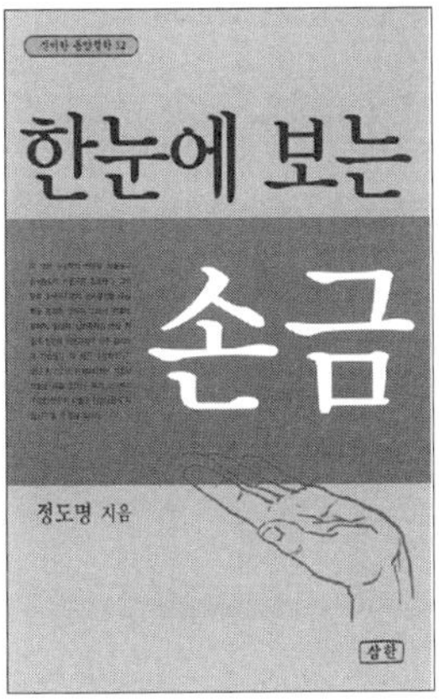

한눈에 보는 손금

신비한 동양철학 52

논리정연하며 바로미터적인 지침서

이 책은 수상학의 연원을 초월해서 동서합일의 이론으로 집필했다. 그야말로 완벽하리만치 논리정연한 수상학을 정리한 것이다. 그래서 운명적, 철학적, 동양적, 심리학적인 면을 예증과 방편에 이르기까지 아주 상세하게 기술했다. 이 책은 수상학이라기 보다 한 인간의 바로미터적인 지침서 역할을 해줄 것이다. 독자 여러분의 꾸준한 연구와 더불어 인생성공의 지침서가 될 수 있을 것이다.

· 정도명 저

만세력 | 사륙배판 · 신국판 / 사륙판 · 포켓판

신비한 동양철학 45

찾기 쉬운 만세력

이 책은 완벽한 만세력으로 만세력 보는 방법을 자세하게 설명했다. 그리고 역학에 대한 기본적인 내용과 결혼하기 좋은 나이 · 좋은 날 · 좋은 시간, 아들 · 딸 태아감별법, 이사하기 좋은 날 · 좋은 방향 등을 부록으로 실었다.

· 백우 김봉준 저

수명비결

신비한 동양철학 14

주민등록번호 13자로 숙명의 정체를 밝힌다

우리는 지금 무수히 많은 숫자의 거미줄에 매달려 허우적거리며 살아가고 있다. 1분 ·1초가 생사를 가름하고, 1등·2등이 인생을 좌우하며, 1급·2급이 신분을 구분하는 세상이다. 이 책은 수명리학으로 13자의 주민등록번호로 명예, 재산, 건강, 수명, 애정, 자녀운 등을 미리 읽어본다.

· 장충한 저

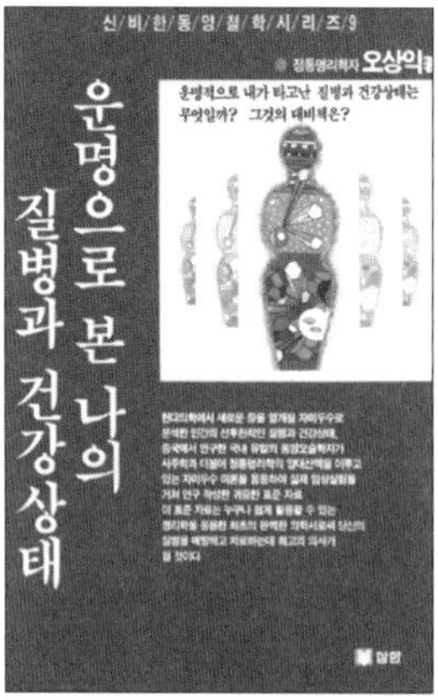

운명으로 본 나의 질병과 건강상태

신비한 동양철학 9

타고난 건강상태와 질병에 대한 대비책

이 책은 국내 유일의 동양오술학자가 사주학과 더불어 정통명리학의 양대산맥을 이루는 자미두수 이론으로 임상실험을 거쳐 작성한 표준자료다. 따라서 명리학을 응용한 최초의 완벽한 의학서로 질병을 예방하고 치료하는데 활용한다면 최고의 의사가 될 것이다. 또한 예방의학적인 차원에서 건강을 유지하는데 훌륭한 지침서로 현대의학의 새로운 장을 여는 계기가 될 것이다.

· 오상익 저

신비한 동양철학 시리즈는 계속됩니다

오행상극설과 진화론

신비한 동양철학 5

인간과 인생을 떠난 천리란 있을 수 없다

과학이 현대를 설정하여 설명하고 있으나 원리는 동양 철학에도 있기에 그 양면을 밝히고자 노력했다. 우주에서 일어나는 모든 일을 과학으로 설명될 수는 없다. 비과학적이라고 하기보다는 과학이 따라오지 못한다고 설명하는 것이 더 솔직하고 옳은 표현일 것이다. 특히 과학분야에 종사하는 신의사가 저술했다는데 더 큰 화제가 되고 있다.

· 김태진 저

사주학의 활용법

신비한 동양철학 17

가장 실질적인 역학서

우리가 생소한 지방을 여행할 때 제대로 된 지도가 있다면 편리하고 큰 도움이 되듯이 역학이란 이와같은 인생의 길잡이다. 예측불허의 인생을 살아가는데 올바른 안내자나 그 무엇이 있다면 그 이상 마음 든든하고 큰 재산은 없을 것이다.

· 학선 류래웅 저

동양철학전문출판 **삼한**

쉽게 푼 주역

신비한 동양철학 10

귀신도 탄복한다는 주역을 쉽고 재미있게 풀어놓은 책

주역이라는 말 한마디면 귀신도 기겁을 하고 놀라 자빠진다는데, 운수와 일진이 문제가 될까. 8×8=64괘라는 주역을 한 괘에 23개씩의 회답으로 해설하여 1472괘의 신비한 해답을 수록했다. 당신이 당면한 문제라면 무엇이든 해결할 수 있는 열쇠가 이 한 권의 책 속에 있다.

· 정도명 저

핵심 관상과 손금

신비한 동양철학 54

사람을 볼 줄 아는 안목과 지혜를 알려주는 책

오늘과 내일을 예측할 수 없을만큼 복잡하게 펼쳐지는 현실에서 살아남기 위해서는 사람을 볼줄 아는 안목과 지혜가 필요하다. 시중에 관상학에 대한 책들이 많이 나와있지만 너무 형이상학적이라 전문가도 이해하기 어렵다. 이 책에서는 누구라도 쉽게 보고 이해할 수 있도록 핵심만을 파악해서 설명했다.

· 백우 김봉준 저

진짜궁합 가짜궁합

신비한 동양철학 8

남녀궁합의 새로운 충격

중국에서 연구한 국내유일의 동양오술학자가 우리나라 역술가들의 궁합법이 잘못되었다는 것을 학술적으로 분석·비평하고, 전적과 사례연구를 통하여 궁합의 실체와 타당성을 분석했다. 합리적인 「자미두수궁합법」과 「남녀궁합」 및 출생시간을 몰라 궁합을 못보는 사람들을 위하여 「지문으로 보는 궁합법」 등을 공개한다.

· 오상익 저

좋은꿈 나쁜꿈

신비한 동양철학 15

그날과 앞날의 모든 답이 여기 있다

개꿈이란 없다. 꿈은 반드시 미래를 예언한다. 이 책은 프로이드의 정신분석학적인 입장이 아닌 미래판단의 근거에 입각한 예언적인 해몽학이다. 여러 형태의 꿈을 체계적으로 정리했으니 올바른 해몽법으로 앞날을 지혜롭게 대처해 보자. 모쪼록 각 가정에서 한 권씩 두고 이용하면 생활하는데 많은 도움이 될 것이다.

· 학선 류래웅 저

동양철학전문출판 **삼한**

완벽 만세력

신비한 동양철학 58

착각하기 쉬운 썸머타임 2도 인쇄

시중에 많은 종류의 만세력이 나와있지만 이 책은 단순한 만세력이 아니라 완벽한 만세경전으로 만세력 보는 법 등을 실었기 때문에 처음 대하는 사람이라도 쉽게 볼 수 있도록 편집되었다. 또한 부록편에는 사주명리학, 신살종합해설, 결혼과 이사택일 및 이사방향, 길흉보는 법, 우주천기와 한국의 역사 등을 수록했다.

· 백우 김봉준 저

周易 · 토정비결

신비한 동양철학 40

토정비결의 놀라운 비결

지금 시중에 나와 있는 토정비결에 대한 책들을 보면 옛날부터 내려오는 완전한 비결이 아니라 반쪽의 책이다. 그러나 반쪽이라고 말하는 사람이 없다. 그것은 주역의 원리를 모르기 때문이다. 따라서 늦은 감이 없지 않으나 앞으로의 수많은 세월을 생각하면서 완전한 해설본을 내놓기로 했다.

· 원공선사 저

현장 지리풍수

신비한 동양철학 48

현장감을 살린 지리풍수법

풍수를 업으로 삼는 사람들이 진(眞)과 가(假)를 분별할 줄 모르면서 24산의 포태사묘의 법을 익히고는 많은 법을 알았다고 자부하며 뽐내고 있다. 그리고는 재물에 눈이 어두워 불길한 산을 길하다 하고, 선하지 못한 물(水)을 선하다 하면서 죄를 범하고 있다. 이는 분수 밖의 것을 망녕되게 바라기 때문이다. 마음 가짐을 바로 하고 고대 원전에 공력을 바치면서 산간을 실사하며 적공을 쏟으면 정교롭고 세밀한 경지를 얻을 수 있을 것이다.

· 전항수 · 주관장 편저

완벽 사주와 관상

신비한 동양철학 55

사주와 관상의 핵심을 한 권에

자연과 인간, 음양(陰陽)오행과 인간, 사계와 절후, 인상(人相)과 자연, 신(神)들의 이야기 등등 우리들의 삶과 관계되는 사실적 관계로만 역(易)을 설명해 누구나 쉽게 이해할 수 있도록 썼으며 특히 역(易)에 대한 관심과 흥미를 갖게 하고자 인상학(人相學)을 추록했다. 여기에 추록된 인상학(人相學)은 시중에서 흔하게 볼 수 있는 상법(相法)이 아니라 생활상법(生活相法) 즉 삶의 지식과 상식을 드리고자 했으니 생활에 유익함이 있기를 바란다.

· 김봉준 · 유오준 공저

동양철학전문출판 **삼한**

해몽 · 해몽법

신비한 동양철학 50

해몽법을 알기 쉽게 설명한 책

인생은 꿈이 예지한 시간적 한계에서 점점 소멸되어 가는 현존물이기 때문에 반드시 꿈의 뜻을 따라야 한다. 이것은 꿈을 먹고 살아가는 인간 즉 태몽의 끝장면인 죽음을 향해 달려가고 있는 인간이기 때문이다. 꿈은 우리의 삶을 이끌어가는 이정표와도 같기에 똑바로 가도록 노력해야 한다.

· 김종일 저

역점

신비한 동양철학 57

우리나라 전통 행운찾기

주역을 무조건 미신으로 치부해버리는 생각은 버려야 한다. 주역이 점치는 책에만 불과했다면 벌써 그 존재가 없어졌을 것이다. 그러나 오랫동안 많은 학자가 연구를 계속해왔고, 그 속에서 자연과학과 형이상학적인 우주론과 인생론을 밝혀, 정치 · 경제 · 사회 등 여러 방면에서 인간의 생활에 응용해왔고, 삶의 지침서로써 그 역할을 했다. 이 책은 한 번만 읽으면 누구나 역점가가 될 수 있으니 생활에 도움이 되길 바란다.

· 문명상 편저

명리학연구

신비한 동양철학 59

체계적인 명확한 이론

이 책은 명리학 연구에 핵심적인 내용만을 모아 하나의 독립된 장을 만들었다. 명리학은 분야가 넓어 공부를 하다보면 주변에 머무르는 경우가 많아, 주요 내용을 잃고 헤매는 경우가 많다. 그러므로 뼈대를 잡는 것이 중요한데, 여기서는 「17장. 명리대요」에 핵심 내용만을 모아 학문의 체계를 잡는데 용이하게 하였다.

· 권중주 저

쉽게 푼 풍수

신비한 동양철학 60

현장에서 활용하는 풍수지리법

산도는 매우 광범위하고, 현장에서 알아보기 힘들다. 더구나 지금은 수목이 울창해 소조산 정상에 올라가도 나무에 가려 국세를 파악하는데 애를 먹는다. 그러므로 사진을 첨부하니 많은 도움이 되길 바란다. 물론 결록에 있고 산도가 눈에 익은 것은 혈 사진과 함께 소개하니 참고하기 바란다. 이 책을 열심히 정독하면서 답산하면 혈을 알아보고 용산도 할 수 있을 것이다.

· 전항수 · 주장관 편저

동양철학전문출판 **삼한**

올바른 작명법

신비한 동양철학 61

세상의 부모들에게 가장 소중한 것이 무엇이냐고 물으면 누구든 자녀라고 할 것이다. 그런데 왜 평생을 좌우할 이름을 함부로 짓는가. 이름이 얼마나 소중한지를, 이름의 오행작용이 사람의 일생을 어떻게 좌우하는지를 모르기 때문이다. 세상만물은 음양오행의 영향을 받지 않는 것이 없다. 봄이 가면 여름이 오고, 여름이 가면 가을이 오고, 가을이 가면 겨울이 오고, 겨울이 가면 봄이 오는 것 또한 음양오행의 원리다.

· 이정재 저

신수대전

신비한 동양철학 62

흉함을 피하고 길함을 부르는 방법

신수를 보는 방법은 여러 가지가 있는데 대부분이 주역과 사주추명학에 근거를 둔다. 수많은 학설 중에서 몇 가지를 보면 사주명리, 자미두수, 관상, 점성학, 구성학, 육효, 토정비결, 매화역수, 대정수, 초씨역림, 황극책수, 하락리수, 범위수, 월영도, 현무발서, 철판신수, 육임신과, 기문둔갑, 태을신수 등이다. 역학에 정통한 고사가 아니면 제대로 추단하기 어려운데 엉터리 술사들이 넘쳐난다. 그래서 누구나 자신의 신수를 볼 수 있도록 몇 가지를 정리했다.

· 도관 박흥식

신비한 동양철학 시리즈는 계속됩니다

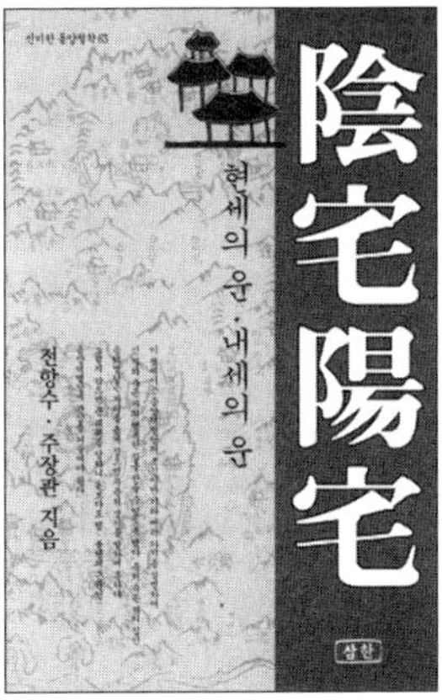

음택양택

신비한 동양철학 63

현세의 운·내세의 운

이 책에서는 음양택명당의 조건이나 기타 여러 가지를 설명하여 산 자와 죽은 자의 행복한 집을 만들 수 있도록 했다. 특히 죽은 자의 집인 음택명당은 자리를 옳게 잡으면 꾸준히 생기를 발하여 흥하나, 그렇지 않으면 큰 피해를 당하니 돈보다도 행·불행의 근원인 음양택명당에 관심을 기울여야 한다.

· 전항수 · 주장관 지음

이런 집에 살아야 잘 풀린다

신비한 동양철학 64

운이 트이는 좋은 집 알아보는 비결

힘든 상황에서 내 가족이 지혜롭게 대처하고 건강을 지켜주는, 한마디로 운이 트이는 집은 모두의 꿈일 것이다. 가족이 평온하게 생활할 수 있는 집, 나가서는 발전을 가져다 줄 수 있는 그런 집이 있다면 얼마나 좋을까? 그런 소망에 한 걸음이라도 가까워지려면 막연하게 운만 기대해서는 안 된다. '호랑이를 잡으려면 호랑이 굴로 들어가라'는 속담이 있듯이 좋은 집을 가지려면 그만한 노력이 있어야 한다.

· 강현술 · 박홍식 감수

동양철학전문출판 **삼한**

사주에 모든 길이 있다

신비한 동양철학 65

사주를 간명하는데 조금이라도 도움이 되었으면 하는 바람에서 이 책을 쓰게 되었다. 간명의 근간인 오행의 왕쇠강약을 세분해서 설명했다. 그리고 대운과 세운, 세운과 월운의 연관성과, 십신과 여러 살이 운명에 미치는 암시와, 십이운성으로 세운을 판단하는 방법을 설명했다.

· 정담 선사 편저

사주학

신비한 동양철학 66

5대 원서의 핵심과 실용

이 책은 사주학을 체계적으로 공부하려는 학도들을 위해 꼭 알아야 할 내용과 용어를 수록하는데 중점을 두었다. 이 학문을 공부하려고 찾아온 사람들에게 여러 가지 질문을 던져보면 거의 기초지식이 시원치 않다. 그런 상태로 사주를 읽으려니 제대로 될 리가 없다. 이 책으로 용어와 제반지식을 터득하면 빠른 시일에 소기의 목적을 이룰 수 있을 것이다.

· 글갈 정대엽 저

신비한 동양철학 시리즈는 계속됩니다

주역 기본원리

신비한 동양철학 67

주역의 기본원리를 통달할 수 있는 책

이 책에서는 기본괘와 변화와 기본괘가 어떤 괘로 변했을 경우 일어날 수 있는 내용들을 설명하여 주역의 변화에 대한 이해를 돕는데 주력하였다. 그러나 그런 내용을 구분할 수 있는 방법을 전부 다 설명할 수는 없기에 뒷장에 간단하게설명하였고, 다른 책들과 설명의 차이점도 기록하였으니 참작하여 본다면 조금이나마 도움이 될 것이다.

· 원공선사 편저

사주특강

신비한 동양철학 68

자평진전과 적천수의 재해석

이 책은 『자평진전(子平眞詮)』과 『적천수(滴天髓)』를 근간으로 명리학(命理學)의 폭넓은 가치를 인식하고, 실전에서 유용한 기반을 다지는데 중점을 두고 썼다. 일찍이 『자평진전(子平眞詮)』을 교과서로 삼고, 『적천수(滴天髓)』로 보완하라는 서낙오(徐樂吾)의 말에 깊이 공감한다.

청월 박상의 편저

동양철학전문출판 **삼한**

복을 부르는방법

신비한 동양철학 69

나쁜 운을 좋은 운으로 바꾸는 비결

개운하는 방법은 여러 가지가 있으나, 이 책의 비법은 축원문을 독송하는 것이다. 독송이란 소리내 읽는다는 뜻이다. 사람의 말에는 기운이 있는데, 이 기운은 자신에게 돌아온다. 좋은 말을 하면 좋은 기운이 돌아오고, 나쁜 말을 하면 나쁜 기운이 돌아온다. 이 책은 누구나 어디서나 쉽게 비용을 들이지 않고 좋은 운을 부를 수 있는 방법을 실었다.

· 역산 김찬동 편저

인터뷰 사주학

신비한 동양철학 70

쉽고 재미있는 인터뷰 사주학

얼마전까지만 해도 사주학을 취급하는 사람들은 미신을 다루는 부류로 취급되었다. 그러나 지금은 하루가 다르게 이 학문을 공부하는 사람들이 폭증하고 있는 것으로 보인다. 젊은 층에서 사주카페니 사주방이니 사주동아리니 하는 것들이 만들어지고 그 모임이 활발하게 움직이고 있다는 점이 그것을 증명해준다. 그뿐 아니라 대학원에는 역학교수들이 점차로 증가하고 있다.

· 글갈 정대엽 편저

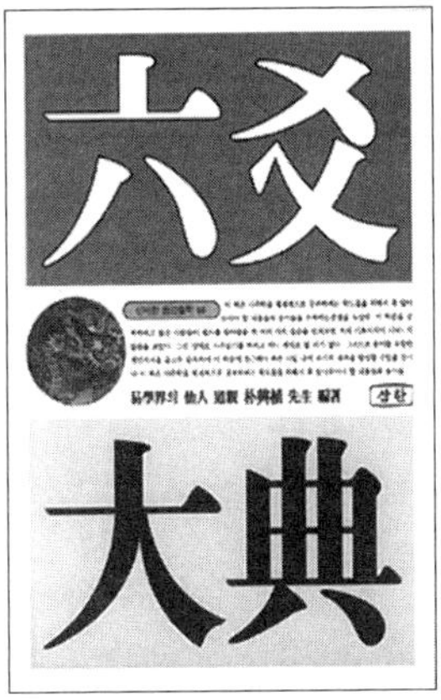

육효대전

신비한 동양철학 37

정확한 해설과 다양한 활용법

동양의 고전 중에서도 가장 대표적인 것이 주역이다. 주역은 옛사람들이 자연의 법칙을 거울삼아 인간이 생활을 영위해 나가는 처세에 관한 지혜를 무한히 내포하고, 피흉추길하는 얼과 슬기가 함축된 점서)인 동시에 수양·과학서요 철학·종교서라고 할 수 있다.

· 도관 박흥식 편저

사람을 보는 지혜

신비한 동양철학 73

관상학의 초보에서 완성까지

현자는 하늘이 준 명을 알고 있기에 부귀에 연연하지 않는다. 사람은 마음을 다스리는 심명이 있다. 마음의 명은 자신만이 소통하는 유일한 우주의 무형의 에너지이기 때문에 잠시도 잊으면 안된다. 관상학은 사람의 상으로 이런 마음을 살피는 학문이니 잘 이해하여 보다 나은 삶을 삶을 영위할 수 있도록 노력해야 한다.

· 이부길 편저

동양철학전문출판 **삼한**

명리학 | 재미있는 우리사주

신비한 동양철학 74

사주 세우는 방법부터 용어해설 까지!!

몇 년 전 『사주에 모든 길이 있다』가 나온 후 선배 제현들께서 알찬 내용의 책다운 책을 접했다면서 매월 한 번만이라도 참 역학의 발전을 위하여 학술세미나를 열자는 제의를 받았다. 그러나 사주의 작성법을 설명하지 않아 독자들에게 많은 질타를 받고 뒤늦게 이 책 을 출판하기로 결심했다. 이 책은 한글만 알면 누구나 역학과 가까워질 수 있도록 사주 세우는 방법부터 실제 간명, 용어해설에 이르기까지 분야별로 엮었다.

· 정담 선사 편저

성명학 | 바로 이 이름

신비한 동양철학 75

사주의 운기와 조화를 고려한 이름짓기

사람은 누구나 타고난 운명, 즉 숙명이라는 것이 있다. 숙명인 사주팔자는 선천운이고, 성명은 후천운이 되는 것으로 이름을 지을 때는 타고난 운기와의 조화를 고려함이 중요하다. 따라서 역학에 대한 깊은 이해가 선행되어야 함은 지극히 당연한 일이다. 부연하면 작명의 근본은 타고난 사주에 운기를 종합적으로 분석하여 부족한 점을 보강하고 결점을 개선한다는 큰 뜻이 있다고 할 수 있다.

· 정담 선사 편저

운을 잡으세요 | 改運秘法

신비한 동양철학 76

염력강화로 삶의 문제를 해결한다!

염력(念力)이 강한 사람은 운명을 개척하며 행복하게 살고, 염력이 약한 사람은 운명의 노예가 되어 불행하게 살아간다. 때문에 행복과 불행은 누가 주는 것이 아니라 자기 자신이 만든다고 할 수 있다. 한 마디로 말해 의지의 힘, 즉 염력이 운명을 바꾸는 것이다. 이 책에서는 이러한 염력을 강화시켜 삶에서 일어나는 문제를 해결하는 방법을 알려준다. 누구나 가벼운 마음으로 읽고 실천한다면 반드시 목적을 이룰 수 있을 것이다.

· 역산 김찬동 편저